교사의 자존감

서준호 지음

교사를 지키고, 학생을 바꾸는

교사의 자존감

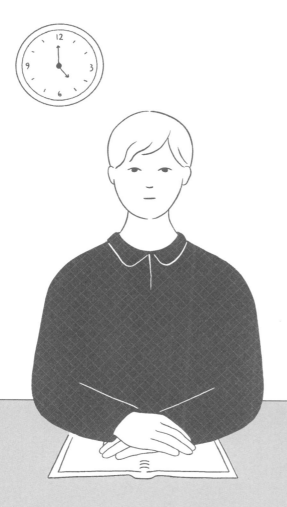

RHK
알에이치코리아

교사의 자존감은
학생의 자존감이자
미래의 자존감이다

 몇 년 전, 한 후배에게 가슴 아픈 이야기를 들었습니다. 교직에 몸담고 있지 않은 그 후배는 지인의 장례식장에서 충격적인 장면을 봤다고 했습니다. 후배의 지인은 교사로 근무하다가 스스로 목숨을 끊었는데, 장례식장에 교복을 입은 학생들이 나란히 앉아 울고 있더라는 것이었습니다. 후배는 착잡한 표정으로 이야기했습니다.

 "모르긴 몰라도, 선생님이면 학생들에게 끼치는 영향이 클 텐데… 애들도 선생님이 그렇게 갔다는 걸 알면 우울증 걸리지 않을까요? 그 친구도 그걸 모르지 않았을 텐데 극단적인 선택을 한 거니, 오죽하면 그랬을까 싶어서 가슴도 아프고…."

 한동안 그 이야기가 자꾸 떠올랐습니다. 직접 보지도 않은 그 장면, 학생들이 장례식장에서 나란히 앉아 우는 모습이 머릿속을 맴돌았습니다. 그즈음 저는 교사의 영향력에 대해 많은 생각을 하고 있었습니다. 교사는 교사 자신이 인식하는 것보다 주변에 미치는 영향이 너무 큽니다. 때문에, 교사 사이에는 '슬픔' '좌절' 같은 진동보다는 '극복' '안정감' '감동' 같은 진동이 더 자리 잡아야만 합니다. 이를 위해 학교와 사회의 구조적인 변화가 우선되어야 하겠지만, 개인 차원에서는 일단 '자존감의 회복'이 시급하다고 보았습니다.

대학원과 학회의 자격 과정으로 심리극을 훈련받으며, 저는 상담 센터, 병원 등에서 성인과 청소년 들을 만나 워크숍을 진행했었습니다. 그 과정에서 교사를 위한 프로그램이 턱없이 부족하다는 것을 느끼고, 교사에게 맞는 치유와 회복 과정을 개발해 '성장 교실'이란 이름으로 몇 년간 운영해 왔습니다.

성장 교실에서 주안점을 둔 것은 당장 힘든 일을 겪는 교사들의 마음을 다독여주는 것이었지만, 과정을 끝낸 교사들에게서 하나같이 자존감이 놀랄 만큼 회복되었다는 사실이 확인되었습니다. 이는 성장 교실을 시작하며 시행한 심리 검사와 마친 후 시행한 심리 검사를 비교한 결과, 명백한 수치로 입증되었습니다. 자존감이 높아진 교사들은 각자의 학교로 돌아가 달라진 자신과, 달라진 관계, 달라진 교실을 마음껏 느끼고 감동적인 피드백을 보내주었습니다.

성장 교실의 워크숍에 참여한 분들은 누군가의 심리극을 옆에서 지켜보거나 그것에 잠깐 참여하는 것만으로도 마음이 풀린다고 말합니다. 또 자신이 현재 겪는 어려움이 어디에서 기인해 현재의 삶까지 이어진 것인지 그 흐름을 이해하게 됐고, 삶의 변화를 위한 해결책을 다른 관점에서 구상하게 됐다고도 했습니다.

문제는, 성장 교실의 문을 두드리는 것마저 어려워하던 교사들이었습니다. 자존감이 한없이 깎인 상태에서는 작은 비난의 목소리와 잠깐의 싸늘한 시선에도 두려움이 생겨 워크숍 참여를 꺼리는 교사들이 많았습니다. 또, 코로나19가 급속히 번지고부터는 워크숍을 여는 것 자체도 어려워졌습니다. 여러 고민 끝에, 좀 더 안전한 (?) 방편으로 책을 써야겠다 마음먹었습니다. 책 한 권에 모든 해결책과 답을 담을 수는 없겠지만, 학교에서 어떤 일로 자존감이 깎이는지, 그 깎인 자존감이 어떤 과정으로 회복되는지 보여주는 것만으로 변화가 찾아오리라 확신했습니다.

이를 위해, 학교 현장에서 자존감과 관련된 사례를 살피고 교사들의 욕구를 파악해야 했습니다. 그래서 교사의 자존감이 더 특별하게 생각되는 이유, 교사의 자존감에 관련된 궁금증, 자존감을 주제로 하는 책에서 다뤘으면 하는 내용 등 자존감과 관련된 여러 질문을 담아 먼저 설문조사를 진행했습니다. 이 설문에는 초임 교사부터 30년 이상의 경력을 가진 교사들까지 총 165명의 초·중등 교사들이 참여했습니다. 이분들은 성장 과정에서부터 최근 경험했던 일까지, 학교와 사회에서 자존감이 깎이고 회복됐던 여러 이야기를 적어주셨습니다.

설문 내용을 읽으며 교사 집단의 특수성을 더 잘 이해할 수 있었고 교사들이 어떤 일에 자존감이 깎이고 회복되는지를 좀 더 구체적으로 알 수 있었습니다. 무엇보다 '학교에서 자존감에 상처를 준 사건으로 무엇이 있었나요?'라는 질문에 '학부모의 막말' '동료 교사의 폭언' '관리자의 성추행' '학생의 욕설과 뒷담화' '이간질' '비난' '멸시와 조롱' '타 교사와의 비교' '평가' '폭력' 등 다양한 답이 나왔는데, 그 구체적인 사례를 읽는 것만으로 숨이 턱 막히고 가슴이 아파 한참 동안 생각에 잠기곤 했습니다. 제가 경험하고 생각했던 것 이상으로 교사의 자존감은 심하게 바닥나 있었고 그렇게 된 과정도 너무나 폭력적이었습니다. 속마음을 잘 드러내지 않는 교사의 특성상, 더 많은 안타까운 일이 학교 현장에서 발생하고 있겠다 싶었습니다. '워크숍에 참여하는 선생님은 그래도 내면에 힘이 있는 거구나'라는 생각마저 들었죠. 정말 많은 교사가 자존감이 무너진 것을 티 내지 않고 혼자 끙끙대면서 살아가고 있었습니다.

이 책은 이론에 지면을 할애하기보다 설문에 참여한 교사들의 응답과 사례를 중심으로 구성했습니다. 교사의 자존감을 어떻게 바라봐야 하는지, 교사들은 자존감을 어떻게 회복했고, 회복한 자존감을 어떻게 유지했는지 사례 위주로 풀었습니다. 교원 평가에 적힌 학부모의 독설, 문제 학생이 바뀌지 않는 데 대한 죄책감, 동료 교사의 부정적인 피드백, 반 학생의 지속적인 수업 방해, 학부모의 폭언, 버거운 업무를 맡는 데 따른 고충 등 교사와 직접적으로 관련된 주제를 다루는 한편, 현재의 건강하지 않은 자존감을 만든 과거의 사건들, 즉 학창 시절 따돌림당한 경험, 가족 내의 남아 선호, 사이 나쁜 부모, 부모의 이른 죽음, IMF 위기, 잦은 이별까지 담았습니다. 이를 통해 여러분이 '내 자존감이 건강하지 않은 건 내 탓'이란 마음을 내려놓기를, 자존감을 조금이나마 회복하기를, 교사로서의 삶 전체를 바라보는 통합적인 이해에 가닿기를 바랍니다. 그리고 워크숍에 참여하기 힘든 분을 위해 자가 처방과도 같은 자존감 회복 프로그램의 내용 일부를 뒷부분에 첨부했습니다. 가까운 선생님들과 함께 실습해 보시길 바랍니다.

교사의 자존감은 교사 한 사람만의 것이 아니며, 연결된 학생의 자존감이자 우리 미래의 자존감이라 할 수 있을 것입니다. 교사가 좌절하고 자존감이 깎이지 않도록 교사 스스로도, 교사 주변의 많은 사람들도 다 같이 노력해야 하는 이유입니다. 서로 비난하고 탓하기보다 위로하고 격려하며 서로의 자존감을 귀하게 여기는 태도가 지금이라도 자리하길, 우리 사회가 교사를 바라보는 눈이 조금 더 따뜻해지길 바랍니다. 무엇보다, 갈수록 교권이 추락하는 이 시기에 상처받고 자존감 상한 교사들이 이 책을 보며 조금이나마 도움을 받아 고개 들고 당당해졌으면 좋겠습니다.

차 례

....

4장   건강한 자존감을 유지하는 법

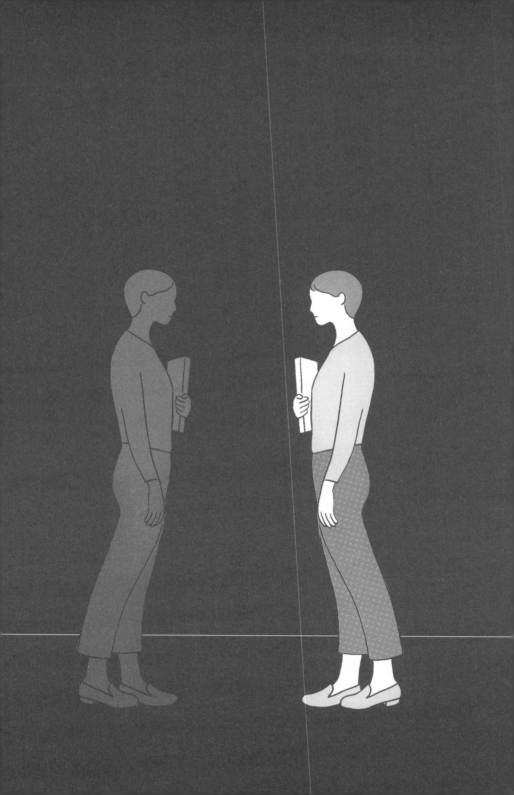

1장

교사의 자존감은
무엇이 다른가

자존감은 나를 존중하고 사랑하는 마음, 자신에 대한 정서적 만족감의 정도라고 할 수 있습니다. '자존감'은 평가될 수 있습니다. 흔히들 '자존감이 높다' '자존감이 낮다'라는 표현을 쓰는 것만 봐도 알 수 있죠.

비단 교사뿐만 아니라 우리 대부분은 자존감을 중요하게 여기며 살아갑니다. 자존감은 한 개인이 세상을 살아갈 수 있게 만들고 고통을 이겨내도록 돕고 나를 살리는 힘이니까요. 때로는 자존감이, 내가 잘났다고 혹은 내가 특별하다고 여기는 마음이라 생각될 때도 있습니다. 그래서 일이나 관계 맺기가 수월하면 '자존감이 높아서 그렇다' 안 되면 '자존감이 낮아서 그렇다'라고 하기도 합니다. 자존감의 정도를 정신 건강의 척도로 간주하는 사람도 있죠.

이처럼 자존감에 대해 갖고 있는 생각은 저마다 다르지만, 확실한 건 자존감을 중시하지 않는 사람은 드물다는 점입니다.

자존감은 양육자와의 관계에 큰 영향을 받기 때문에, 아이의 자존감과 부모의 자존감은 함께 다루어질 수밖에 없습니다. 그런데 아이가 양육자만큼이나 큰 영향을 받을 수 있는 대상이 바로 교육자이다 보니, 그만큼 교사의 자존감 역시 중요할 수밖에 없는 것입니다.

　　교사는 학생에게 영향을 끼치고 한 교실을 책임지는 사람이기에, 학부모와 사회는 교사가 좀 더 건강한 자존감을 지니길 바랍니다. 그도 그럴 것이, 건강한 자존감을 가진 교사는 학생에게 덜 상처주고(타인에게 상처를 아예 주지 않을 수는 없겠죠), 학생을 더 나은 사람으로 변화시킬 수 있거든요. 하지만 세상은, 교사의 자존감은 당연하게 생각하면서도 정작 교사의 자존감이 깎이지 않도록 보호하거나 깎인 자존감을 회복하도록 돕는 데는 관심이 적은 듯합니다.

잃어버린 자존감을
찾아서

교사의 자존감에 대해 제대로 이해하기 위해, 지금부터 이야기 하나를 살펴보려 합니다. 한 교사가 교실에서 맞닥뜨린 문제를 담은 것인데, 좀 더 면밀하게 짚어보기 위해 상황을 자세히 묘사했습니다. 다소 길지만 교사, 학생, 학부모 각각의 입장과 이들이 만들어내는 관계의 역동을 살펴며 천천히 읽어주셨으면 합니다.

초등학교 교사 A는 6학년 담임이다. 그는 예지라는 학생과 사이가 좋지 않았다. 예지는 매사 불만 많고 꾸미는 것을 좋아 했다. 쉬는 시간마다 화장을 고치느라 여념이 없었다. 심지어는 수업 시간 중에도 화장을 하다가 걸렸고, A는 그러지 말라고 주의를 주었지만 예지는 아랑곳하지 않았다.

A는 고심 끝에 예지를 따로 불렀다. 속 깊은 대화를 나누고 싶었지만, 예지는 무뚝뚝하게 "죄송합니다" "다음엔 잘할게요"라는 말만 반복하며 대화를 빨리 마무리 짓고 싶어 했다. 그 모습을 보노라니 답답함이 밀려왔고, 결국 A는 일방적으로 잔소리를 늘어놓게 됐다.

시간이 지날수록 예지뿐만 아니라 다른 학생들도 수업 중에 화장하는 모습이 자주 눈에 띄었다. 예지의 행동은 점점 심해졌다. 예지는 멋대로 돌아다니거나 몇 명의 무리와 함께 나가서 학교 구석에서 시간을 보내다 늦게 돌아오는 일이 잦아졌다. 더더욱 답답해진 A는 책도 읽어보고 원격 연수를 신청해 상담법도 공부해 봤지만 소용없다는 생각이 들었고, 자신의 노력과 달리 점점 더 제멋대로 변해가는 예지와 흐려지는 교실 분위기에 자괴감이 올라왔다.

그러던 어느 날, A는 예지가 스마트폰을 보면서 화장하는 걸 발견하고는 단호하게 그만하라고 이야기했다. 그런데 예지는 스마트폰을 옆으로 휙 던지더니, "저한테 어디 스마트폰이 있어요?"라며 비아냥거렸다. 그 모습에 잔뜩 화가 난 A는 자기도 모르게 소리를 질렀다.

"네가 하는 건 화장이 아니라 분장이야! 그런다고 달라지니?"

순간 욱했던 A는 곧바로 후회했다.

"어떻게 그런 말을 할 수 있어요, 화장이 아니라 분장이라뇨. 선생님 너무하시는 것 아니에요?"

예지가 쏘아붙이는 말에 A는 크게 당황했다. 이후, 예지는 쉬는 시간마다 다른 반을 돌아다니며 A가 했던 말을 옮기고 다녔다. A는 예지의 행동이 어처구니없어 화도 나고, 한편으로는 창피하기도 했다. 특히 그때부터 복도나 계단을 지나갈 때면 학생들이 자신을 보며 비꼬듯 깔깔대는 것만 같아 기분이 상했다. 이후 예지 패거리가 모여 있으면 멀리 돌아가곤 했다.

며칠 뒤, 수업 중 또다시 화장을 하고 있는 예지를 발견한 A는 모르는 척할 수가 없어 "그만해"라고 말했다. 하지만 예지는 못 들은 척하고 화장을 계속했다. A는 좀 더 목소리를 높여 "그만하라고!"라고 소리를 질렀다. 그런데도 말없이 화장을 이어가는 모습에 화가 난 A는 예지의 팔을 잡아챘다.

"선생님 아파요. 아, 아파요. 그만하세요! 아파요!!"

예지가 소리를 치자 A는 퍼뜩 정신이 들었다.

"미, 미안해."

A는 재빨리 손을 놓고 작은 목소리로 사과했다. 하지만 속으로는 무안함과 분노가 치밀었다.

그날 오후, 한 학부모가 교장실에 찾아와 고함을 치고 물건을 집어던지는 소동이 벌어졌다. A는 그 난리 통에 교장의 호출을 받고 교장실로 향했다. 소동을 일으킨 건 예지 아버지였다.

A를 보자 예지 아버지는 스마트폰에 녹음된 "선생님 아파요. 아, 아파요, 그만하세요!"라고 소리치는 예지의 목소리를 들려주며, 어떻게 교사가 학생을 꼬집을 수 있느냐, 내 딸만 딱 찍어놓고 미워할 수 있느냐고 따졌다.

"아버님, 그런 상황이 아닙니다."

"됐고, 당장 예지 담임 바꿔주지 않으면 이 녹음 파일을 기자들에게 뿌릴 겁니다. 학교 망신, 단단히 줄 테니 각오하세요."

으르렁대는 예지 아버지의 모습에 교장도, 교감도 난감한 기색이었다. 억울한 A는 교장, 교감 등 관리자들이 자신을 보호해주길 바랐지만, 그들은 예지 아버지에게 쩔쩔매기만 할 뿐이었다. 예지 아버지가 돌아간 뒤에도, 왜 이런 분란을 일으키느냐며 오히려 A에게 화를 냈다.

A는 자신 때문에 여러 사람이 불편해지는 것 같아 혼자서라도 어떻게든 문제를 해결하고 싶었다. 그래서 예지의 집을 찾아갔다. 마침 예지는 A와 같은 아파트 단지에 살고 있었다. A는 예지의 현관문 앞에서 예지의 부모와 예지에게 무릎을 꿇고는 죄송하다고 빌었다.

그 후, 예지 아버지가 더 문제 제기를 하지는 않았지만, A의 마음 상태는 더욱 나빠졌다. A는 이 모든 일이 자기 탓 같아 괴로운 한편 관리자들이 자기 편을 들어주지 않았단 사실에 더없는 서운함을 느꼈다. 어떻게 해서든 힘을 내어 회복해 보려 했지만, 더욱 기고만장해진 예지가 자신을 대놓고 무시할 때마다 무력감에 멍하니 서 있는 일이 잦아졌다.

A의 학급은 점점 무정부 상태로 변해갔다. A는 자신이 무능력해서 그렇단 생각에 동료 교사들이 자신을 손가락질할 것만 같았고, 결국 사람을 피하게 됐다. 급기야는 두통과 어지럼증까지 생겼다. 어떤 날은 예지를 비롯한 반 아이들과 하루를 보낸다는 생각만으로 숨쉬기가 어려워졌다. 교문에 들어서는 순간 몸이 덜덜 떨리고 숨이 막히는 정도가 되자, A는 정신건강의학과를 찾았다. 그리고 진단서를 받아 학교에 제출한 후 담임을 중도 포기했다.

⌐ 깎이고 회복되고, 깎이고 회복되고 ⌐

'자존감이 깎였다'라고 말할 때, 우리는 보통 그 원인으로 한두 가지 사건만을 떠올립니다. 하지만 교사 A의 사례처럼 자존감이 깎였던 사건을 조금 더 깊이 들어가 보면 모든 상황에 여러 관계와 사건, 감정이 얽혀 있고, 자존감은 이런 것들에 전부 조금씩 영향받는다는 것을 알 수 있습니다. 이에 따라 자존감은 매 순간 깎이고, 회복되고, 깎이고, 회복되는 등 심하게 요동칩니다.

교사 A의 사건에서처럼 교사와 학생, 학부모, 동료 교사와 관리자 모두가 자존감에 문제가 있을 때, 상황은 정말 심각해집니다. 잘 해결될 수 있는 작은 일도 걷잡을 수 없이 커지고, 이는 서로에게 생채기를 냅니다.

만약 A가 건강한 자존감을 가진 상태였다면, 처음에 예지를 어떻게 대했을까요? 조금 더 인내심을 갖고 예지의 답답함을 읽으려 노력하고, 따뜻하게 이야기를 건네고, 같은 편이 되어주지 않았을까요? 물론 사건의 진행 과정을 살펴보면 A야말로 피해자로, 이 일 때문에 자존감이 무너진 것으로 보입니다. 하지만 A는 이 일로 인해 자존감이 깎인 게 아니라, 오히려 자존감이 이미 낮은 상태에서 예지를 만났다고 보는 것이 합당합니다. 맨 처음 예지에게 각을 세우며 민감하게 반응했던 것도, 그전에 형성된 자존감 수준에서 생긴 패턴 때문이라고 볼 수 있습니다.

이해를 돕기 위해, A가 살아온 삶을 좀 더 살펴보겠습니다.

A는 첫째로 태어났다. 그의 동생은 어려서부터 아주 아팠다. 그래서인지 부모는 A보다 동생을 더 끔찍이 챙겼다. A는 초등학생 때부터, 부모가 시장에서 늦은 시간까지 일하다 돌아올 때까지 동생을 돌보고 집안일을 해놓아야 했다. 일을 제대로

해놓지 않은 날엔 부모 앞에 무릎을 꿇은 채 심하게 꾸중을 듣고 용서를 구해야만 했다. 부모의 부부 싸움 중재를 하는 일도 잦았다. 놀고 싶고 사고 싶은 것도 많았지만 결코 말을 꺼낼 수 없는 환경에서, A는 착한 딸로 살아왔다.

계속 어려운 집안 형편 탓에 A는 성인이 된 후에도 집안을 책임져야 했고, 부모가 원하는 교사가 되기 위해 최선을 다했다. 그렇게 교사로 사회생활을 하기 시작한 A는 남에게 의사 표현을 제대로 할 줄 몰랐고, 다만 남에게 피해를 주지 않기 위해 무슨 일이든 혼자 해결하려고만 했다.

이렇듯, 가정 내에서의 위치와 성장 과정에서 겪은 많은 사건이 우리 삶의 패턴을 만듭니다. A는 부모에게 꾸중 듣고 거절당했던 경험 탓에, 관리자의 난감한 부탁을 거절하거나 관리자에게 자기 의견 밝히는 것을 힘들어하게 됐습니다. 또, 남이 힘들어하는 것에 죄책감을 느껴 선뜻 자신이 나섰다가 나중에 후회하는 패턴을 반복하게 됐습니다. 학급에 문제 상황이 생기면 그 즉시 처리하기보다는 더 나은 해결을 위해 멈칫거리다 때를 놓치기 십상이었던 것도 이런 이유 때문이었죠. 그리고 자신이 과거에 경험했던 엄마의 꾸중 방식을 학생에게 그대로 사용했으며, 큰 문제라고 생각되는 일이 벌어지자 어릴 적 무릎 꿇고 빌어야만 집안이 평화로워졌던 기억을 떠올리면서 학부모 앞에서 무릎 꿇는 해결책을 선택했습니다. 이처럼, 예지와 예지 아버지, 관리자가 A에게 상처를 주고 자존감을 깎아내리기도 했지만, A의 과거 경험(사건을 처리하는 방식과 패턴)이 예지와의 일에도 영향을 미쳐 또 다른 사건을 유발하고 또 자존감을 깎는 악순환을 거치게 된 것입니다.

안타깝게도, 예지, 예지 아버지, 관리자도 자존감에 문제가 있었습니다.

예지는 화장을 하지 않으면 마치 벌거벗은 것처럼 불안했고, 누군가 자신을 비난하거나 꾸중하면 견디기 힘들어했습니다. 자기 행동이나 말의 결과보다 자기 감정이 중요했던 터라, 남 탓을 하는 방식으로 감정을 해소하는 데 익숙했죠. 여기에, A만 보면 평소 자주 불화를 겪었던 엄마에 대한 감정이 올라와 반항심이 생겼습니다. 그래서 선생님을 곤란하게 하려고 의도적으로 꾸중을 유발하고 녹음을 했던 것이었습니다.

예지 아버지는 욱하는 성격으로, 문제를 대화로 차분히 풀기보다 협박으로 빨리 해결하고자 했습니다. 인내심이 부족해, 사실 관계를 찬찬히 파악하지 않은 채 자기가 봤을 때 문제다 싶은 담임을 바꾸는 식으로 손쉽게 상황을 종료하려 했던 것입니다. 이렇듯 상대를 힘으로 찍어 누르려는 사람은 자존감이 병든 경우가 많습니다.

한편, 교장은 오랫동안 어려운 승진 과정을 거쳐 교장 자리에 올랐습니다. 그만큼 대접받고 싶고, 통제하고 싶고, 힘든 상황이 벌어지는 게 싫습니다. 학부모와 운영위원회 등 외부의 눈치를 보긴 하지만, 적어도 학교 내 구성원들에게는 군림하고 싶습니다. 그렇다 보니 자신을 힘들게 하는 사건이 생기면, 사건 당사자를 감싸주고 다독여주기보다 원망하게 됩니다.

A의 자존감도 중요한 요소이지만, 다른 사람의 자존감 또한 중요합니다. 이 중, 단 한 사람이라도 건강한 자존감을 가지고 있었다면, 그래서 벌어진 일을 조금 더 따뜻하고 현명하게, 이성적으로 해결해 나갔더라면, 이야기는 크게 달라졌을 것입니다.

⌒ 자존감이 만들어진 흐름 ⌒

슬프지만, 학교에서는 A의 사례와 비슷한 일들이 꽤 자주 벌어집니다. 학교는 끊임없이 자존감이 깎이는 전쟁터와 다름없는 곳이 되어버렸습니다.

그렇다면 해결의 실마리를 어디에서 찾아야 할까요? 우선, 교사의 자존감이 한 사람만의 것이 아니란 사실을 생각해야 합니다. 교사와 관계를 맺고 있는 학생, 학부모, 동료, 관리자 들의 자존감은 물론 그들과 교사 사이에 나타나는 관계의 역동까지 살펴야 합니다.

그래서 '교사의 자존감'만을 따로 떼어 이야기하기가 어려운 것입니다. 교사의 '현재 자존감의 정도'는 태어났을 때부터 성장 과정을 거쳐 교사로 생활하고 있는 최근까지의 모든 관계, 사건, 감정의 결과물이기 때문입니다. 부모와 형제자매, 학창 시절의 스승과 친구, 교사로 근무하면서 만난 관리자와 동료 교사, IMF 같은 사회적 이슈, 학생 및 학부모와의 관계 속에서 만들어진 수많은 사건이 교사에게 영향을 미쳤고, 여기서 파생된 행복감, 슬픔, 감동, 화, 무기력 등의 여러 감정이 교사의 현재 자존감을 조각했습니다.

그러므로, 현재의 자존감이 만들어진 흐름을 이해해야 합니다. 교사의 자존감이 어떤 모습으로 교실과 학생으로 연결되는지, 교사가 자존감이 깎였다면 이는 어디에서 기인한 것인지, 상처가 어떻게 회복되고 치유되는지 살펴봐야 합니다. 자존감 낮은 교사가 교실을 어떻게 무정부 상태로 만드는지, 여기서 파생되는 또 다른 상처와 두려움이 무엇인지도 파악해야 합니다. 나아가, 교사의 자존감 측정과 회복을 위해 어떤 도움이 필요하며, 개인은 무슨 노력을 해야 하는지도 관심을 기울여야 하는 주제라고 할 수 있습니다.

이렇게 전체적인 자존감 패턴을 찾고 감정의 흐름을 따라가다 보면, 문제를 일으킨 원인을 찾아 교사를 다독일 수 있게 되고, 이는 곧 교사의 자존감 회복으로 이어질 것입니다. 이러한 과정은 교사 자신만을 위한 것이 아니라, 교사가 만나는 모든 학생과 동료 교사들을 위한 일이기도 합니다. 나아가 학교가 믿음과 온기를 주고받으며 서로의 자존감을 지켜줄 수 있는 장소로 기능할 수 있도록 만드는 일이기도 합니다.

같은 아이를 맡더라도 유독 힘들어하는 교사가 있는 반면, 별 문
제 없이 지내는 교사도 있습니다. 교실에서 문제 상황이 생겼을 때,
감정적으로 이야기하며 남을 탓하는 교사도 있지만, 그럴 수 있다
며 이성적으로 문제를 풀어가는 교사도 있고요. 학부모 상담에 부
담을 느끼는 교사도, 학부모 상담이 학생의 정보를 얻을 절호의 기
회라고 여기는 교사도 있습니다. 교과 전담 교사도 마찬가지입니
다. 어떤 교사의 수업 시간에는 학생들이 수업 태도가 엉망이 되면
서 교사를 함부로 대하지만, 다른 교사의 수업 시간에는 차분하게
집중하며 담임보다 그 교사를 더 좋아하기도 합니다.

같은 학교, 같은 교실, 같은 상황에서 왜 이런 일이 벌어지는 걸
까요? 다양한 요인이 작용하겠지만, 무엇보다 중요한 답은 자존감
입니다. 자존감에 따라 언어와 비언어, 행동이 다르게 나타나기 때
문이죠.

건강한 자존감을 지닌 교사는 심리적으로 안정되어 있으며, 학
생이나 학부모 대하는 것을 부담스러워하지 않습니다. 의심이나 편
견 없이 사람들에게 다가가 편하게 이야기를 나눕니다. 관리자 앞
에서도 주눅 들지 않고 학부모의 눈치도 보지 않습니다. 타인을 존
중하고, 서로의 다름을 인정하며, 사람들의 평가에 연연하지 않습
니다. 자신보다 더 낫다고 생각하는 사람을 질투하지 않고, 오히려

그에게 배우려 합니다. 자신을 부족한 사람이라고 생각하지는 않지만 자기만 늘 옳은 것은 아니라는 것을 잘 알기에, 타인의 의견을 잘 수용하고 타인과 협력하는 것을 어려워하지 않습니다.

이런 교사가 진행하는 수업은 분위기가 좋을 수밖에 없습니다. 학생들의 의견을 잘 수용하고, 학생들의 실수나 부정적인 행동에 대해서는 즉시 피드백하고 해결 방식을 제시하며 지지해 줍니다. 신뢰를 중시하기 때문에 학생이나 학부모와의 약속을 꼭 지키려고 노력합니다. 자신의 말과 선택에 책임을 지며 융통성 있게 사고하고 행동합니다. 상처받을 만한 일을 겪어도 쉽게 무너지거나 자신을 탓하지 않고, '그럴 수 있다'고 생각하면서 흘려보내고 곧 회복합니다. 학생들에게 도움되는 여러 새로운 방법을 배우는 데도 열정적입니다.

반면 자존감 낮은 교사는 자신을 불신하고 관계에 대한 두려움이 있어, 학생이나 학부모 대하는 것을 어려워합니다. 사람들과 이야기를 나누더라도 상대가 자신을 싫어하거나 부족한 사람으로 볼까 봐 불안해하고, 상대를 의심하며 마음을 터놓지 못합니다. 고압적인 관리자나 감정적인 학부모 앞에서는 주눅이 들고 말문이 막히기 일쑤죠. 능력 있거나 자존감 높은 동료를 보고는 질투심을 느껴 어떻게든 그의 흠집을 잡아 깎아내리려 하며, 그와 함께 있는 것을 피하려 합니다. 타인과 협력하는 것을 어려워하고, 현재의 시스템이나 안정을 깨는 새로운 것, 변화를 받아들이길 힘들어합니다.

수업 중에는 돌발 상황이 일어나는 것을 불편하게 여겨서 학생들을 통제적으로 대합니다. 자연히 학생들이 질문하는 것을 싫어하겠죠. 학생들의 실수나 부정적인 행동에 제때 대처하지 못하고 담아두었다가 나중에 욱하면서 감정적으로 잔소리를 합니다. 학생이나 학부모에게 좋은 피드백을 받고 싶어 하지만, 자기 노력만큼 피드백이 돌아오지 않는다고 느끼면 자괴감에 빠집니다. 상처받는 일에 쉽게 무너지고 자책하고 또 그런 일이 생길까 봐 두려워합니다. 최대한 안전하게 다닐 수 있는 학교나 편하게 지도할 수 있는 학년을 찾아가려 하고, 인사철이 되면 간혹 정치 행위도 합니다.

만약 교사 A가 자존감이 높았다면, 예지와의 문제를 어떻게 해결했을까요? 먼저, 화장하는 예지에게 다가가 (조정하거나 정치하거나 탓하지 않는 비언어로) 따뜻하게 물었을 것입니다.

"수업 중에 화장을 하게 된 특별한 이유가 있니?"

이후 예지가 뭐라고 대답하든 이렇게 말합니다.

"그럴 수도 있겠구나. 하지만 선생님은 좀 상처받았단다. 혹시 선생님을 상처 주려고 그런 거니?"

아마도 예지는 아니라고 하겠죠. 그러면 이렇게 말합니다.

"그래. 그렇지만, 화장은 조금만 참았다가 하교할 때쯤 할 수 있겠니? 선생님이 편안하게 수업할 수 있게 도와주면 좋겠는데."

이렇게 부탁하고, 예지가 조절하려고 애쓰는 모습을 보이면 따로 불러서 "노력해 줘 고맙다"라고 격려합니다. 만약 이렇게 초반에 문제를 해결했다면, 이어질 끔찍한 상황을 겪지 않아도 됐겠죠.

물론 이런 대화 진행은 모범 답안에 가까운 것입니다. 실제로는 문제 상황이 예측대로 흘러가지 않을 가능성도 큽니다. 만약 예지가 선생님의 말을 비웃으며 좀 더 심각하게 반항을 했다면 아마 둘의 대화는 저런 흐름을 타지 못했을 것입니다.

이때 중요한 것은 감정적으로 대처하면 안 된다는 것입니다. 흔히 자존감 낮은 교사는 학생의 반항 행위를 곧 자신에 대한 도전이나 자신을 무시하는 행위라고 느껴 감정적으로 반응합니다. 하지만 그런 반응은 교사 A의 경우처럼 악순환을 불러올 뿐입니다. 학생의 행위는 행위 그 자체로 보아야 합니다. '학생들이 가끔 그럴 수도 있다'는 것에 동의하고 융통성 있게 생각하면서, 학생이 나를 믿고 조금씩 변화하는 동안 기다려주겠다는 마음가짐이 필요하겠죠.

이렇게 한 번 갈등을 해결하고, 또 그다음 갈등을 해결하는 식으로 차곡차곡 해결 경험이 쌓이면, 이는 고스란히 교사의 자존감을 높여주는 기제가 됩니다. 반대로 갈등을 제대로 해결하지 못하는 경험은 자존감을 깎아먹는 기제가 되겠죠. 선순환도 반복되지만, 악순환도 반복되는 것입니다.

교사는
언제 상처받을까

　이 책을 보시는 분들은 대부분 교사일 것입니다. 교사로서 자존감에 상처를 입는다고 느낄 때는 언제인가요? 나는 몸이 가루가 되도록 헌신한다고 생각하는데, 교육부나 언론에서 교사를 동네북으로 취급할 때, 일부 몰상식한 교사가 저지른 일을 전체 교사의 잘못으로 매도하는 사회적 시선을 느낄 때 아닐까요? 하지만 학교 밖의 사람들은 실제로 교사가 어떤 이유로 상처를 받는지 잘 모르는 것 같습니다.

　동료 교사들을 대상으로 진행한 설문조사 결과를 토대로, 교사들이 학교 안에서 언제, 어떻게 자존감에 상처를 입는지 한번 살펴보았습니다. 통계 수치 위주의 정제된 결과가 아니라, 교사들의 구체적인 답변들을 날것 그대로 옮겼습니다. 이것이 좀 더 교사의 마음을 이해하는 데 효과적이라 판단했기 때문입니다.

학부모에게 자존감이 깎였다고 느꼈을 때

✳ 상담하러 온 학부모가 "젊은 선생이 애도 안 키워봤으면서 어떻게 아이들을 알겠느냐"고 할 때

✳ 교원 평가에 학부모가 써놓은 장문의 비난 글을 읽었을 때

✳ 자기 뜻대로 해주지 않는다면서 학부모가 교육청에 나를 신고했을 때

✳ 태도가 좋지 않아 아이를 훈계했더니 학부모가 찾아와 심한 욕을 하며 물건을 부수었을 때

✳ "아이가 선생님을 별로 안 좋아하는 이유를 알겠다"며 학부모가 면전에서 비꼴 때

✳ "당신은 무능한 교사"라며 학부모가 날 믿지 못하고 아이를 전학시켰을 때

✳ 학부모가 자기 아이의 폭력적인 행동이 나 때문이라고 했을 때

✳ 2학기에 중간 발령으로 담임을 맡게 됐는데, 학부모가 1학기에 교실이 붕괴된 것에 대해 위압적인 태도로 꾸짖었을 때

✳ 제멋대로인 학부모에게 별 반박을 하지 못하고 겁내며 가만있었을 때

✳ 가출을 하는 등 문제 행동을 일 삼는 아이로 인해 힘들어 연락했더니, 학부모가 "그래서 뭐 나더러 어떻게 하라는 거냐?"면서 오히려 따지고 폭언을 퍼부었을 때

     1장 교사의 자존감은 무엇이 다른가

✳ "자기 자식 신경 쓰느라 반 아이들은 신경도 쓰지 않는다"고 학부모에게 언어 폭력을 당했을 때

학생에게 자존감이 깎였다고 느꼈을 때

✳ 나름대로 노력했지만 반 아이들이 통제되지 않을 때

✳ 학생이 전담 선생님과 더 친하게 지내면서 그 선생님과 나를 비교했을 때

✳ 반 아이들이 내 외모를 비하하며 놀리고, 나를 무시했을 때

✳ 학생이 나를 비웃고 욕설을 내뱉는 등 내 지시에 불응하는데, 정작 교사로서 학생 인권 등에 얽매여 할 수 있는 일이 없을 때

✳ ADHD 학생이 들어오며 학급이 붕괴되어 가는데, 무엇을 해도 이 아이는 바뀌지 않고, 다른 아이들도 힘들어하고, 학부모는 도와주지 않고… 결국 이 모든 게 내가 무능력해서 그렇다고 느껴질 때

✳ 아이들이 "선생님은 너무 만만하다"고 할 때

✳ 정성껏 준비했던 수업을 망치고 아이들 반응도 좋지 않을 때

관리자와 동료 교사에게 자존감이 깎였다고 느꼈을 때

✳ 회식에서 관리자에게 음주, 노래와 춤을 강요당하고 성적 농담을 듣는 등 성희롱을 당했는데 맞설 용기도 없고, 주변에 이야기했더니 그냥 덮으라고 하고, 결국 모든 게 무력하게 넘어갔을 때

✳ 교과 선생님에게 "선생님 반 아이들은 너무 엉망"이라고 항의받았을 때

✳ 학년 부장 선생님에게 궁금한 걸 물어보러 갔더니 그것도 모르냐면서 아이들과 동료 교사 앞에서 꾸짖었을 때

✳ 경력이 적다고, 기간제 교사라고, 동료 선생님들이 무시하면서 힘든 일을 떠넘겼을 때

✳ 관리자와 부장 선생님이 강압적으로 업무 지시를 하고 폭언을 할 때

✳ 관리자가 사소한 트집을 잡으면서 간단한 공문을 결재해 주지 않을 때

✳ 학생 생활지도 중 힘든 일이 있어 동료 교사에게 털어놨는데, 능력이 부족해 그런 거라고 했을 때

✳ 반에서 나름대로 추진하던 의미 있는 일들을 두고, "승진 안 할 거면 백화점식으로 일 벌이지 말고 하나만 특화하라"며 함부로 평가절하당했을 때

✳ 교감 선생님이 내가 없는 직원 회의에서 내 뒷말을 했다는 걸 알았을 때

✳ 나보다 경력 적은 교사가 먼저 승진했을 때

이 결과를 살펴보면, 교사는 학부모, 학생, 관리자와 동료 교사들이 자신을 존중해 주지 않고 함부로 대할 때, 자신에게 폭력과 폭언을 휘두를 때, 비교하고 놀리고 무시할 때 큰 상처를 받고 자존감이 깎인다는 걸 알 수 있습니다. 부당한 일을 겪고 억울한 상황에서 아무것도 표현하지 못하고 할 수 있는 게 없다고 느낄 때도 무력해지면서 자존감이 무너졌습니다. 누구에게도 위로받지 못하고 시스템의 보호도 받지 못했을 때 좌절하게 되는 것이죠.

교사들의 응답 중에는 "무력감을 느꼈다"는 표현이 많았습니다. 자신이 할 수 있는 게 없다는 자각, 무슨 일을 해도 달라지는 게 없다고 느꼈을 때의 허탈함. 무력감은 바로 그런 것입니다. 무력감은 곧 체념으로 연결됩니다. 체념한 교사가 운영하는 교실은 어떻게 될까요? 그가 만날 학생들은요? 이 사회의 미래가 될 아이들을 책임지는 교사가 이 지경까지 이르게 된 것이 너무 안타깝습니다.

자존감에 상처 입은 교사는 두려움과 불안감에 시달립니다. 상처받은 경험은 일상에 그림자처럼 드리워져 현재의 삶은 물론 미래의 삶에도 영향을 주게 마련입니다.

'혹시 또 그런 학부모를 만나면 어쩌지?' '학생이 날 함부로 대하면?' '관리자가 또 나를 부려먹기만 하고 승진에서 누락시키면?' '내게 폭언을 퍼붓는 같은 학년 선생님을 만나면?'

이런 생각들로 인해 더 움츠러들고 눈치를 보게 되어, 제대로 의견을 내지 못하고 매사 불안해집니다. 그런 상태로 근무하다 보면 또다시 상처받는 경험을 하고 자존감이 깎이는 악순환에 갇히고 말죠. 결국, 끝내 회복하기 힘든 상태가 되어 교직을 중간에 그만두거나, 학교 근처만 가도 숨을 제대로 쉬지 못하는 신체적·정신적 곤란 상태에까지 이릅니다. 심한 경우 스스로 목숨을 끊기도 합니다.

자존감도
측정이 됩니다

　이제 본격적으로 자존감이 형성되는 흐름을 살펴볼 텐데요. 이를 위해 먼저, 내 자존감의 현재 수준을 확인해 보아야 하겠습니다.

　간혹 내 자존감 수치가 낮게 나올까 두려워 검사를 피하고 싶어 하는 사람도 있습니다. 그러나 현재 내 자존감 측정치는 자존감 회복과 상처 치유를 위한 출발점이라고 생각해야 합니다. 이는 내 자존감의 현재 수준이 형성된 흐름을 이해하는 데도, 자존감 회복 프로그램을 짜는 데도 필요합니다. 이로써 자존감을 어떻게, 어느 정도 높일지 목표와 전략, 기간을 세울 수 있죠. 다이어트를 시작할 때 인바디로 체지방과 근육 정도를 체크하고 현재의 식단과 지금까지의 식생활, 운동 패턴을 돌아보는 것과 같은 원리입니다.

먼저 '자가 측정'을 해보겠습니다. 내가 점수 매기는 나의 자존감 수준 또한 의미가 있으니까요.

자, 교사인 나의 자존감은 어느 정도나 될까요? 아래 1~100점 사이에 표시를 하고 점수를 매겨보세요.

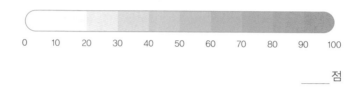

0   10   20   30   40   50   60   70   80   90   100

_____점

이 점수를 부여한 이유가 무엇인가요? 아마 다양한 이유가 떠오를 것입니다. 그러면서, 이 모든 요인이 유기적으로 연결되어 현재의 내 자존감에 영향을 미쳤을 거란 생각이 어렴풋이 들지 모릅니다.

이런 점에서 보면 자가 측정은 분명 의미가 있지만, 사실 이 점수는 진실이 아닐 가능성이 큽니다. 제가 진행했던 워크숍을 돌아보면 높은 자존감을 갖고 있던 교사들 대부분이, 자신의 자존감이 낮다고 생각하는 경우가 많았습니다. 왜 그럴까요? 자존감은 주변 사건과 환경에 따라 요동칠 수밖에 없어 높아졌다 낮아지길 반복합니다. 그런데 많은 사람들이 좋았을 때보다 힘들었을 때를 떠올리며 자기 자존감이 낮다고 생각합니다. 그러곤 낮은 자존감을 남에게

들킬까 봐 불안해하면서 자존감 이야기를 사람들과 깊게 나누는 데
부담을 느낍니다.

로젠버그 자존감 테스트

비용을 들여 검사를 조금 더 정밀하게 받아보면 좋겠지만, 여건
이 되지 않는다면 심리학 박사 마셜 로젠버그Marshall B. Rosenberg가 만
든, 10문항으로 이루어진 '자존감 테스트'를 추천합니다. 이 테스트
는 웹에서 쉽게 찾아볼 수 있습니다(https://openpsychometrics.
org/tests/RSE.php). 이 검사는 지난 6주간의 내 감정을 기반으로
답해야 하며, 그 문항을 살펴보면 아래와 같습니다.

		Strongly disagree	Disagree	Agree	Strongly agree
		매우 아니다	아니다	그렇다	매우 그렇다
1	I feel that I am a person of worth, at least on an equal plane with others. 타인과 같은 입장에서 볼 때, 나는 가치 있는 사람이라고 느낀다.	0	1	2	3
2	I feel that I have a number of good qualities. 나에게 좋은 자질이 많다고 느낀다.	0	1	2	3
3	All in all, I am inclined to feel that I am a failure. 대체로, 나는 내가 실패인 것 같다.	3	2	1	0
4	I am able to do things as well as most other people. 난 다른 사람들만큼 일을 잘할 수 있다.	0	1	2	3

1장 교사의 자존감은 무엇이 다른가

5	I feel I do not have much to be proud of. 내가 자랑스러울 일이 별로 없는 것 같다.	3	2	1	0
6	I take a positive attitude toward myself. 나 자신에 대해 긍정적 태도를 취한다.	0	1	2	3
7	On the whole, I am satisfied with myself. 대체로, 나 자신이 만족스럽다.	0	1	2	3
8	I wish I could have more respect for myself. 나 자신을 더 존중할 수 있다면 좋을 것 같다.	3	2	1	0
9	I certainly feel useless at times. 종종 내가 쓸모없다고 느낀다.	3	2	1	0
10	At times I think I am no good at all. 가끔은 내가 참 별로인 것 같다.	3	2	1	0
총점					

문항을 살펴보면 알겠지만, 1, 2, 4, 6, 7번 문항은 긍정적인 것을 물어보고 '매우 아니다(0점)'에서부터 '매우 그렇다(3점)' 순서로 조금씩 더 높은 점수를 부여합니다. 이와 반대로 3, 5, 8, 9, 10번은 부정적인 문항으로 '매우 아니다(3점)'에서부터 '매우 그렇다(0점)' 순서로 낮은 점수를 줍니다. 합산 결과, 0~10점은 낮은 자존감, 11~20점은 보통의 자존감, 21~30점은 높은 자존감이라고 봅니다.

쉽게 접할 수 있기 때문인지, 이 로젠버그 자존감 테스트의 점수 결과를 해석하는 데 왜곡도 많은 편입니다. 10개 문항 중 5개는 긍정 척도, 5개는 부정 척도에 대한 질문이어서 부여되는 점수의 순서가 다른데도 불구하고, 일부 블로그 등에서는 이를 모두 같은 순서로 점수를 부여하고 합산하도록 안내하고 있습니다. 이런 잘못된 안내에 따라 자존감을 측정하고 그 결과치를 맹목적으로 믿는 것만큼 아찔한 일이 있을까요? 대수롭지 않게 여기면 다행이지만, 이를 철석같이 믿고 그에 따른 해법을 고민하는 분이 있다면 정말 큰일이 아닐 수 없습니다.

LCSI 성격유형검사(림스 연구소)

좀 더 정확한 판단을 위해서는 학회에서 인정한 측정 도구를 이용해야 합니다. 상담 센터나 정신건강의학과를 방문하기 어렵다면, 림스 연구소의 'LCSI 성격유형검사'를 해보길 추천합니다. 이 검사는 미네소타 다면적 인성검사 Minnesota Multiphasic Personality Inventory, MMPI, 한국판 아이젱크 성격 검사 Korean Version Eysenck Personality Questionnaire, NEO 인성검사 NEO Personality Inventory, 파블로프 기질 검사 Pavlovian Temperament Survey, MBTI The Myers-Briggs Type Indicator 등 여러 검사와 상관 연구까지 진행된 검증된 전문 검사입니다. 국내에서 개발된 검사 중 유일하게 2020년 6월부터 한국심리학회 심리검사 심의위원회 인증을 받았고, 2013년부터 한국 상담심리학회 자격 수련을 위한 표준화 심리 검사로 인정받았으며, 2016년부터 한국 상담학회에서도 자격 수련 심리 검사로 인정받았습니다.

PC나 스마트폰으로도 검사가 가능해 편리합니다. 우선, 림스연구소(http://www.lcsi.co.kr/)에 접속해 회원 가입을 한 후, 성격과 안정성, 자아 개념을 확인하고 싶다면 'LCSI 종합성격검사 성인용'을, 여기에 정신 건강까지 자세히 확인하고 싶다면 'LCSI 종합성격검사 고급'을 구입합니다. 이후 부여된 아이디와 비밀번호를 검사 사이트에 넣고 149문항에 답하면, 개인의 성격 패턴부터 성격 안정성과 기질까지 여러 장에 걸쳐 자세한 결과를 받을 수 있습니다. 도전성, 사교성, 신중성, 안정성, 창의성과 함께 무엇보다 '자아 개념'을 구체적인 수치로 확인할 수 있어 좋습니다. LCSI 검사에서는 자신에 대한 정서적 만족감의 정도를 측정하는 데 '자존감'이란 말보다 이 '자아 개념'이란 말을 사용하고 있습니다.

검사 결과를 살펴보면, 자아 개념은 '자기 만족' '자기 긍정' '자기 효능감'으로 조금 더 세분화해서 측정 결과를 제공합니다. 자기 만족은 과거나 현재의 자기 삶의 방식을 정서적으로 어느 정도 만족하는지 나타내는 개념이며, 자기 긍정은 자신의 성품이나 대인관계 방식을 스스로 수용하는 정도를 나타내는 개념, 자기 효능감은 전반적인 사회생활과 일 처리에서 자신이 유능하다고 느끼는 정도를 나타내는 개념입니다.

내가 삶을 어느 정도로 잘 살아가고 있는지 알기 위해서는 검사 결과에서 안정성과 자아 개념을 함께 살펴보면 됩니다. 저는 6개월에 한 번씩 나 자신을 이 검사로 확인해 보는데요. 내 자존감(자아 개념)이 높을 땐 무엇이 내게 영향을 줬는지 관계 등을 돌아보면서 유지하려 하고, 떨어졌을 때는 이를 회복시키기 위해 내 삶을 돌아보는 등 노력을 기울입니다. 저와 여러 교사의 그래프를 오랫동안 관찰한 결과, 삶의 안정성이 떨어지더라도 자아 개념이 높은 사람은 안정성을 회복하는 것이 빨랐고, 자아 개념이 낮은 사람은 안정성도 동반 하락하는 것을 볼 수 있었습니다.

이렇듯 2년에 한 번 병원에서 정기 검진을 받듯이 내 심리도 몇 달에 한 번씩 검진받는다고 여기면 좋겠습니다. 이런 검사는 수치로 표시되기 때문에 구체적인 내 상태를 확인하기에도 좋습니다.

검사 결과를 확인할 때는 내 자아 개념 수치를 보고 상처를 받거나 스스로를 탓하지 않도록 주의해야 합니다. 그저 내 자존감이 이렇게 깎이게 된 원인이 무엇인지 내 삶의 패턴을 살펴볼 기회라고 생각해 주세요. 그동안 애쓰며 살아온 나를 다독여주고, 이 점수 결과를 앞으로 내가 만날 변화의 시작점, 내 자존감을 높이기 위한 출발점으로 여겼으면 합니다.

혹시라도 자아 개념 수치가 낮아서 실망했다면, 한 가지만 기억하세요. 생각보다 자존감 높은 교사는 많지 않습니다. 자아 개념 수치가 높으면, 이렇게 높은 점수를 만들어준 것이 무엇인지 자신의 삶과 관계를 돌아보면서 이 점수를 유지하기 위해 해야 할 일을 찾아봅니다. 자아 개념은 노력과 달리 환경(근무지)에 따라 깎일 때가 있는데, 그때마다 좋았던 점수를 생각하며 다시 회복될 것이라 믿는 것도 중요합니다.

　　　　　　　　1장 교사의 자존감은 무엇이 다른가

내 어린 시절의
상처들

이제, 추측해서 썼던 자존감 점수와 검사를 통해 알게 된 자존감 수준을 비교해 볼 차례입니다. 무엇보다, 현재의 점수는 말 그대로 현재의 상태를 의미합니다. 지속적으로 현재의 자존감이 형성된 '흐름'을 살펴봐야 한다고 했던 것을 기억하세요.

앞서 등장했던 A는 성장 과정에서 이미 자존감이 깎였고, 낮은 자존감을 가진 상태에서 교사가 됐습니다. 부모의 다툼과 어려운 가정 형편 탓에 제 삶을 살지 못했고, 가족 내에서도 비교당하고 사랑받지 못했죠. 이로 인해 다른 사람 눈치를 심하게 보게 되고, 착한 아이처럼 살아야 한다는 압박감에 시달리게 됐습니다. 이처럼 성장 과정에서 내가 무엇을 경험했느냐에 따라 자존감의 정도는 달라지게 마련입니다. 이 자존감의 정도는 살아가며 만나는 문제를 어떤 패턴으로 해결해 내는지와도 연결되어 있습니다.

◠ 내 성장 과정에 무슨 일이 ◠

이제 나 자신을 살펴볼게요. 자가 측정 점수와 현재 내 자존감 점수의 차이를 보며 어떤 생각이 드나요? 혹시 떠오르는 일이나 사건은 없나요? 아래의 표를 채워보세요.

자가 측정 결과	객관적 검사 결과(LCSI)	떠오르는 생각

만약 차이가 있다면 그 이유는 무엇일까요? 혹시 A처럼 성장 과정에서 자존감이 깎인 일은 없었을까요? 최근 학교에서 상처받은 일은요? 내 삶에 영향을 준 큰 사건이 있진 않았나요?

이번에는 현재의 자존감 점수에 영향을 미친 여러 일을 적어보세요. 성장 과정을 떠올려보고 자존감이 깎였던 일을 적어보는 것도 좋고, 중요한 사람이나 사건에 대해 적어보는 것도 좋습니다. 중요한 것은 적은 것들에 자리했던 감정이 무엇이었느냐는 것입니다.

✦ 떠오른 일, 사람, 사건: _____

✦ 파생된 감정: _____

✦ 그래서 난 어떻게 살아가기로 마음먹었나: _____

    적으면서 '저 일만 없었어도' '너 때문에' '그럴 줄 알았어' 같은 생각이 들거든 내려놓으세요. 어쩔 수 없었던 경우가 대부분일 테니까요. '나에게만 유독 왜 이런 일이…' '나만 왜 이리 자존감을 깎여야 해' '상처받았어' 같은 마음도 내려놓아야 합니다. 워크숍을 진행하다 보면 대부분의 교사가 학교 안에서든 밖에서든 비슷한 경험을 하고, 혼자 문제를 해결하려고 애쓰고 있다는 것을 알 수 있습니다. 유독 내게만 나쁜 일이 벌어진다는 생각할 필요는 없다는 것입니다.

⌒ 그들이 들려준 성장 과정의 일들 ⌒

    다른 사람의 삶을 조금 살펴보는 것, 누군가의 치료 과정을 보는 것만으로도 치유가 일어납니다. 설문조사에 드러난 여러 선생님들의 이야기를 조금 더 살펴보겠습니다. 교사들은 성장 과정에서 어떤 일로 자존감이 깎였을까요? 거칠게 나누자면, '가정에서 생긴 일'과 '학교에서 생긴 일'이라고 할 수 있습니다.

가정에서 생긴 일로 자존감이 깎였을 때 ─────────

✳ 부모의 사업 실패

✳ 사이 나쁜 부모(부모의 부부 싸움, 이혼…)

✳ 부모의 언어 폭력("너 때문에 우리가 못 헤어졌다." "너 따위가 태어나서."…)

✳ 부모의 체벌

✳ 부모의 투병 혹은 죽음

✳ 부모의 비행(음주, 가정 폭력…)

✳ 부모의 편애

✳ 성적에 대한 부모의 높은 기대

✳ 부모와 얼마간 분리되었던 경험

✳ 부모 직업의 귀천

학교에서 생긴 일로 자존감이 깎였을 때 ─────────

✳ 학교 폭력(왕따, 은따, 지속적 괴롭힘…)

✳ 친구 관계 문제(친구의 뒷담화, 친했던 친구의 배신, 친구 사귈 때의 어려움, 실수에 대한 친구들의 비웃음…)

✳ 성적 문제(성적 하락, 대입 실패, 임용고시 불합격, 임용 면접 탈락…)

✳ 교사와의 문제(담임의 심한 꾸중, 교사의 체벌…)

* 용돈 부족

* 전학

   성장 과정에서 더 나은 피드백을 받기 위해 다양한 시도를 해보지만, 원하는 결과를 만나지 못하고 다시 차별당하거나 무시당하는 등 자존감 깎이는 일이 반복되면 우울하고 무기력해집니다. 자존감이 깎이면 이를 회복하기 위해 다양한 시도를 해보는데요. 교사 집단에게는 다른 집단과는 구분되는, 특이한 탈출구가 있었습니다. 바로 '공부'입니다. 공부를 잘하면 사람들에게 대단하다는 말을 듣고 칭찬도 받는 등 좋은 피드백을 얻게 되니, 이런 반응이 자극제가 되어 공부에 더 관심을 갖고, 더 몰입하게 되는 것이었습니다.

   제가 워크숍에서 사용하는 프로그램 중, 탄생부터 현재까지 내게 생긴 여러 사건을 시간별로 점 찍고 간단히 설명을 써본 후 이 점들을 연결해 그래프로 그리는 '스펙터클 인생 그래프'라는 활동이 있습니다. 가운데 선을 기준으로 '내게 좋았던 사건(+)'일수록 더 위로, '나를 어렵게 만들었던 사건(-)'일수록 더 아래로 그립니다.

   교사들의 그래프에 자주 나오는 사건은 성적 상승이나 하락, 대학 혹은 임용고시 합격이나 실패였습니다. 그만큼 교사가 성적과 평가를 중시하고, 그 결과에 예민하게 반응함을 알 수 있었습니다.

내 어린 시절의 상처들

그들이 들려준 어른이 된 후의 일들

한편 성장 과정을 벗어나 성인이 된 후 자존감이 깎이게 되는 경우도 많았습니다. 교사 생활을 하며 자존감이 깎이는 원인은 크게 '가족 문제'와 '사회생활 문제'로 나뉘었습니다.

가족 문제로 자존감이 깎였을 때

* 배우자 문제(배우자의 무시, 폭언, 가부장적인 태도, 배우자가 자기 부모에게만 잘하고 내 부모에게는 소홀한 것, 배우자의 육아 무관심…)

* 부모/시부모 문제(부모/시부모의 폭력적인 언행, 경제적 의존, 잦은 간섭…)

* 자녀 문제(자녀의 학교 부적응, 낮은 성적, 대학 실패, 이른 죽음…)

사회생활 문제로 자존감이 깎였을 때

* 연인 문제(반복된 이별, 짝을 만나지 못함, 상대의 외모 지적…)

* 건강 문제(다이어트 실패, 심각한 질병 선고…)

* 경제 문제(모은 돈이 너무 없는 상태, 점점 늘어가는 빚…)

* 친구 문제(나를 무시하는 친구, 친구만 잘나가는 것 같은 기분…)

자존감 깎이는 일이 생기면, 그 일로 인해 연쇄적으로 자존감 깎이는 일이 생기는 경우가 많았습니다. 결국, 어린 시절의 가정과 학교생활, 현재의 가족, 근무지인 학교에서의 일들이 모두 연결되어 있다는 것을 알 수 있습니다. 성장 과정에서 깎인 자존감이 근무지인 학교로 연결되기도 하고, 학교에서 깎인 자존감이 내 자녀에게 연결되기도 하는 것이죠.

　　하지만 자존감이 깎이는 일만 있지는 않습니다. 선순환도 있고, 서로 연결되어 자존감을 회복시키는 일도 분명히 있습니다. 그러니, 이 내용만으로 나를 탓하거나 우울해하지 않으셨으면 합니다.

　　현재의 자존감을 꼭 측정해 보기 바랍니다. 성장 과정, 현재 근무하는 학교 환경과 접했던 사건, 학교 밖의 삶 등 수많은 일이 현재의 내 자존감을 만들었는데 우린 그저 막연하게 추측만 하며 살고 있습니다. 그로 인해 자존감을 오해하고 제대로 유지하거나 회복하지 못하고 있으니까요.

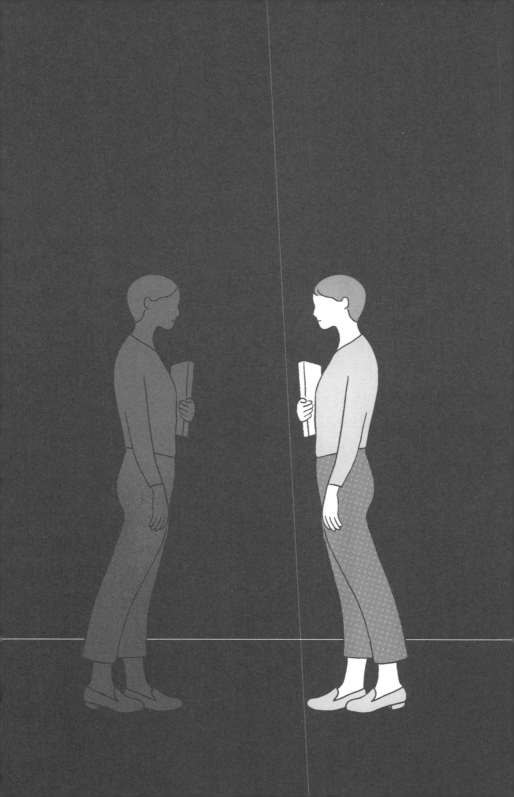

바닥난 자존감을
회복하려면

내 자존감은 태어났을 때 0이었다가 조금씩 쌓여 가는 것일까요, 아니면 100이었다가 조금씩 줄어드는 것일까요? 사람에 따라 접근 방식이 다르겠지만, 제 워크숍에 참여한 교사들은 100이었다가 깎였다는 관점을 더 선호했습니다. 참여자들에게 "선생님의 자존감은 몇 점인가요?"라고 물어보면 언제나 낮은 점수를 말하곤 했습니다. 그럴 때면 넌지시 이렇게 말씀드렸습니다.

"100이라고 이야기해도 괜찮아요. 원래 100이었다가 원치 않은 일들 때문에 깎였잖아요. 원래 점수를 이야기해도 좋아요."

이 정도의 이야기에도 눈물을 흘리는 선생님이 많았습니다.

자존감이 원래 0이었는데 이것을 100으로 끌어올려야 한다고 생각하면 왠지 고군분투해야 한다는 느낌이 듭니다. 그러나 원래 100이었다가 떨어진 것을 다시 끌어올린다고 하면 불가능한 일이 아니라는 생각에 상대적으로 덜 힘들게 느껴집니다. 이런 이유로,

자존감 높이는 과정을 '자존감 회복'이란 관점으로 접근하는 것이 좋습니다. 실제로, 이런 관점을 갖는 것이 자존감 회복 과정에 참여할 때도 마음을 편하게 해줍니다.

1장에서 측정해 본 모든 자존감 수치를 너무 민감하게 생각하지 마세요. 이 수치는 최종 결과가 아니고 그저 '현재 내 상태' '출발점' 이라고 생각해야 한다는 점을 다시 한번 강조합니다. 나는 원래 자존감이 높은 사람이었는데, 특정한 인물이나 사건으로 내 자존감이 깎였다고 생각해 주세요. 이미 높은 자존감을 경험했던 적이 있으니, 그 수치까지 회복하는 일이 어렵지만은 않을 것입니다.

회복할 수 있다는
믿음

자존감이 오르락내리락하는 것은 평생 있는 일입니다. 때문에 매 순간 자존감의 정도가 달라지는 것은 삶에서 생기는 자연스러운 현상이라는 점을 기억할 필요가 있습니다.

'난 원래 자존감이 높았던 사람인데 지금은 잠깐 내려갔어.' '살다 보면 자존감이 올라갈 때도 있고, 낮아질 때도 있어.'

이런 말을 자신에게 해줄 수 있어야 합니다. 그러면서 내 자존감의 변화를 객관적인 눈으로 편하게 바라볼 수 있어야 하죠.

가느다란 막대 하나를 떠올려보세요. 상대가 막대의 한쪽 끝을 잡고 있고, 다른 쪽 끝은 제자리에 가만히 서 있는 내 손가락 위에 올려져 있습니다. 상대가 조금씩 힘을 가하면 둘 사이의 막대는 조금씩 휩니다. 휘는 정도가 작으면 막대를 바라볼 수도 있고, 손끝에 느껴지는 압박감도 견딜만합니다. 하지만 손끝에 조금씩 더 큰 힘이 가해지고 막대가 더 휘게 되면, 막대가 부러질까 봐 긴장하게 되고 두려움이 생겨 몸이 움츠러들면서 그 막대를 제대로 볼 수조차 없게 됩니다. 그러다 막대에 가해지는 힘이 멈추고 막대가 조금씩 펴지면, 편안하게 숨이 쉬어지면서 몸의 긴장도 풀어집니다. 막대도 원래 지니고 있던 탄력성 덕분에 다시 펴집니다.

그러나 막대에 가해지는 힘이 멈추지 않고 계속 더 큰 힘이 작용하면 어떻게 될까요? 막대는 부러지고, 그 부러진 끄트머리 때문에 내가 다치기도 합니다. 본드나 테이프로 막대를 잘 연결해 원래 모습처럼 만든 뒤, 두 사람이 원 위치에서 막대를 잡고 힘을 가하면 어떻게 될까요? 막대는 좀 휘어지다가 전과 달리 금세 부러질 것입니다. 한번 부러진 막대는 탄력을 잃어버리기 때문입니다.

자존감을 깎고 상처를 주는 말과 상황을 '막대에 가해지는 힘'으로, 막대를 '교사'로 가정해 보세요. 상처가 되는 말이나 상황이 가해지면 막대가 휘듯 교사는 움츠러들고 긴장합니다. 하지만 가해지는 힘이 멈추고, 문제를 해결할 방법을 찾으면 휘었던 막대가 펴지듯 좀 더 편안한 상태가 됩니다. 가해지는 힘이 너무 심하지 않다면 교사는 이 힘을 제대로 바라보면서 막대가 펴지도록 조절하는 등 잘 감당할 수 있습니다. 하지만 일정 수준 이상의 힘이 가해져 크게 휘어지고 부러질 정도가 되면 교사는 이 힘을 바라볼 수조차 없게 됩니다. 눈을 감고 고개를 돌리고 움츠러들면서 두려움에 떨게 되죠. 그러다 결국 부러진 막대에 치명상을 입기도 합니다.

한번 부러지면 더 작은 힘에도 계속 부러지는 막대처럼, 교사도 너무 큰 상처를 입고 무력해지면 아무리 많은 책을 읽고 연수에 참여하고 상담을 받아도 회복하기 힘들어집니다. 그러므로 되도록 어떤 일을 겪더라도 꺾이지 않고, 부러지지 않아야 합니다. 이를 위해, 지금 당장 내 자존감을 회복하기 위한 일을 찾아 시작해야 하죠.

⌒ 잔가지에 불붙이기 ⌒

몇 가구가 옹기종기 모여 있는 작은 시골 마을에 몇 년간 살았던 적이 있습니다. 오래된 시골집을 고쳐 들어가 살았는데, 겨울은 정말이지 추웠습니다. 기름 보일러를 열심히 돌렸지만, 집 안에는 늘 냉기가 가득했죠. 하는 수 없이 커다란 장작을 때는 무쇠 난로를 집 안에 설치했습니다.

꽤 낭만적이라고 생각했지만, 현실은 달랐습니다. 장작에 불이 잘 붙지 않았던 것입니다. 무쇠 난로 안에 장작을 쌓아올린 뒤, 토치로 한참 불을 켜도 장작 전체에 불이 붙지 않았습니다. 이런저런 시도 끝에, 장작더미 아래 잔가지들을 몇 줌 넣고 거기에 불을 붙여야만 장작 전체에 불이 붙는다는 것을 알게 됐습니다. 그다음, 공기구

명을 적절히 조절하고 가끔 불쏘시개로 장작 위치를 조절해 주기만 하면 오랫동안 은은히 불이 이어졌습니다. 집 또한 따뜻해졌고요. 요령을 터득하자, 난로에 불붙이는 게 더는 어렵지 않았습니다.

자존감이 회복되는 과정도 이와 비슷합니다. 잔가지에 불을 붙이는 과정이 정말 중요하죠.

자존감은 단번에 수직 상승하지 않습니다. 어떤 노력을 어떤 방식으로 기울이느냐에 따라 다르죠. 무엇보다 시간이 걸립니다. 수년간 혹은 수십 년간 깎인 내 자존감이 책을 읽고 상담 한두 번 받았다고 해서 확 바뀔 거라는 판타지는 버려야 합니다. 내 주변 사람과 환경이 그대로고 내 자존감을 깎아내리는 자극과 원인이 여전하다면, 자존감은 살짝 회복됐다가도 익숙한 패턴이 작용해 다시 예전 상태로 돌아갈 것입니다.

자존감은 내가 나를 깎아내리는 패턴으로 인해 더욱 악화되곤 합니다. 때문에, 이런 방식으로 마음이 작동하게 된 근본적인 원인을 찾아 상처를 치유하고 그 상처에 대한 현재의 생각을 바꿔야 합니다. 그리고 깎인 세월만큼 나를 회복시키는 삶을 살아야 합니다.

잔가지에 불을 붙이는 것처럼 자존감 회복 과정도 처음이 중요합니다. 제대로 시작해 어느 정도 회복되기만 하면, 요령이 생겨 회복 과정에 불이 붙기 때문이죠. 그때부터는 공기구멍을 적절히 조절하고, 불쏘시개로 장작의 위치를 잡아주고, 연료가 부족하다 싶으면 장작을 더 넣어주는 등 잘 유지하는 작업을 해나가면 됩니다.

본격적인 자존감 회복 과정에 대해 이야기하기 전, 한 가지 짚고 가야 할 것이 있습니다. 아무리 좋은 일이 많았어도 나를 불편하게 만들고 상처 주었던 한두 가지의 일이 모든 것을 덮어버릴 때가 있습니다. 인류가 생존이란 목적을 위해 좋았던 자극보다 고통스러운 위험 요소들을 더 강렬하게 각인해 왔다는 진화심리학적 관점을 떠올려보세요. 행복했고 자존감을 높여준 여러 일이 있었음에도 우리에게는 불행했던 몇 개의 사건이 더 뼛속 깊이 남게 됐는지 모릅니다. 내게 소중한 사람과 사건 들이 있었음에도 기억 저 밑으로 가라앉아 있는지도 모릅니다.

내 안에 이미 자리 잡고 있던 이런 따뜻한 기억 그리고 자존감을 회복해 줄 자원을 찾아야 합니다. 레몬을 생각하면 입 안에 신 침이 고이듯 나를 힘 나게 하는 기억을 떠올려 재경험하는 것만으로도 감정과 몸이 변화됩니다.

'자존감을 높여준 여러 사건'을 살펴보세요. 내 자존감이 높았던 때, 회복됐던 때가 있음을 먼저 기억하세요. 그리고 "내 자존감은 원래 높았어. 지금 잠깐 내려갔을 뿐이야. 이미 높았던 적이 있었으니 다시 회복시킬 수 있어"라고 말해보세요.

교사의 자존감이
올라갈 때

'사람에게 받은 상처는 사람에게 치유받는다'는 말이 있죠. 살다 보면 정말 맞는 말이란 걸 느낄 때가 많습니다. 자존감도 그렇습니다. 사람 때문에 깎이기도 하지만, 사람 덕분에 회복도 됩니다. 따뜻한 말 한마디가 사람을 살리기도, 묵묵한 포옹이 얼어붙은 마음을 녹이기도 합니다. 사람으로 인해 상처받는 일이 워낙 많다 보니 종종 잊고 살지만, 사실 우리에게는 사람 때문에 자존감 떨어지는 일만 있는 게 아니라 자존감이 회복되는 일도 틀림없이 있습니다.

설문 조사 결과를 보면, 자존감을 높여준 사람은 대부분 가장 가까이 있는 사람들이었습니다. 이들이 건넨 "어떤 경우에도 난 네 편이야"와 같은 무한한 지지가 담긴 말이 자존감을 높여주었습니다.

이들이야말로 내 삶에서 가장 중요한 사람이겠죠. 그런 이들을 중심으로 '무엇이 나의 자존감을 높여주는지' 찾아보세요.

학교 밖에서의 자존감

관계를 통해 자존감이 올라갔을 때

✳ 부모님이 심리적인 지원을 아끼지 않고 나와 지속적으로 대화하며 나에 대한 믿음을 보여줬을 때

✳ 선생님이 나에 대한 지지와 칭찬, 따뜻한 말 한마디를 건넸을 때

✳ 내 주변에 모이는 친구들로 인해 '나는 남들이 좋아하는 사람이구나' '누군가에게 특별한 친구가 될 수 있구나'라는 생각이 들 때

✳ 연인에게 사랑을 듬뿍 받는 것은 물론 "넌 있는 그대로 아름답다" "넌 무슨 일이든 할 수 있을 거야" 같은 이야기를 반복해서 들을 때

✳ 배우자가 위로와 격려를 보내며 내가 하는 일이 대단하다고 칭찬할 때

✳ 자녀가 사랑스러운 모습으로 바르게 클 때, 나를 자랑스럽다고 했을 때

성취를 통해 자존감이 올라갔을 때

✳ 혼자 긴 시간 동안 배낭여행을 하면서 어려움을 극복했을 때

＊ 자취생활을 하며 혼자서 많은 일을 해냈을 때

＊ 내가 번 돈으로 내 생활의 모든 것을 해결할 수 있게 됐을 때

＊ 내가 좋아하던 사람과 어렵사리 결혼에 골인했을 때

＊ 내향적이던 내가 학생들 앞에서 수업도 잘 해내고, 대학원에서 관중까지 웃기며 발표도 성공적으로 했을 때

＊ 내 강의가 정말 많은 도움이 됐다는 피드백을 받았을 때

이런 보편적인 답변 외에, 교사 집단에서 유독 많이 등장했던 것은 '성적' '학업'이란 단어였습니다.

성취를 통해 자존감이 올라갔을 때(교사 집단) ─────────

＊ 공부 잘하는 학생으로 인정받았을 때

＊ 성적이 확 올랐을 때

＊ 사람들 앞에서 큰 상을 받았을 때

＊ 재수, 삼수 끝에 원하던 대학에 합격했을 때

＊ 임용고시에 합격했을 때

이 밖에 특별한 답들도 있었습니다. 부모님에게 과거의 상처를 말하면서 얼마나 속상했는지 털어놓자 부모님이 그것을 진지하게

들어주고 존중해 주었는데, 이 일이 자존감을 높여주었다는 분이 있었습니다. 상담 치료를 받다가 부모님 역시 상처를 받아 낮은 자존감을 지니게 됐다는 사실을 알고 부모에 대한 이해가 생기면서 자존감이 회복됐다는 분도 있었고요.

학교 안에서의 자존감

역시나 교사의 자존감은 학교와 밀접한 관련이 있었습니다. 특히 교사의 자존감이 회복되는 데는 '학생'이 많은 작용을 했습니다. 학생과 함께 다양한 일을 겪으며 생겨나는 특별한 감정이, 교사의 자존감을 높이는 특별한 회복약은 아닐까 하는 생각이 들 정도였습니다.

학생들로 인해 자존감이 올라갔을 때

* 학생들이 무한한 신뢰를 보내주고 사랑해 줬을 때

* 가르친 학생의 성적이 수직 상승했을 때

* 졸업하고서도 아이들이 지속해서 연락하거나 찾아올 때

* 문제를 일으켜 교실을 붕괴시킨 학생이 내 노력으로 달라진 모습을 보여 주었을 때

* 학부모에게 학생이 나를 좋아한다는 말을 들었을 때

* 자녀가 내 교실에 온 뒤 밝아졌다는 피드백을 학부모에게 받았을 때

* 내가 가르치는 아이들이 성장하는 모습을 볼 때

* 어려운 아이를 맡아 1년간 고생해 올려 보냈는데 다음 학년의 새로운 교실에서 잘 지낼 때

* 아이들의 마음이 담긴 편지를 읽었을 때

* 내 자존감을 깎았던 아이들이 시간이 지난 후 찾아와 그때 철없었다면서 사과했을 때

* 반 아이들이 멀리서 달려와 내 품에 안길 때

　교사가 학생들과 잘 지내고 따뜻한 피드백을 주고받는 것이 얼마나 중요한지 알 수 있는 답변들입니다.

　이를 위해서는 조금 더 교사를 믿어주는 문화, 교사가 학생에게 신경 쓸 수 있는 여유가 필요합니다. 교사들이 불필요한 행사, 공문, 행정 업무 등을 내려놓을 수 있어야 하고, 눈치 보지 않은 채 원하는 수업과 활동을 할 수 있도록 제도적 장치가 필요합니다. 학생 인권과 동등하게 교권이 보장되어야 한다는 것입니다. 교사의 자존감이 회복되려면 교사 본인의 노력도 필요하지만, 이렇듯 사회적인 뒷받침도 반드시 필요합니다.

* 학부모가 응원과 지지를 보내고, 격려와 감사를 표현해 줬을 때

* 교원 평가에서 높은 점수를 받았을 때

* 학교 공동체에 낸 내 의견이 민주적인 분위기에서 수용될 때

* 동료 교사들이 나를 중요한 사람으로 생각하며 인정해 줄 때

* 동료 교사가 내 교실에 들어와 고민을 나누고자 했을 때. 그 후 내게 많이
   위로받고 힘 받았다는 피드백을 다른 동료 교사에게 했을 때

* 관리자에게 "우리 학교에 선생님 같은 분이 계셔서 힘이 난다"는 말을 들
   었을 때

  학생들이 주는 특별한 회복약을 구할 수 없는 경우에는 이와 같
은 회복약을 만날 수 있도록 하나씩 노력을 기울이는 것도 방법입
니다. 물론, 학교나 사회 차원에서 여건을 만들어주어야 가능한 일
도 있습니다. 거듭 말하지만, 교사 개인의 노력만으로는 충분치 않
습니다.

흔들리는 자존감을
붙잡으려면

✻ "나도 의미 있는 사람이구나."

✻ "나도 노력하면 원하는 것을 이룰 수 있구나."

✻ "그 선생님/학생에게는 내가 중요한 사람이구나."

✻ "내가 누군가에게 힘이 될 수 있구나."

✻ "나는 생각보다 좋은 선생님이었구나."

✻ "나도 어려움을 극복해 낼 수 있구나."

교사들의 설문을 바탕으로 어떤 생각을 했을 때 자존감이 회복
됐다고 느꼈는지 정리한 문장입니다. 잘 살펴보면, 이 문장들은 '알

아차림'에 해당합니다. 자존감 낮은 교사는 자신을 초라한 존재로 여기고 자신이 타인(특히 학생)에게 부정적 영향을 미친다고 생각하면서 최대한 조심하며 관계를 이어가려 합니다. 하지만 내가 누군가에게 의미 있고, 중요한 사람이고, 힘이 되었다고 알아차리는 순간, 피어나는 뿌듯함, 울컥함 등의 감정이 자존감을 올라가게 만듭니다. 저 알아차림 문장을 살펴보면 역시 학생과 학교가 밀접한 연결이 있음을 알 수 있습니다.

◦ 의존된 자존감 ◦

자세히 들여다보면 이 말들은 대부분 '인간관계'에서 생겨납니다. 그도 그럴 것이, 한 사람의 자존감은 그와 연관된 다른 사람들의 피드백에 의존하는 경우가 많기 때문이죠. 이 말은 곧, 타인에 의해 내 자존감이 올라갈 수도 있지만, 내려갈 수도 있다는 뜻입니다.

타인의 피드백에 민감하게 반응하는 교사를 생각해 보세요. 이런 교사는 매년 만나는 불특정 다수의 학부모가 어떤 말을 건네느냐에 따라 자존감의 정도가 요동칠 수 있습니다. 학생, 관리자, 동료 교사로부터 받는 피드백도 마찬가지겠죠. 매년 계약된 시간 동안 정해진 사람들과 인연 맺게 되는 교사의 특성을 감안할 때, 이분들의 자존감은 1년 단위로 그 정도가 바뀐다고 할 수 있습니다.

그래서 학기 초부터 '학부모 중에 비난하기 좋아하는 사람이 있으면 어쩌지?' '유독 말썽 심한 아이가 우리 반에 있으면 어쩌지?' 같은 고민에 불안을 떨칠 수 없게 되죠. 이런 불안감은 다소 예민하거나 직설적인 학부모, 학생, 동료 교사 들에게 유독 신경 쓰면서 그들의 눈치를 보는 결과로 이어집니다.

이것이 꼭 나쁘다고 볼 수는 없습니다. 눈치를 보다 보면 상대의 반응에 좀 더 신경 쓰게 되고 모든 상황에서 상대를 배려하게 되니까요. 이것이 더 좋은 수업 프로그램이나 따뜻한 교실 분위기로 연결될 가능성도 큽니다. 하지만 교사 개인으로 볼 때 이렇게 해서 얻어지는 자존감은 진정한 것이 아니라 '의존된 자존감'이라 할 수 있습니다.

한번 생각해 보세요. 내게 피드백을 주는 학부모의 자존감 정도는? 학생은? 관리자와 동료 교사는? 그들이 내게 주는 피드백이 정말 공정하고 제대로 된 것이라 할 수 있을까요? 자존감 정도에 따라 상대와 관계 맺는 방식이 달라지게 마련입니다. 그렇다면, 그들의 자존감 정도에 따라 피드백의 내용도 달라질 수 있지 않을까요? 그들의 피드백에 너무 의존해선 안 되는 이유입니다.

문제 있는 가족 이야기를 해볼게요. 이 가족의 아버지는 술을 마시지 않은 날엔 친절하고 따뜻합니다. 그러나 술을 마신 날에는 가족들에게 폭언을 퍼붓고, 심할 땐 물리적인 폭력까지 행사합니다. 가족들 모두 아버지의 눈치를 보며 살 수밖에 없고, 이들의 최고 관심사는 자연히 '아버지가 술을 마셨느냐, 마시지 않았느냐'뿐입니다.

아버지의 눈치를 보면서 아버지의 상태에 지대한 영향을 받는 가족의 모습이, 학부모·학생·동료 교사의 상태에 따라 자존감의 정도가 왔다 갔다 하는 내 모습과 정말 닮지 않았나요? 이렇듯 타인에게 내 상태가 좌지우지되는 상황은 늘 내 자존감에 한계를 지울 수밖에 없습니다. 의존된 자존감을 지닌 사람은, 경험 많고 현명한 상대에게 조언을 구하고 협력을 요청하기보다 내가 어려움을 경험하고 있다는 사실 자체를 부끄러워하고 자신이 무능력하다고 생각합니다. 어려움이 감당하기 힘든 정도가 되면 현재의 상황에서 도망치고 싶어 하며 다른 사람이 내 문제를 해결해 줬으면 하고 생각하고, 문제를 전적으로 해결해 줄 구원자를 찾게 됩니다. 이는, 나를 도와줄 사람이 주변에 있으면 그래도 다행이지만 그럴 만한 사람이 없으면 언제든지 상처 입고 자존감이 바닥으로 추락할 준비가 되어 있다는 뜻이기도 합니다.

평가에 연연하는 교사들

타인의 피드백이 계속해서 신경 쓰인다면 오히려 이를 내게 유리한 방향으로 이용할 수도 있습니다. 좋은 피드백을 받았을 때, 그 피드백들을 잘 모아두세요. 되도록 종이에 적어서 작은 상자 같은 곳에 넣어두면 좋습니다. 그랬다가 자존감이 한없이 바닥을 친 날 꺼내서 읽어보는 거죠.

나쁜 피드백을 받고 자존감이 떨어지는 것을 느끼는 순간에는 자기 자신에게 지금의 피드백이 최종 결과는 아니며, 그것이 모든 피드백을 대표하지는 않는다고 말해주어야 합니다.

* "특정 학부모의 말이 모든 학부모의 말을 대표하진 않아."
* "올해 받은 학부모 평가가 내 삶의 모든 평가를 대표하진 않아."
* "내게는 이미 나를 지지하고 내 편이 돼줬던 수많은 학부모가 있고, 그걸 증명하는 평가가 있어."
* "그러니 이 순간의 피드백에 흔들리지 않을 거야."

특히, 1등, 높은 성적, 시험 합격 등의 경험으로 자존감이 오르내리는 교사는 학교 내의 평가 점수와 학부모, 동료의 피드백에 더 민감할 수밖에 없습니다. 그래서 누군가는 비정상적인 평가 도구라며 무시하는 교원 평가 점수가 낮게 나온 데 상처받기도 하고, 높은 점수가 나왔을 땐 이것이 곧 자신을 증명하는 것이라며 자랑스러워하기도 합니다. 때론 더 나은 평가를 받는 동료를 질투하기도 하고, 내가 해내지 못하는 것을 동료가 해내어 사람들에게 좋은 평가를 받은 데 대해 좌절하기도 합니다. 성과급 등급과 다면 평가 점수 결과에 분노해 동료와 다투기도 합니다.

　이렇듯 교사들이 1등이나 높은 성적에 연연하는 까닭은 교사가 되기 위해 거쳐야 했던 '대학 입시'나 '임용고시' 때문이기도 합니다. 이 과정에서 치열한 경쟁을 하다 보니, 많은 교사들이 친구들과 속마음을 제대로 나누지도 못하고, 혼자서 외롭게 많은 것들을 감당해야 했죠. 그 버릇이 교사가 된 뒤에도 이어져, 동료에게 쉽사리 속내를 털어놓지 못하고 문제를 홀로 끌어안은 채 끙끙대는 것입니다. 누구에게 도움받을 생각을 하지 않다 보니, 더 많은 어려움을 겪게 되고 이로 인해 맛본 좌절과 실패가 자존감을 깎아내리는 패턴을 만듭니다.

　이렇게 깎인 자존감을 회복하기 위해 마음은 무의식적으로 다른 방향으로 나아가기도 합니다. 그 결과, 경력 낮을 때부터 승진해서 더 높은 곳(?)으로 올라가려는 목표를 갖게 되거나, 공부를 위해서가 아니라 남들보다 빨리 학위를 받고 싶어서 대학원으로 진학하거나, 남들이 갖지 않은 여러 특별한 자격증에 몰두하거나, 강의나 연수 등을 진행하며 특정 분야에서 박수받으려고 하거나 하는 것입니다.

　정말 본인이 원하고 필요해서 이 모든 것을 해낸다면 괜찮습니다. 그렇지만 타인의 평가에 연연하는 상태 그대로 이것들을 하게 된다면, 그것이 또 하나의 굴레가 될지 모릅니다. 평가가 만드는 자존감은 결국 일시적일 뿐이니까요.

◦ 자기 효능감에 관하여 ◦

타인과 평가에 의존한 자존감에서 벗어나기 위해서는 '자기 효능감self-efficacy'이 중요합니다. 자존감을 구성하는 중요한 요소이기도 한 이 자기 효능감은 자신이 어떻게 해서든 주어진 상황이나 문제를 제대로 풀어갈 수 있다고 믿는 마음을 뜻합니다. 내 힘으로 상황을 타개할 수 있고, 내가 더 나은 결과를 만들어낼 수 있다고 확신하는 것은 나란 존재의 능력을 믿고 내가 유능하다고 느낄 때 가능합니다. 내가 나를 굳게 믿고 있으니 현재 겪고 있는 어려움이나 실패 앞에서도 쉽게 흔들리지 않겠죠. 갑작스러운 어려움을 만나도 당황하지 않을 것이고요.

자기 효능감은 미래를 바라보는 눈과도 연결되어 있습니다. 여러 교사의 LCSI 성격 검사를 해석하다 보니, 학교 안팎에서 겪는 어려운 일이나 트라우마 경험이 자기 효능감 수치를 낮추는 흐름을 포착하게 되었습니다. 즉, 힘든 일을 겪으면 그것이 자신의 무능력 때문이라고 생각하는 패턴이 있다는 것인데요. 사회나 학교 시스템이 만들어놓은 문제인데도, 이를 자신의 잘못으로 생긴 문제라 여기는 분들이 많았습니다.

개인이 감당하기 힘들 만큼 고통스러운 사건에 부닥치게 되면, 그와 비슷한 일을 다시 경험할까 봐 움츠러들고, 미래에 만날 학생과 다가올 학교 생활에 대해서도 자신감이 떨어지고 맙니다. 이에 따라 나를 믿는 힘과 내 능력에 대한 확신, 즉 자기 효능감이 줄어듭니다. 이는 곧 나의 자존감을 무너뜨리고, 미래를 두렵게 바라보도록 만듭니다.

자존감을 높이려는 노력

어떤 자극이 있더라도 흔들리지 않는 안정적인 자존감을 만들려면 어떻게 해야 할까요? 일시적으로 낮아진 자존감이라 하더라도, 이를 재빨리 회복시킬 수 있는 나만의 방법이 필요합니다.

자존감이 높아지는 일은 우연처럼 찾아오지 않습니다. 의도치 않은 만남, 특별한 환경을 통해 자존감이 올라간 사례도 있지만, 대부분은 그렇지 않습니다. 실제로, 설문을 통해 많은 교사들이 밝힌 바에 따르면 개개인의 노력이 많이 따라야만 자존감은 올라갈 수 있었습니다. 여러 심리 프로그램에 참여한다든가, 상담 치료를 꾸준히 받는다든가, 마음 공부를 함께하는 소모임에 참여한다든가, 글쓰기를 꾸준히 한다든가, 주변에 작정하고 도움을 요청한다든가. 자기 상태를 바꾸려는 이런 크고 작은 노력이 뒷받침되어야만 자존감은 올라간다는 걸 알 수 있었습니다.

시간과 에너지를 써가면서 많은 시도를 한 교사들은 자신에게 찾아온 사건을 바라보고 해석하는 눈이 달라졌고, 스스로를 탓하거나 깎아내리는 패턴을 멈출 수 있었습니다. 그렇게 자존감이 높아진 상태에서 새로운 관계를 맺고 다른 성격의 사건을 경험하면서 자신의 노력이 잘못된 게 아니라는 확신을 갖고 더 많은 시도를 하게 되었습니다. 또 높아진 자존감으로 인한 좋은 피드백이 선순환되면서 다시 자존감을 높이는 삶으로 나아가게 되었습니다.

2장 바닥난 자존감을 회복하려면

나만의 작은 성공 경험
쌓아가기

수년 전, 저는 디스크 탈출증과 척추측만증으로 병원에 몇 번 입원을 하게 됐습니다. 그 뒤 곧은 척추를 갖기로 굳게 마음먹었습니다.

곧장 트레이닝 센터에 방문해 보디빌더에게 운동법을 배우기 시작했습니다. 그렇게 운동에 매진하고 5년 가까이 되자 내 몸 사진을 찍고 싶어졌습니다. 곧은 척추가 기록된 내 등 사진을 보며, 과거 휜 척추로 인해 겪은 고통과 콤플렉스에서 벗어나고 싶었습니다. 그래서 프로필 사진을 찍을 날짜를 정해놓고, 본격적인 다이어트에 들어갔습니다.

끼니마다 닭가슴살과 드레싱 없는 샐러드, 조그만 고구마를 먹었습니다. 근력 운동은 많은 무게를 들어 올리는 방식에서 조금 더 가벼운 무게를 더 많이 들어 올리는 방식으로 바꿨고, 여기에 30분 이상의 유산소 운동을 추가했습니다. 매일 아침, 같은 시간에 같은 옷을 입고 저울 위에 올라가 몸무게를 재고 사진을 찍었습니다. 그리고 내 몸의 변화 과정을 좀 더 섬세하게 확인하기 위해 2주에 한 번씩 인바디로 지방과 근육 수치를 확인했습니다. 이를 토대로 식단과 운동을 재조정했고요.

시간이 지나면서 몸무게는 꾸준히 줄어들었고 조금씩 근육의 선들이 드러나기 시작했습니다. 저 음식을 먹고 어떻게 사느냐며 핀잔 주는 사람도 있었고, 등 사진을 찍는다는 제 말에 운동으로 단련한 자신의 등을 자랑하는 사람도 있었습니다. 그때마다 '지금의 내 몸은 최종 결과가 아니다'라고 되뇌며 흔들리지 않고 다이어트와 운동을 이어갔습니다. 그리고 끝내 원하던 사진을 찍었습니다.

성공 경험이 생기자, 살이 조금 붙어도 이런 생각이 들었습니다.

'난 방법을 알고 있으니까 언제든지 다이어트를 해낼 수 있어. 선언하고 목표를 세우고 꾸준히 과정을 밟아가면 돼.'

그러면서 마음이 훨씬 편해졌습니다.

지금도 저는 몸 관리를 계속하고 있습니다. 덕분에 허리로 병원에 가는 일은 사라졌습니다. 또 나 자신이 무력하게 느껴질 때마다 고생해서 찍었던 그 곧은 등 사진을 보곤 합니다. 그러면 자존감이 살짝 올라가는 느낌이 들거든요. 성공 경험이 중요한 이유입니다.

◠ 작은 성공 경험의 힘 ◠

성공 경험은 자존감을 높이는 데 중요합니다. 하지만 목표가 높으면 사용해야 하는 에너지가 크고 걸리는 시간도 깁니다. 특히, 자존감이 낮아진 상태, 무력감과 우울감이 자리한 경우에는 높은 목표를 세워 부작용이 생길 수도 있습니다. 특별한 사람만 성공할 수 있다고 체념하며 자존감이 더 낮아지기도 합니다.

그래서 작은 성공 경험을 쌓아 올리는 것이 중요합니다. 이벤트성 성공보다는 작지만 내 일상을 조금 더 낫게 조각해 주는 수많은 성공이 자존감을 높이는 자원이 될 수 있습니다. 작은 성공 경험이 쌓이면 다음 목표에 대한 두려움이 줄어들고, 자신감이 생겨 마음이 열립니다. 심리 치료에서도 트라우마와 같은 핵심 주제를 처음부터 다루기보다는 일상 속 문제를 조금씩 해결해 가면서 심리 치료에 대한 두려움을 줄인 뒤, 과거의 문제를 조금씩 다루며 해결 경험을 갖게 합니다. 이런 과정을 통해 (가장 피하고 싶던) 핵심 사건을 직면할 힘이 생기는 것이죠. 이처럼 작은 성공 경험을 쌓아 올리는 것이 끝내 크고 어려운 성공 경험을 불러온다는 점을 기억해야 합니다.

　제 워크숍에 참여한 분들은 성공 경험을 위해 여러 도전을 하는데요. 가장 효과가 좋았던 것은 스마트폰 앱 'RUNDAY'에서 제공하는 '30분 달리기 도전'에 참여하는 것이었습니다. 30분을 연속해 달리는 것은 정말 어려운 일이죠. 30분 달리기 도전 코스는 8주간 운영되는데, 1회는 '천천히 달리기 1분 → 천천히 걷기 2분'을 4회 반복하는 정도로 시작합니다. 참여자들은 시간이 지날수록 조금씩 달리는 시간을 늘리면서 끝내 30분간 쉬지 않고 달립니다. 30분간 연속으로 달리게 된 한 교사가 굉장히 뿌듯해하며 성장 교실 초반 '근황 토크'에서 상기된 채 자신의 성공 경험을 이야기한 적이 있었습니다. 그 이후 30분 달리기에 도전하는 교사가 늘었고, 연속해서 성공담을 들을 수 있었죠. 무엇보다 이 과정이 의미 있는 것은, 하루 코스를 성공해 나가는 걸 내 몸으로 느끼고 앱에 기록으로 남길 수 있기 때문이었습니다. 한 사람의 성공 경험이 다른 사람의 성공 경험으로 이어지는 것도 특별했습니다.

　성공 경험은 앞서 이야기했던 자기 효능감과도 연결됩니다. 성공 경험이 쌓일수록 어려움을 만나도 두렵지 않게 됩니다. 내가 해결할 수 있다는 자신감이 작동하고, 어떤 일에든 충분히 대처할 수 있다는 확신이 생겨납니다. 일상과 학교의 삶에서 내가 뿌듯해질 수 있는 작은 목표를 세워보고 도전해 보시길 바랍니다. 너무 큰 어려움이 느껴지지는 않는, 내게 즐거움을 줄 수 있는 것부터 시작해 보세요. 그리고 성공한 뒤에는 주변에 알려 누군가가 성공하도록 도와보세요.

이 책도 중간에 읽기를 멈추지 말고 끝까지 읽어보시길 바랍니다. 다음 장부터 자존감 회복과 관련된 여러 심리극 사례를 소개할 예정인데, 때론 읽기 버거운 이야기가 등장할 수도 있습니다. 하지만 조금만 참고 읽다 보면 자존감 회복의 힌트를 분명히 만날 수 있습니다. 읽지 않으면 이 힌트를 영원히 찾을 수 없겠죠. 그러니 꼭 끝까지 읽어보세요. 그리고 이 책을 끝까지 읽어낸 경험은 또 다른 책을 읽어내도록 한다는 사실도 잊지 마세요. 책을 쌓아두기만 하고 읽지 않았던 경험이 있다면, 이 책부터 끝까지 읽는 성공 경험을 만들어 보길 바랍니다.

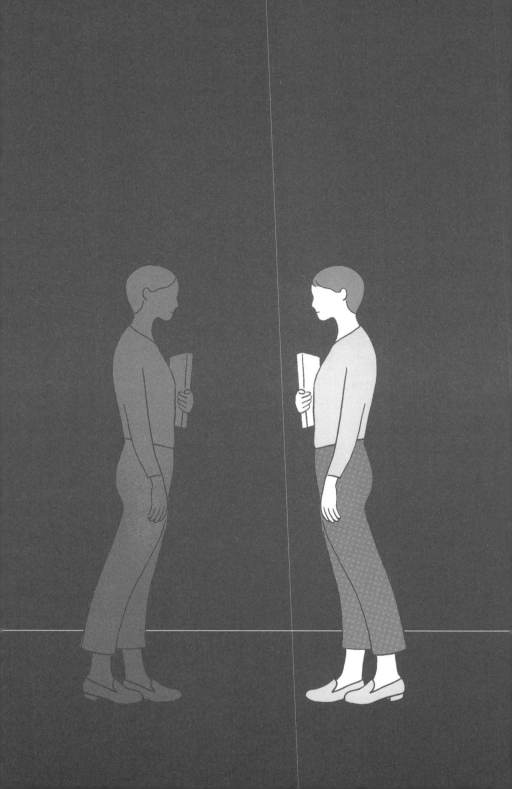

회복을 위한
심리 교실

앞서 교사의 자존감이 깎이게 된 데는 흐름이 있다고 했습니다. 이제 이 흐름을 이해하고 현재의 자존감에만 치중하지 않도록 여러 역동과 사건을 함께 다루어보려고 합니다. 흐름을 이해하는 것만으로는 삶이 바뀌지 않습니다. 그 흐름에 약간의 변화를 주고 건강한 패턴을 만들어야 하는데, 이를 위해서는 강력한 처방이 필요합니다. 그래서 저는 교사들과 함께 워크숍에서 '심리극'이란 강한 요법을 활용합니다. 심리극은 '사이코드라마Psychodrama'로 알려져 있으며, 내담자가 직접 참여하는 연극 치료 방법 중 하나입니다. 심리극을 통해 내담자가 지닌 생각과 신념을 바꾸고, 내담자 내면의 감정을 해소시키며, 앞으로의 행동을 바꾸는 데 효과가 큰 방법입니다.

이번 장에서는 바로 이 자존감 회복 심리극의 일부를 날것 그대로 소개하려 합니다. 소개하는 심리극의 주제는 실제 설문에서 교사들이 꼽았던 문제들 중 대표적인 것으로 추렸습니다.

심리극 사례를 있는 그대로 지면에 싣는다는 건 쉽지 않은 결정이었습니다. 사례들이 적나라하기도 하거니와, 이것이 단행본에 적합한 정돈된 기술 방식은 아니기 때문입니다. 하지만 이 사례들이, 내 자존감이 낮아진 근원을 찾고 지금까지 형성된 자존감의 흐름을 살피고 어떻게 변화할 수 있는지 깨닫는 계기가 될 수 있겠다는 생각이 들었습니다.

타인의 사례를 거울삼아 나의 경우를 좀 더 객관적으로 보고 깨달음을 얻는 것은 자존감 회복에 더없이 중요한 전기를 마련합니다. 내게 상처 주는 대상과 내가 상처받는 흐름을 이해하는 순간, 같은 상황이 닥쳤을 때 덜 상처받게 되고, 혹여 상처를 받더라도 금세 털고 일어날 수 있으니까요. 이번 장에서 자신의 변화를 위한 실마리를 꼭 발견하셨으면 합니다.

"학부모가 교원 평가에
독설을 적어놨어요"

"몇 달 전 이런 내용의 교원 평가를 받았어요. '쉬는 시간에 핸드폰만 쳐다보고, 애들이 싸우든지 말든지 관심도 없네요. 수업은 대충 하는 것 같고, 열정이라곤 찾아볼 수 없어요. 이 반 아이들, 다음 학년 올라가서 부진아나 열등생이 될 게 뻔해요. 파티에, 놀이에, 놀기만 하고 배운 게 없거든요. 돈 벌어먹으려고 선생 하는 거라면 빨리 때려치우세요. 젊은 선생이라고 해서 기대 많이 했는데 실망, 대실망입니다.' 이 말이 계속 떠올라 견딜 수가 없어요."

교사 B는 이야기를 하던 도중 눈물을 흘렸습니다. 평소 정말 착실하고 아이들을 위해 최선을 다하는 교사로 평가받는 분이었는데,

꽤 많은 시간이 지났음에도 한 학부모가 교원 평가에 쓴 이야기가 비수처럼 박혀 현재 그의 교실에 영향을 미치고 있었습니다.

B는 자신감이 무척 떨어진 상태였습니다. 무엇보다 반 아이들의 행복을 위해 자신이 해온 모든 것이 부정당하는 듯한 느낌에 좌절하고 있었습니다.

워크숍을 진행하다 보면 이처럼 학부모 한두 명이 쓴 교원 평가 피드백에 상처받고, 자존감이 깎이는 교사가 꽤 많음에 놀라게 됩니다. 최선을 다했는데도 독설에 가까운 평가를 받고 나면, 학부모의 눈치를 보게 되고 학생이 집에 가서 무슨 이야기를 어떻게 할지 계속 신경이 쓰입니다. 급기야는 학부모들이 모두 의심스러워지고, 관계가 좋았던 학부모에게마저 배신감을 느낍니다. 자기 확신이 줄어들면서 교실에서 해보려고 했던 여러 활동에 회의가 들고, 결국 만족스러운 수업을 해내기 어려워집니다.

교사를 찾아와 정리된 언어로 자신의 걱정되는 점과 요구사항을 표현할 줄 아는 자존감 높은 학부모라면 교원 평가에 저런 식으로 글을 쓰지 않을 겁니다. 보이지 않는 곳에서 익명이라는 도구의 도움을 받아 이렇게 상처 주는 말을 쓴 것은 다분히 의도적이고 악의적이라 할 수 있습니다. 이것이 머리로는 이해가 가면서도, 막상 저런 평가를 받고 나면 자신에게 힘이 되는 긍정적인 피드백은 까맣게 잊은 채, 일상에서 불쑥불쑥 저 말만 떠오르게 됩니다. 꽤 오랫동안 말이죠. 이럴 땐 어떻게 해야 할까요?

"함부로 말하지 마!"

이런 식의 교원 평가 문구가 교사를 더 힘들게 하는 것은 이것이 '익명'이기 때문입니다. 억울하고 속상한 마음을 해명하고 답답한 속내를 털어놓고 싶은데, 그럴 수 있는 구체적인 통로가 없으니까요. 이에 따라 저는 워크숍에서 B에게 속상하다는 이야기를 할 수 있는 '가상의 대상'을 만들어주기로 했습니다.

우선, 원으로 둘러앉아 있는 참여자 중 한 명을 불러내, 교원 평가에서 독설을 내뱉은 '학부모'를 대신해 서 있게 했습니다. 그런 뒤, 눈물 흘리는 B를 그 앞에 세웠습니다. 가상의 대상일 뿐이지만, B는 그 앞에 서 있는 것만으로 더 많은 눈물을 흘렸습니다. 저는 천 하나를 B에게 내밀어 왼손으로 잡게 하고, 천 반대쪽을 '독설을 뱉은 학부모'의 손에 연결했습니다. '독설을 뱉은 학부모'에게 무뚝뚝한 얼굴로 B를 바라보게 한 뒤, 천을 잡아당기면서 대사 몇 마디를 주문했습니다.

"선생 빨리 때려치워! 대실망이네. 열정은 찾아볼 수도 없어!"

B는 흐느끼기 시작하더니 올라온 감정에 파묻혀 얼어붙고 말았습니다. 하고 싶은 말이 있으면 해보라고 했지만, 아무 말도 하지 못하고 흐느낄 뿐이었습니다. 고개 숙인 B를 옆에서 보는 것만으로 안타까웠습니다. 보다 못해 B에게 이야기했습니다.

"이 '독설을 뱉은 학부모'에게 정말 하고 싶은 말이 뭔가요? 오늘은 말해보세요. 그 말이 뭔가요?"

B는 "네가 뭔데!" "내가 얼마나 열정적인 교사인데!" "이제 그만해!" 이 세 마디를 하고 싶다고 했습니다. 그러더니, '독설을 뱉은 학부모'와 연결된 천을 조금씩 잡아당기며 그 말을 하면서 흐느끼기 시작했습니다. 나도 옆에서 B의 감정 분출을 돕기 위해 "그만해!! 네가 뭔데!!!"라고 함께 외쳤습니다. 그러자 B는 목소리가 점점 더 커지더니 이내 "네가 뭔데!"라고 크게 소리를 쳤습니다.

속상했던 마음과 울분이 분출되는 것을 보고, 재빨리 B의 오른손에 북채를 쥐여주고는 그 아래 북을 놓아주었습니다. 그리고 "속상했던 마음을 이 북에 다 토해내세요. 제가 옆에서 함께 소리쳐줄게요"라고 한 뒤, 옆에서 "그만해. 네가 뭔데!! 그만해!!"라고 함께 외쳤습니다. B는 북을 마구 때리며 감정을 분출했습니다.

"으으아아아아! 네가 뭔데! 네가 뭔데 내게 그런 말을 하냐고!!!"

"속상했던 것, 억울했던 것, 하고 싶었던 말, 다 토해내세요. 오늘 다 토해내야 합니다!"

"너 그렇게 함부로 말하는 것 아니야. 그래 넌 보이지 않는 곳에서 키보드나 두드려대고 있지. 이 비겁한 자식아! 내가 얼마나 열정적인 교사인데 와서 제대로 보지도 않고 함부로 말하고 그래! 함부로 말하는 것 아니야. 그렇게 함부로 말하는 것 아니라고!!!!!"

B가 참여자들에게 영향을 미치는 것을 느낀 저는 말했습니다.

"여러분도 혹시 비슷한 경험 있으세요? 함께 소리치세요. 억울하거나 속상한 일이 있었으면 함께 토해내세요!!"

그러자 앉아 있던 여러 교사가 함께 소리치기 시작했습니다.

"함부로 말하지 마!!" "꺼져!!!!!" "네가 뭔데 함부로 말해!!!!!"

그 소리를 듣자 B는 북을 내려치며 더 많은 말을 토해냈습니다. 한참을 그러다 소리가 잦아들자, B는 또 흐느껴 울었습니다. 먼저, B에게 말했습니다.

"학부모의 말에 얼마나 힘들었나요. 얼마나 고개 숙이고 살아왔나요. 괜찮아요, 이렇게 말해도 괜찮아요."

그리고 고개를 들어 다른 참여자들에게 말했습니다.

"선생님들 앞으로 나와 함께 울어주세요. 여러분도 비슷한 일로 얼마나 속상하셨나요. 안아주세요. 그리고 함께 울어주세요."

여러 교사가 걸어나와 함께 끌어안고 울면서 서로 괜찮다고 토닥여주었습니다. 시간이 지나 조금씩 감정이 가라앉자, 서로에게 "고맙습니다" "감사합니다"라고 인사한 후 자리에 앉게 했습니다.

"선생님은 훌륭한 분이세요"

저는 다양한 집단과 심리극을 진행하는데요. 교사 집단의 경우, 이 타이밍에 특징적인 모습을 보입니다. 바로, 죄책감을 느끼는 것이죠. 오랜 시간 조각되어온 교사의 이미지, 즉 '교사란 완벽하고 단

정해야 한다'는 고정관념이 지배하는 사회에서, 다른 사람들 앞에 서서 소리를 지르고 욕을 하는 등 감정을 분출하는 것이 쉬운 일은 아니죠. 많은 교사가 이 과정이 필요하다는 것에 동의하면서도 항상 뒤에서 쑥스러워하거나 죄책감을 느끼는 걸 많이 봅니다.

세션의 마무리가 죄책감이 되어선 안 되기에 그다음 조치가 필요했습니다. 여전히 조명을 낮춘 상태에서 'B' 역할의 참여자를 불러내어 '독설을 뱉은 학부모' 앞에 세워놓은 뒤, B를 참여자들과 함께 둘러앉게 했습니다. 그리고 B에게 '옆 반 선생님'이란 역할을 부여했습니다. 심리극에는 자신이 처한 모습을 감정적인 장면에서 빠져나와 객관적으로 바라보도록 하는 '거울 기법'과, 다른 사람 역할로 들어가 그 사람 관점에서 사건을 바라보고 말하도록 하는 '역할 바꾸기 기법'이 있는데, 이를 적용한 것입니다. B에게 '옆 반 선생님'처럼 생각하고 말해야 한다고 주문한 뒤, 질문을 시작했습니다.

"몇 반 선생님이세요?" "선생님 성함은요?"

이런 간단한 질문으로 조금씩 '옆 반 선생님' 역할에 몰입하게 한 뒤, 중요한 질문을 시작했습니다.

"옆 반에서 바라보는 그 선생님은 어떤 분이세요? 학부모가 말하는 것처럼 열정도 없고 돈 벌어먹기 위해 근무하는 선생님인가요?"

"아니요!"

"그러면 저 선생님은 어떤 분인가요? 알려주세요."

"대단한 선생님이죠. 온라인 커뮤니티 운영하면서 반 학부모에게 아이들 사진도 올려주고, 우린 모두 귀찮아하는 교실 속 캠핑에도 정말 적극적이세요. 얼마나 열정이 가득한데요. 그 반 아이들을 복 받았어요."

"저 고개 숙인 선생님에게 알려주셔야 해요. 지금 한 학부모의 교원 평가 때문에 좌절하고 있거든요. 저 선생님이 고개 들도록 평소 옆에서 바라본 선생님의 장점을 떠올려서 말해줄 수 있나요?"

"선생님, 고개 숙이지 마세요. 선생님은 훌륭한 분이세요. 한두 학부모의 말에 너무 신경 쓰지 마세요. 선생님을 사랑하고 존중하는 사람이 얼마나 많은데요. 제가 보증해요!"

"그 선생님이 북도 내려치고 소리도 지르던데 잘못한 걸까요?"

"아니죠. 속이 다 시원했어요. 저도 하고 싶던 말을 덩달아 할 수 있어 얼마나 좋았는데요. 죄책감 갖지 않으면 좋겠어요."

"그 말을 지금 그 선생님에게 해주세요."

B가 자기 역할의 참여자에게 다 말하길 기다렸다가, B에게 '옆 반 선생님'에서 원래 자기로 돌아가라고 했습니다. 그리고 참여자 중 따뜻한 이미지의 참여자를 '옆 반 선생님' 자리에 앉힌 뒤, 그에게 아까 B가 했던 말을 다시 B에게 들려주라고 했습니다. '옆 반 선생님'은 B에게 다가가 그의 손을 잡고 말했습니다.

"선생님, 죄책감 느끼지 마세요. 저도 덕분에 하고 싶었던 말 다 할 수 있어 고마웠답니다. 그리고 선생님은 훌륭한 분이세요. 정말 열정 가득하고, 누구보다 최선을 다하는 분이잖아요. 선생님을 사랑하고 존중하는 사람이 많답니다. 고개 숙이지 마세요."

그러고는 B를 따뜻하게 안아주었습니다.

"그 학부모가 모두를 대표하지는 않습니다"

B는 조금 더 마음이 편해진 눈치였습니다. 이제부터는 B가 앞으로 무례한 학부모의 말에 눈치 보지 않고 스스로 자존감을 깎아내리지 않도록 하는 것이 중요합니다. 상처받은 감정을 털어내는 것도 중요하지만 B가 내면에 자리한 자기 이미지를 바꾸어 스스로 두 발로 설 수 있어야만 앞으로 또 만나게 될 교원 평가 속 악의적인 말들에 걸려 넘어지지 않을 것이기 때문입니다.

"선생님을 속상하게 만든 교원 평가도 있겠지만, 반대로 미소 짓게 하고 힘 나게 했던 피드백은 없었나요?"

"있죠."

"그럼 생각나는 말들을 구체적으로 한번 들려주세요."

"저희와 함께 놀아주셔서 감사해요. 선생님 덕분에 수학이 재미있어졌어요. 내년에도 우리 아들 담임 해주세요. 선생님 덕분에 제 딸이 밝아졌어요, 고맙습니다."

나는 계속해서 기억나는 좋은 피드백들을 말해보라고 했고, B가 그 말들을 하나씩 할 때마다 참여자들을 한 명씩 불러내 B의 뒤에

서서 B의 어깨에 손을 올리게 했습니다. B는 무언가 알아차린 듯 눈물을 흘렸습니다. B에게 말했습니다.

"우린 나를 힘들게 하고 속상하게 만드는 한두 개의 교원 평가를 바라보느라 내 뒤에 얼마나 많은 좋은 평가가 있는지 알아차리지 못하고 삽니다."

그러고는 B의 뒤에 있는 참여자들에게 B를 향해 좋은 교원 평가의 말을 하나씩 들려주라고 주문했습니다.

"선생님, 감사합니다." "고맙습니다."

그 말들을 들으며 눈물 흘리는 B에게 말했습니다.

"선생님, 이제는 고개를 돌려 더 좋은 평가 문장만 바라보세요. 이 문장들이 선생님 옆에 항상 자리했음을 기억하세요."

그리고 두 손을 허리 위에 올리고 턱을 더 들어올리도록 자세를 잡아준 뒤, 당당한 모습으로 서보라고 했습니다. 그렇게 충분히 그 자리의 힘을 느껴보게 하고는 '독설을 뱉은 학부모' 역할로 들어가게 했습니다. 앞서 도움을 줬던 참여자를 'B' 역할로 세워놓고 다른 참여자들이 '좋은 교원 평가들' 역할이 되어 'B' 둘레에 서 있게 했습니다. '독설을 뱉은 학부모' 역할의 B에게 따뜻한 교원 평가로 둘러싸인 채 당당히 서 있는 자기 역할의 참여자가 어떻게 보이냐고 물었습니다.

"뭔가 힘 있어 보여요."

"선생님에게 함부로 말할 수 있겠어요?"

"아니오."

이제 B를 다시 원래 역할로 돌아가게 한 뒤, 의자에 앉아 있던 참여자들까지 모두 다 일어나게 했습니다. 그들 모두에게 지금까지 내가 받았던 좋은 교원 평가를 전부 떠올려보라고 했습니다. 그다음, 그 평가가 등 뒤에 서 있다고 상상해 보고, 함께 이 문장을 소리 내어 외쳤습니다.

"그 학부모가 모든 학부모를 대표하지 않습니다.""이젠 나를 힘 나게 하는 좋은 교원 평가만 바라보겠습니다.""고개를 돌려 어느 방향을 바라볼지는 내가 선택합니다. 오늘 참여한 이 심리극을 떠올리며 더 힘차게 살아가겠습니다."

끝으로, 잠깐 눈을 감고 지금까지 교원 평가 때문에 속상했던 일과 눈치 봤던 일 들을 떠올려보라고 했습니다. 그러고는 애쓴 나를 다독이도록 했습니다. 교사들이 미소를 지으며 자신을 다독이는 모습이 참 보기 좋았습니다.

◠ 나를 지지하는 이들을 기억하며 ◠

생각해 보세요. 그 학부모는 왜 교원 평가에 합리적인 비판 대신 그런 비이성적인 독설을 썼을까요? 아마도 상대가 상처받고 힘들어졌으면 해서였을 겁니다. 그래서 일부러 더 과장해 악의적으로 쓴 것이겠죠. 그런 말에 정말 상처받고 살아간다면, 그 학부모가 원하는 인생을 살게 되는 것 아닐까요? 아마 그 학부모는 의도대로 됐다며 슬쩍 미소 지을지도 모릅니다.

남이 바라는 대로 되지 마세요. "당신의 말이 모든 학부모의 말을 대표하지 않아!"라고 외치며 여유 있게 독설을 넘길 수 있어야 합니다. 그리고 내게 온 좋은 평가 문장의 개수와 나를 힘들게 하는 문장의 개수를 세어보며 객관적인 수치를 비교해 보고, "좋은 게 더 많네! 잘했어!" 하며 스스로를 다독여야 합니다.

제가 교사가 아닌 학부모로 학부모 모임에 참여해 보니, 교사를 믿고 지지하는 학부모들은 자꾸 교실을 확인하려 하지 않고 오히려 이런 교원 평가에 적극적으로 참여하지도 않았습니다. 그걸 보고 '이런 평가에 참여하지 않은 수많은 학부모는 내 편이고, 내가 잘하고 있다고 생각한다'라고 여기는 것도 나쁘지 않겠다 싶었습니다.

고개를 돌려 내 등 뒤에 붙어 있는 좋은 교원 평가 문장들을 떠올리며, 조금씩 낮아지려는 자존감을 재빨리 끌어올리세요. 당신은 충분히 좋은 교사, 열정적인 교사입니다.

"아무리 노력해도
문제 학생이 안 바뀌어요"

"제 반에 폭력적이고 남을 힘들게 하는 민수란 아이가 있어요. 1년간 민수가 일으킨 수많은 사건 때문에 지치고 힘들었어요. 무엇보다 제 노력과 달리, 이 아이가 변화 없는 모습으로 다음 학년에 올라가니까 무기력해져요. 민수가 또 사고를 치면, 그전 담임은 무엇을 했느냐고 할까 봐 두렵고, 제가 무능력하게 느껴지고, 제가 아이를 바꾸지 못해 죄책감이 올라와서…."

채 말을 잇지 못하고 눈물을 흘리는 교사 C에게 "그동안 얼마나 애쓰셨어요"라고 말해주고는 티슈 몇 장을 건넸습니다. C는 자책하고 있었고, 걱정하고 있었습니다. 2월. 정들었던 아이들과 헤어진 뒤, 새로운 아이들을 만나기 전 마련된 워크숍에서는 C와 같은 고민을 털어놓는 교사들이 많았습니다. 대부분이 아이들과 물리적인 이별은 했지만, 감정적인 이별을 하지 못하는 경우였습니다.

무엇보다 학생의 문제 행동에 자신이 동기를 주지 않았음에도 책임감을 느끼는 교사가 많았습니다. 다양한 시도를 했는데도 학생이 변화 없이 교실을 무너뜨리는 일이 지속되면, 교사는 자신이 무능력하다고 느끼며 자존감이 무너지는 패턴을 보였습니다. 이때, 그 교사가 했던 수많은 노력과 친절한 행동을 돌아보게 하고, 학생의 문제 상황이 자신에게 기인하지 않았음을 인식시켜 주고, 노력의 결과가 지금 당장 나타나지 않을 수도 있음을 기억하게 하고, 교사가 학생의 변화에 기여할 수 있는 부분과 할 수 없는 부분을 구분해 주는 것. 이것만으로도 교사는 죄책감이 옅어지고 자존감이 회복됩니다.

"저 때문에 죄책감 느끼지 마세요"

그래서 교사 C를 심리극 주인공으로 초대했습니다. 가장자리에 앉아 있던 한 참여자를 불러내 '민수' 역할을 부여했습니다. '민수'에게는 C를 바라보고 그 앞에 서 있어 달라고 했습니다. C의 손에 천을 쥐여준 뒤, 다른 쪽 끝을 '민수'가 잡도록 했습니다. 그리고 C

에게 '민수'를 바라보며 하고 싶은 말을 해보라고 했습니다.

"선생님이 널 바꿔주지 못해 미안해. 힘들게 사는 널 바꿔주지 못해 미안해. 이렇게 널 다음 학년으로 올려 보내는 것도 미안해."

C는 울먹이며 말했습니다. 이번에는 C에게 '민수' 역할로 들어가게 했습니다. 원래 C가 서 있던 곳에는 또 다른 참여자를 불러내 잠깐 'C' 역할로 서 있어 달라고 부탁했습니다. 그리고 고개를 돌려 '민수' 역할의 C에게 간단한 질문을 시작했습니다.

"네 이름이 뭐니?" "그래 너는 몇 학년 몇 반이었니?" "네 담임 선생님 성함은 어떻게 되니?"

이런 질문을 던지며 C가 '민수' 역할에 몰입하게 한 뒤, 중요한 질문을 해나갔습니다.

"민수야, 넌 뭐가 그렇게 힘드니? 선생님 이야기 들어보니까 너 좀 힘들다고 하는데."

"…엄마가 안 계세요. 아빠랑 할머니랑 함께 사는데, 두 분이 매일 싸워요. 아빠는 술 드시면 늘 저를 혼내요. 그래서 자꾸 화가 나요."

"그랬구나. 너도 참 애쓰며 사는구나. 그런데 민수야, 학교에선 어떻게 사람들을 힘들게 했어?"

"물건도 던지고, 친구들을 때리기도 하고, 소리도 막 질렀어요. 유리창도 두 번 깬 것 같아요."

"그랬구나. 일부러 친구들 괴롭히고 선생님 힘들게 하려고 했어?"

"아니요. 저도 잘 몰라요. 그냥 화가 났나 봐요."

"그래. 참 민수야, 선생님은 어떤 사람이야?"

"선생님은 착하고 예쁘고 좋아요."

"선생님이 너에게 어떤 도움을 줬니, 아무것도 해주지 않았니?"

"도움을 주셨죠! 제가 수학 문제 다시 풀어오면 잘했다고 칭찬해 주고, 학교 밖 데이트도 같이 해주셨어요…."

"민수야, 선생님은 너에게 해준 게 없다며 죄책감이 든대. 이 이 야기를 네 선생님에게 해줘야 해!"

그러자 '민수' 역할의 C는 고개를 돌려 자기 역할의 참여자를 바라보며 이렇게 말했습니다.

"선생님, 선생님은 저에게 많은 것을 해주셨어요. 제가 말썽을 부려도 소리 지르지 않고 따뜻하게 말해줬고요, 학용품이랑 책도 선물해 주시면서 칭찬도 많이 해주셨잖아요. 제가 미술 시간을 더 좋아하는 것도 선생님 덕분이에요."

저는 뒤에서 '민수' 역할의 C에게 살짝 말했습니다.

"민수야, 선생님에게 죄책감 느끼지 말라고 이야기해. 선생님이 너 때문에 힘들길 바라니?"

'민수' 역할의 C는 고개를 젓더니 자기 역할의 참여자를 보고는 이내 눈가가 촉촉해졌습니다.

"선생님, 저 때문에 죄책감 느끼지 마세요."

저는 "선생님은 저에게 충분히 잘해주셨어요"라는 한 문장을 더 말하게 했고, '민수' 역할의 C는 그렇게 말하며 눈물을 흘렸습니다.

이제 C를 '민수' 역할에서 빠져나오게 한 뒤, 원래 자리로 가게 했습니다. 그리고 심리극 초반에 세웠던 '민수' 역할의 참여자에게 조금 전 했던 말들을 C를 바라보며 해달라고 했습니다.

"선생님은 저에게 충분히 잘해주셨어요. 따뜻한 말을 주셨고, 칭찬을 주셨고, 사랑을 주셨잖아요. 그러니까 죄책감 느끼지 마세요."

이 말을 하는 '민수' 눈에서 눈물이 흘렀습니다. C도 울었죠. 저는 C에게 다가가 지금까지 심리극을 진행하며 어떤 생각이 들었느냐고 물었습니다. C는 잠시 멈칫하더니 미소 지으며 말했습니다.

"제가 아무것도 안 한 건 아니었네요!"

다른 참여자들도 그 모습이 참 좋았는지, 만면에 미소가 자리했습니다.

⌒ "난 사랑이 가득한 선생님이야" ⌒

저는 다시 C와 '민수'를 마주보라고 하고, C에게 제 말을 한 문장씩 따라 하라고 했습니다.

"너의 고통과 네가 살아가는 삶에 동의해. 내가 할 수 있는 게 있고, 할 수 없는 게 있다는 것에도 동의해. 내 위치는 너를 바꾸고 고치는 자리가 아니라 따뜻한 마음을 보내고 응원하고 지지하는 자리임을 기억할 거야. 난 최선을 다했고, 이제 너를 떠나보낼게. 잘 지내렴."

그리고 한 걸음씩 물러나게 한 뒤, 두 사람 사이의 거리를 조금씩 벌렸습니다. 물리적인 거리를 느끼게 하는 것은 실제로 이별과 분리를 만들어내는 데 효과가 있기 때문입니다. 어느 정도 거리를 두고 '민수'를 뒤돌아서게 한 뒤, 앞에 또 다른 참여자를 세웠습니다. 그리고 그 참여자를 '민수의 새 담임 선생님'으로 정하고는 '민수'의 손을 잡고 서게 했습니다. 그리고 고개를 돌려 C에게 "선생님의 역할은 여기까지입니다"라고 이야기한 뒤, 그 모습을 한참 바라보고 뒤돌아서게 했습니다.

이번엔 '앞으로 만날 학생들' 역할의 참여자를 한 명 세워 C가 바라보게 했습니다. 새로운 만남에 설레는지 C의 얼굴에 미소가 올라왔습니다. 저는 C에게 이 문장을 따라 하도록 했습니다.

"이제 곧 만나러 갈게. 난 사랑이 가득한 선생님이야. 교실에서 힘든 일이 생기기도 했지만, 난 중간에 포기하지 않는 힘이 있는 사람이야. 그리고 경험이 쌓인 교사지. 기다려, 너흴 만나면 내 모든 사랑과 따뜻함을 마구 퍼줄 거니까."

이렇게 말하는 C의 눈에는 미소와 눈물이 자리했고, '앞으로 만날 학생들'의 얼굴에도 웃음이 가득했습니다. 그렇게 심리극이 종결됐습니다.

◌ 아주 작은 변화를 만드는 역할 ◌

가끔 내가 했던 노력에도 불구하고 변하지 않는 아이를 만나기도 합니다. 그럴 때마다 자책하고 무너지는 교사가 많습니다. 하지만 교사는 수많은 고민과 시도를 했고, 그 학생을 위해 많은 시간을 이미 나눠주었습니다. 이 좌절과 무너짐조차 그 학생을 위한 것이기도 합니다.

그러나 교사는 약속된 시간 동안만 학생과 함께할 수 있음을 기억해야 합니다. 평생 자녀를 조각해 온 부모의 시간에 비하면 교사가 학생을 조각할 수 있는 시간은 턱없이 부족합니다. 부모가 할 수 없는 것을 교사가 해내긴 어렵다는 점을 잊지 않아야 합니다. 부모의 할 일을 교사가 빼앗아 가서도 안 됩니다.

학생의 큰 변화를 바라기보다는 내가 작은 변화를 만들어가고 있다고 생각해 보세요. 당장은 눈앞에 결과가 보이지 않겠지만, 학생 삶에 아주 작은 각도의 변형이 생겼고, 이것이 시간이 지나갈수록 조금씩 벌어진다고 여기세요. 그로 인해 또 다른 사람을 만나고 또 다른 삶을 살아갈 수 있게 되는 거니까요.

계속 걸리는 학생이 있더라도 더 멀리 바라보고 더 여유 있게 다음 학년으로 올려 보내려는 마음이 필요합니다. 그리고 내 덕에 이 학생의 문제 상황이 이 정도였던 거라며 나를 치켜세우고 고개를 드세요. 선생님은 최선을 다하셨습니다.

3장 회복을 위한 심리 교실

"다른 교사들이
저를 따돌려요"

"같은 학년 선생님들과 사이가 좋지 않아요. 제가 실수한 것도 있긴 한데, 선생님들이 자꾸 저에 대해 뒷말을 하는 것 같아 불편해요. 학교를 옮길 때마다 이런 일이 반복되어 힘드네요. 제가 잘못된 것 같아요. 선생님들이 저를 따돌리는 것 같다는 생각이 들 때면, 화나고 그분들이랑 관계도 이어가고 싶지 않아요. 그래서 학교 밖으로 좋은 사람들을 찾아다녀요."

워크숍에 참여한 교사 D는 네 번째 학교에 가기 직전이라고 했습니다. 동료 교사들과 반복적으로 관계가 나빠지고, 다른 교사들이 자신에 대해 뒷말을 하고 자신을 따돌리는 상황이 계속 발생해 힘들어하고 있었습니다. 자신에게 무언가 문제가 있다는 생각도 들고, 한편으로는 사랑으로 남을 대해야 하는 교사란 사람들이 자신을 차갑게 대하는 데 실망하고 화도 났습니다. 그래서 그들을 적대시하고 마음의 문을 닫은 채, 학교 밖에서 더 훌륭하다고 생각되는 사람들을 만나러 다녔습니다. 그럴수록, 자신을 따돌리는 선생님과 크고 작은 일이 생길 때마다 더 분노하고 실망했습니다. 네 번째 학교에 가서 만날 동료 교사들을 생각하면 두렵기도 하고, 자신이 또 은근슬쩍 따돌림을 당하지는 않을지 고민스러웠습니다.

"제가 좀 불편한 사람인가 봐요"

D의 이야기를 들은 뒤, 저는 D의 역할을 대신할 참여자를 공간 중앙에 세웠습니다.

"이 사람은 심리극 주인공인 '나'입니다. '나'를 기준으로 현재 학교 내에서의 관계를 살펴보려고 해요. '나'를 힘들게 하고 뒷말을 한다고 생각하는 동료 몇 명을 떠올려보세요."

그런 뒤 D에게 참여자 몇 명을 '나' 기준으로 불편한 정도에 따라 각기 다른 거리만큼 세우게 했습니다. '나'를 함부로 대하고 뒷말을 하는 정도가 심하면 멀리, 편이 되어줄수록 가까이 세우라고 했습니다. D는 세 명을 선택해 '나'에게서 멀리 세웠습니다.

"D 선생님, '나'가 사람들 속에서 어떻게 보이나요?"

"다른 선생님이 '나'를 등지고 멀리 있는 걸 보니 참 안타까워요. 좀 외로워 보여요."

"이렇게 학교에서 생활하려고 계획했나요?"

"아니죠…."

저는 "각자에게 사정이 있을 듯한데 조금 더 알아보기로 해요"라고 한 뒤, D에게 '동료 교사 1' 역할을 하게 했습니다. 그리고 "선생님 성함은 어떻게 되세요?" "선생님 성격은 어떻게 되나요?" 같은 질문을 던지며 D가 조금씩 '동료 교사 1'에 몰입하도록 하고, 중요한 질문을 하기 시작했습니다. 먼저 '나'를 가리키며 물었습니다.

"저 선생님은 어떤 사람인가요?"

"뭐, 나름대로 열심히 한다고 하는데 좀 불편해요."

"뭐가 좀 불편한가요?"

"자꾸 저한테 뭘 배워야 한다며 함께 배우러 가자고 하는데, 제가 뭘 잘못하고 있는 건가 싶고, 저를 함부로 판단하는 것 같아요."

"그럴 때면 어떻게 하세요?"

"피하죠. 저를 좋게 보지 않고 만나도 불편한데, 어떻게 함께 있겠어요."

나는 D를 '동료 교사 1'에서 빠져나오게 한 뒤 이번에는 '동료 교사 2'를 맡기고, 역시 '나'를 가리키며 물었습니다.

"D 선생님과 어떤 일이 불편하세요?"

"저 선생님은 학교에서 해야 할 일에 좀 소홀해요. 내야 할 것도 잘 주지 않고, 비협조적이에요."

"그럴 땐 어떻게 하세요?"

"몇 번은 좀 참고 따뜻하게 말했는데, 반복되니까 짜증나더라고요. 그래서 불편한 말도 좀 했어요."

저는 D를 '동료 교사 2'에서 빠져나오게 한 뒤, '동료 교사 3'을 하게 했습니다. 그리고 둘 사이에 무슨 일이 있었길래 불편한 관계가 됐느냐고 물었습니다.

"제가 교과 전담 교사로 저 선생님 반에 들어갔는데 반 아이들이 좀 힘들더라고요. 그래서 제가 아이들이 좀 너무한다, 교실 좀 챙겨라, 하고 말했는데 버럭하시더라고요. 제가 선배인데."

"그래서 선생님은 어떻게 하셨어요??"

"속상해서 주변 사람들하고 이야기하며 풀고…. 아무튼 그 선생님하고는 남남이 됐어요."

저는 D를 '동료 교사 3'에서 빠져나오게 하고 물었습니다.

"선생님을 불편하게 했던 선생님들의 관점에서 자기 자신을 바라보니 어떤 생각이 드세요?"

"저 선생님들 입장에서는 그럴 만도 하겠네요. 제가 좀 불편한 사람인가 봐요."

이렇게 말하며 D는 한숨을 푹 쉬었습니다.

"나중엔 내가 더 잘될 거야"

비록 가상 상황이지만 심리극에 참여한 동료 교사들을 바라보는 D의 시선과 몸짓을 지켜보니, 무언가 사연이 있겠다 싶었습니다. 그래서 '동료 교사 1, 2, 3' 역할의 참여자들이 서로 모여 뒷말을 하도록 한 뒤, '나' 역할의 참여자가 고개 숙이고 눈치를 보게 했습니다. 이 장면을 바라보는 D의 눈에서 눈물이 주르륵 흘렀습니다.

"그 눈물의 의미가 뭔가요?"

"너무 속상해요. 따돌림당하는 거 정말 싫은데… 교사가 되어서도 비슷한 경험을 하는 것 같아 눈물이 나나 봐요."

"이와 비슷한 일이 전에도 많이 있었나요?"

"그럼요, 직전 학교에서도 있었고, 그 전 학교에서도요."

"더 거슬러 가보세요. 가장 처음 저 장면을 겪은 건 언제였나요?"

"…초등학교 4학년 때요."

저는 D의 과거 기억에 대해 들어본 뒤, '가해자 1, 2, 3' 역할의 참여자를 각각 세우고 그 앞에 '초등학교 4학년의 나' 역할의 참여자를 쭈그려 앉게 했습니다. 그런 뒤, D에게 '가해자 1' 역할로 들어가게 하고 "너는 어떤 아이니?" "D가 왜 그렇게 싫었어?" "어떻게 괴롭혔니? 한번 보여주렴"이란 질문을 던졌습니다. '가해자 1' 역할의 D는 "그냥 싫었어요" "별명 부르면서 말로 괴롭혔어요"라고 답하며 '초등학교 4학년의 나'를 괴롭히던 장면을 재연했습니다. 이렇게

'가해자 2' 역할과 '가해자 3' 역할을 차례로 D에게 맡겨, 어떻게 괴롭히고 무엇 때문에 괴롭혔는지 정보를 찾아냈습니다.

'가해자 2'는 '초등학교 4학년의 나'가 불쌍하다면서 자꾸 편을 들어주는 자기 부모에게 화가 나서, '가해자 3'은 다른 친구들이 괴롭히는 모습이 재미있어 보이고 자신에게 힘이 생기는 것 같아서, D를 괴롭혔다고 했습니다. 저는 D를 '초등학교 4학년의 나' 역할에 들어가게 하고, 가해자 1, 2, 3의 손에 천을 하나씩 쥐여준 후, 천의 다른 쪽을 '초등학교 4학년의 나'를 맡은 D에게 쥐여주었습니다. 그리고 가해자 1, 2, 3에게 '초등학교 4학년의 나'를 따돌리라고 요청했습니다.

"너 꼴도 보기 싫어. 표정이 그게 뭐냐!" "너 때문에 얼마나 답답한 줄 알아?" "이 병신아!"

가해자들의 입에서 괴롭히는 말이 나오고, 잡아당기는 힘이 세질수록 '초등학교 4학년의 나' 역할의 D는 고개를 숙이고 이를 악물었습니다. 저는 가해자들의 괴롭힘을 잠깐 멈추고, '초등학교 4학년의 나' 역할의 D에게 다가갔습니다.

"D야. 지금 네 마음은 어때?"

"속상해요."

"그래. 지금 주변에 네 편 없어?"

"없어요."

"엄마, 아빠는?"

"서로 싸우느라 저를 편들어 줄 수 없어요."

"그래서 넌 이런 상황에 어떻게 해?"

"그냥 혼자 견뎌요."

"네가 어떻게 견디는지 조금 더 보여줄 수 있겠니?"

저는 가해자들에게 '초등학교 4학년의 나'를 더 괴롭히라고 요청했습니다. 그러자 '초등학교 4학년의 나' 역할의 D는 혼잣말을 내뱉기 시작했습니다.

"내가 더 잘될 거야. 내가 너희들보다 훨씬 잘될 거야. 기다려."

"저는 그때의 제가 아닙니다"

저는 D를 '초등학교 4학년의 나'에서 빠져나오게 한 뒤, 현재의 내 모습으로 따돌림당하는 과거를 바라보게 했습니다.

"얼마나 힘들었을까요. 얼마나 슬펐을까요. 그래서 어떤 삶을 살아왔어요?"

"공부를 열심히 했어요. 그리고 힘 있는 사람이 되고 싶었죠."

"그럼요, 선생님은 힘 있는 사람입니다. 저 힘들고 속상했던 많은 순간을 남의 도움 없이 혼자서 다 이겨냈으니까요. 저 순간이 있었기에 선생님은 힘 있는 사람이 될 수 있었죠."

그러자 D의 눈에 눈물이 고였습니다.

"선생님은 어떤 사람이라고요?"

"힘 있는 사람이요."

"더 구체적으로 이야기해 주세요. 어떤 힘 있는 사람인가요?"

"어려움을 이겨내고 혼자서 모든 것을 해낸 진정한 힘 있는 사람입니다."

"맞아요. 그러면, 고개를 돌려 저 과거의 모습을 바라보세요. 저렇게 따돌림당하면서 '초등학교 4학년의 나'는 괴롭히는 아이들에게 아무런 말도 하지 못했어요. 하지 말라고, 너희가 하는 것은 잘못됐다고, 힘든 일이 많아 괴로운 나에게 너희들까지 왜 고통을 주느냐고 말하지 못했어요. 자, 저 '초등학교 4학년의 나'를 도와주러 갑시다. 저 순간이 있어 눈치 보고 고개 숙이고 세련되지 못한 관계를 맺게 됐답니다. 물론 가정에서 있었던 일이 저렇게 따돌림받는 상황을 발생시킨 면도 있다고 생각해요. 하지만 우선은 이 눈앞에 보이는 따돌림 상황만 살펴봅시다. 앞서 선생님들을 세워놓고 연출했던 장면과 초등학교 때의 이 장면들이 비슷하지 않나요?"

순간 D는 멈칫했습니다. 무언가를 알아차리는 느낌이었습니다.

"힘 있는 나로, 과거의 힘없고 눈치 보는 나를 도와줄 수 있나요?"

"네, 도와줘야지요."

저는 '가해자 1, 2, 3' 역할의 참여자들이 잡고 있는 천을 '초등학교 4학년의 나'의 삶이라고 말해주었습니다. 저 아이들이 빼앗아가는 저 삶과 에너지와 순수한 영혼이 모두 저 천에 담겨 있으니, 다시 끌어와 '초등학교 4학년의 나'에게 돌려주라고 했습니다. 그리고 '가해자 1'과 연결된 천을 잡고 '가해자 1'의 눈을 바라보며 '초등학교 4학년인 나'를 대신해 해야 할 말을 다 하라고 했습니다. 이내, D는 저와 함께 소리를 질렀습니다.

"네가 뭔데!! 하지 말라고!!!"

D는 천을 잡아당기며 그때 하지 못했던 말을 다 했습니다.

"내가 무뚝뚝한 게 아니라 아빠 엄마 때문에 속상해서 그런 건데 너까지 왜 그래!! 네가 뭔데 나한테 지랄이야!!!!!"

D는 소리치고 천을 잡아당겨 뺏고 '가해자 1'의 등을 밀어 공간 밖으로 내보냈습니다. 이번에는 '가해자 2'에게 다가가 천을 잡으면서 또 소리치기 시작했습니다.

"내가 그땐 정말 힘들어서 그런 건데 너야말로 왜 그래!!!! 하지 마, 하지 말라고!!"

D는 천을 조금씩 잡아당겨 뺏고 '가해자 2'의 등을 밀어 공간 밖으로 내보냈습니다. 그리고 '가해자 3'에게 다가갔습니다. 옆에서 바라보니, '가해자 3'에게 다가가는 발걸음이 약간 멈칫했습니다. 이유를 물었더니 그가 주동자였다고 했습니다. 저는 다시 D에게 "당신은 힘 있는 사람"이라는 걸 알려주고, 슈퍼맨처럼 허리에 손을 올린 뒤 턱을 조금 들고 숨을 쉬며 이렇게 외치게 했습니다.

"난 힘 있는 사람이고, 4학년의 내가 아닌 현재의 나이다. 내 내면에는 누구보다 강한 힘이 있다!"

이 말을 외친 D는 '가해자 3'에게 다가갔습니다. '가해자 3'은 준비했던 대사를 D에게 던졌습니다.

"넌 나에게 영원히 괴롭힘을 당할 거야. 거봐, 시간이 많이 지나도 넌 날 절대 잊지 못할걸? 넌 영원히 내 아래야. 힘은 무슨! 넌 힘없는 병신이야!"

D의 얼굴에 긴장이 올라왔습니다. 저는 다급하게 물었습니다.

"선생님 저 말이 맞나요?"

"아니요. 저는 그때의 제가 아닙니다."

"그럼 보여주세요. 저 천을 빼앗고 저 녀석을 내 삶에서 멀리 보내버리세요. 이 공간 밖으로 보내는 걸 마음속에서 보내버리는 것으로 생각하세요."

그러고는 D의 왼손에는 천을, 오른손에는 북채를 쥐여주고 북을 내려치며 하고 싶은 말을 하라고 했습니다. 조금씩 화가 올라온 D는 소리쳤습니다.

"난 힘이 있고, 지금 잘살고 있어! 난 그때의 내가 아니야! 너야말로 병신이야!!"

D는 천을 잡아당기며 묵은 분노를 빼냈습니다. 그러고는 끝내 천을 빼앗기지 않으려고 저항하는 '가해자 3'의 등을 밀어냈습니다. 저는 빼앗아온 천들을 '초등학교 4학년의 나' 역할의 참여자에게 주고는 D에게 그를 일으켜 세워주고 안아주고 다독여주라고 했습니다. D는 '초등학교 4학년의 나'를 일으켜 세운 뒤, 말했습니다.

"괜찮아. 더 이상 고개 숙이지 마. 나 봐. 나 보라고. 넌 나중에 이렇게 힘 있고 당당하고 강한 사람이 될 거야. 그러니까 앞으로 이런 비슷한 일이 찾아올 때 고개 숙이지 마. 잘 풀어갈 수 있어. 끝내 힘 있고 멋진 내가 될 거야. 그때마다 날 떠올려."

이 말과 함께 과거의 나를 한참 동안 안아주었습니다. 저는 이번엔 D에게 '초등학교 4학년의 나' 역할로 들어가게 하고, 자신이 했던 말을 들어보게 했습니다.

"전 이겨낸 사람이고, 힘 있는 사람이네요"

D를 '초등학교 4학년의 나' 역할에서 나오게 한 뒤, 지금껏 심리극으로 뭘 알게 됐는지 물어보았습니다. D는 말했습니다.

"전 제가 항상 초라하고 따돌림당하는 자존감 낮은 사람이라 생각했어요. 그런데 지금 보니 전 이겨낸 사람이고, 힘 있는 사람이네요. 저 자신을 더 뿌듯하게 생각해도 될 것 같아요."

"저 사건 때문에 비슷한 일을 겪게 된 것도 있을 거예요. 선생님은 좀 더 대단하고 힘 있는 사람이 될 수 있었을 겁니다. 그러니 저 사건을 떠나보내 줍시다. 여전히 꽉 붙잡고 떠올리기보다, 과거를 탓하기보다, 네가 있어서 현재의 내가 될 수 있었다고 말하며 떠나보냅시다. 저 사건이 떠오를 때마다 화를 내기보다 덕분에 힘 있는 사람이 됐다고 말해보세요. 덜 불편해질 거라 생각합니다. 학교에서 비슷한 일이 생기고 따돌림당하는 듯한 느낌이 들 때면 초등학교 4학년 때의 나처럼 반응하기보다 조금 더 힘 있고 많은 것을 알게 된 지금의 내 모습으로 대처해 봅시다."

D는 제가 한 말을 하나씩 따라 하며 씹어 삼키더니 조금씩 고개를 들었습니다. 저는 처음에 세웠던 참여자 세 명을 다시 세웠습니다. 그리고 D에게 한 명씩 마주보도록 했습니다. 그리고 내 말을 따라 하라고 했습니다.

"저는 상처가 있고 사연이 있는 사람입니다. 그래서 제 방식이 세련되지 못해요."

'동료 교사 1' 역할의 참여자에게도 대사를 주었습니다.

"저에게도 당신과 같은 사연이 있는 사람입니다. 당신이 행복해지고 싶은 것처럼 저도 행복해지고 싶은 것뿐입니다."

저는 D에게 이 말을 따라 하도록 했습니다. 이렇게 동료 교사 1, 2, 3을 각각 한 명씩 만나 바라보게 하고 말을 따라 하자, D는 마음이 훨씬 가벼워졌고 탓하는 마음과 화가 사라졌다고 했습니다.

"새로운 학교에서 새로 만날 분들과 잘 지낼 수 있을 것 같아요. 무슨 일이 생겼을 때 다들 나처럼 애쓰며 사는 사람이라고만 생각해도 충분할 것 같아요."

D의 이 이야기를 끝으로 심리극을 마무리했습니다.

두려움을 없애줄 내면의 힘

D의 경우처럼, 동료 교사와의 관계가 불편해지고 이로 인해 내 자존감이 내려가면서 나를 탓하게 되는 것은 학교에서 흔히 일어나는 일입니다. 그런 일이 생기는 데는 여러 이유가 있겠지만, 그중에서도 과거에 해결되지 않은 감정과 관계, 사건이 현재 동료 교사와의 관계에 영향을 미치는 경우가 많습니다.

D는 초등학교 때 따돌림당하며 생긴 극도의 좌절감과 눈치 보는 버릇, 세련되지 못한 문제 해결 방식이 사회생활로까지 이어졌습니다. 인간관계에서의 잦은 실패는 자존감을 깎아내릴 수밖에 없죠.

교사들과 상담하다 보면, 중·고등학교 때 크고 작은 따돌림 경험이 상당히 많다는 데 놀라곤 합니다. 이런 상황을 입 닫고 죽도록 공부해 더 나은 성적으로 극복하려는 경우도 많고요. 혹시라도 이와 비슷한 상황이라면, D가 과거의 나를 안아주고 힘이 되어줬던 것처럼, 그 일이 있었기에 내가 지금의 힘 있는 사람이 됐다면서 스스로를 다독여주세요. 어쩌면 과거의 가해자들을 바라보느라 그 옆에서 울며 고개 숙인 '과거의 나'를 보지 못했을 수 있습니다.

지금이라도 자신에게 더 즐거운 순간을 선물해 주고, 따뜻한 사람들을 소개해 주고, 세상의 좋은 것들을 많이 만나게 해주세요. 이것만으로도 우리의 내면에는 진정한 힘이 생기고, 이 힘은 곧 관계 속에 자리한 두려움을 없애줄 것입니다.

"사람들 눈치를
너무 많이 봐요"

"같은 학년 선생님들이 부장인 제가 한 업무에 대해 인정해 주면 조금 마음이 편안해지지만, 아무 반응을 보이지 않으면 제가 뭔가 잘못한 것 같아요. 교장, 교감 선생님 대하기도 정말 힘들어요. 자꾸 눈치 보게 되고, 그분들이 시키는 일을 거절하기도 힘들어요. 다른 부장 선생님이나 주변 선생님들이 저를 인정해 주지 않으면, 불안하고 움츠러들고 자존감이 깎여요."

원치 않던 부장 자리를 또 맡게 되면서 답답함이 잔뜩 올라온 교사 E는 학교에서 겪었던 여러 속상했던 이야기를 들려주었습니다. 학년 부장을 하다 보면 많은 이야기를 듣게 되어 주변 교사들의 눈치를 더 살피게 됩니다. 그렇다 보니, 일을 나눠주지 못해 혼자 하고, 막상 관리자가 해달라는 일도 거절하지 못해 일이 더욱 많아지는 악순환이 패턴으로 자리 잡고 말았습니다. 이런 일이 반복될수록 자존감이 깎인다는 E의 말에 워크숍에 참여했던 여러 교사들도 비슷한 고민을 하고 있다면서 심리극을 더 잘 돕고 싶어 했습니다.

"그래야 사랑받을 수 있어"

대체 E에게는 어떤 일이 있었기에 관리자부터 같은 학년 교사들의 눈치까지 보며 살고 있는 것일까요. 저는 참여자 가운데 한 사람을 세워 그에게 E의 '눈치'라는 역할을 주었습니다. 그리고 그 앞에 또 한 사람을 세운 뒤, 그에게 '눈치 보는 나'라는 역할을 주었습니다. '눈치'의 손에 천 하나를 쥐여주고 다른 한쪽은 '눈치 보는 나'의 한 손에 쥐여주었습니다. 그런 다음 심리극 주인공인 E에게 '눈치' 역할에 들어가게 한 뒤, '눈치'가 어떻게 '눈치 보는 나'를 힘들게 하는지 끌고 다니면서 보여달라고 했습니다. E는 '눈치 보는 나'를 끌고 다니면서 말했습니다.

"너 잘해야 해. 그래야 사람들이 널 알아줘. 거절하지 말고 시키는 대로 해. 그래야 사랑받을 수 있어. 사랑받으려면 눈치 보면서 사람들이 원하는 것을 다 해줘야 해!"

E는 점점 더 큰 목소리를 내며 '눈치 보는 나'를 잡아당겼습니다. 저는 이제 E에게 '눈치' 역할에서 빠져나오라고 한 뒤, 심리극을 처음 시작할 때 앉았던 의자로 돌아오게 했습니다. 그러고는 '눈치'가 '눈치 보는 나'를 끌고 다니는 모습을 지켜보게 했습니다.

"사랑받으려면 눈치 보면서 사람들이 원하는 걸 다 해줘야 해!"

'눈치'의 말에 힘없이 끌려다니는 '눈치 보는 나'를 바라보던 E가 눈물을 흘리며 말했습니다.

"불쌍해요. 평생 저렇게 살아온 것 같아요."

저는 이 순간을 놓치지 않고 질문을 던졌습니다.

"살아오면서 어떤 일을 겪었길래 '평생'이라고 하셨나요?"

그러자 선생님은 여러 이야기를 들려주었습니다. E는 둘째로 태어났는데, "둘째는 꼭 아들이어야 하는데, 딸이 나와 실망했다"는 말을 주변 사람들, 특히 아빠, 엄마, 할머니에게 자주 들었습니다. 그러다 남동생이 태어나 주변 사람에게 사랑받고 축복받는 것을 보면서 무척 슬펐습니다. 언니는 남동생만 감싼다며 부모님, 할머니와 종종 싸우고 친구들과 밖에 나가 노는 타입이었지만, E는 눈치 보며 집에서 조용히 부모님 일을 돕는 내향적인 아이였습니다. 엄마는 E에게 "네 목구멍으로 들어가는 쌀도 아깝다"고 말하곤 했습니다. 새 옷을 사주거나 용돈을 넉넉히 주는 일도 없었고, 설거지 등 크고 작은 집안일을 시켰습니다. 아빠는 따뜻한 미소를 보내주지 않았고, "시집만 잘 가면 된다"면서 학비도 잘 대주지 않았습니다. E

는 집을 나와 결혼도 하고 아이도 낳았지만, 여전히 친정집 대소사를 처리하면서 부모 눈치를 보며 지내고 있었습니다.

"이제는 내 삶을 살아보겠습니다"

E에게 주변 사람들이 남동생만 차별 대우해서 가장 상처받은 일을 떠올려보라고 했습니다. E는 초등학교 3학년인 열 살 때, 아주 추운 날 엄마가 호빵을 사와서 입으로 호호 불어가며 남동생에게만 먹여주고, 호빵이 먹고 싶다던 자신에게는 설거지나 하라고 했던 일을 이야기했습니다.

조명을 어둡게 하고 '아빠' '엄마' '할머니' 역할의 참여자들이 '남동생' 역할의 참여자를 둘러싸고 앉도록 했습니다. 그다음 참여자들에게 천을 주고 이것이 '호빵'이라고 하고는, 대사를 주었습니다.

"역시 남자가 최고야!" "여자는 아무 쓸모도 없어!"

그러고는 '남동생'에게 천을 주며 "호빵 잘 먹는다"고 칭찬해 주고 안아주게 했습니다. 한편 E를 바닥에 앉히고는 부엌에서 혼자 설거지하던 '열 살의 나'로 들어가게 했습니다. 고개 돌려 사랑받는 남동생을 보라고 하자 눈물 흘리는 E에게 "열 살의 E야, 너 지금 기분이 어때?"라고 묻고 E가 하고 싶은 말을 하게 했습니다.

"나도 호빵 먹고 싶어!! 나도 자식인데 너무해! 설거지 안 하고 나도 저렇게 호빵 먹고 싶어!!!"

울부짖는 E가 어느 정도 진정한 후, '열 살의 나'에서 빠져나오게 하고 의자에 앉혔습니다. 저는 한 참여자에게 '열 살의 나' 역할을 맡기고, E에게 과거의 내가 어떻게 슬퍼하는지 바라보게 했습니다. 너무 불쌍해 보인다는 E에게, 가서 안아주라고 했습니다.

"얼마나 서운했을까요. 어서 가서 따뜻하게 안아주세요."

E는 '열 살의 나'를 일으키더니, 한동안 안아주었습니다. 지금 어떤 생각이 드느냐고 물었습니다.

"어린 나에게 호빵을 가득 사줘야겠어요. 집에 갈 때 마트에 좀 들러야겠네요."

씩 웃으며 답하는 E에게 좋은 생각이라고 답한 뒤, E를 일으켜 세워 '아빠'에게 다가가도록 했습니다. 그리고 '아빠' 역할에 들어가게 한 뒤 질문했습니다.

"아버님, 왜 이렇게 남자아이를 원하셨어요?"

"제가 3대 독자입니다. 그래서 꼭 남자아이를 낳아야 했어요."

이어진 대화에서 몇 가지 사실을 알게 되었습니다. E의 아버지는 일찍 아버지를 여의고 어머니를 모시고 살았습니다. 어머니를 기쁘게 해드리는 가장 큰 일은 아들을 낳는 것이었습니다.

"둘째 딸은 어떤 아이인가요? 함께 살면서 무엇이 좋았어요?"

"착한 딸이죠. 단 한 번도 부모 신경 쓰게 하지 않고, 조용히 시킨 것 다 하고, 공부도 열심히 했어요. 학비도 비싸지 않은 대학에 들어

3장 회복을 위한 심리 교실

가서 선생님까지 됐다니까요. 잘살고 있죠."

저는 한 참여자에게 'E'의 역할을 맡기고는 '아빠' 역할의 E에게 말했습니다.

"아버님, 따님은 자기가 아들 아니어서 속상한 일이 많았대요. 아버님에게도 사정이 있었겠지만요. 따님에게 고마웠던 것 좀 이야기해 주세요."

그러자, '아빠' 역할의 E는 고개를 들어 자기 역할의 참여자에게 앞서 했던 말을 들려줬습니다. 이번엔 다시 E를 '아빠' 역할에서 '엄마' 역할로 들어가게 했습니다.

"어머님, 왜 이렇게 셋째 아들만 중요하게 여기세요?"

그러자 '엄마' 역할의 E는 남편이 3대 독자인데 아들을 낳지 못해 겪은 혹독한 시집살이 이야기를 들려줬습니다. 무엇보다, 둘째는 아들이라고 생각했는데, 딸이어서 시어머니가 아파 누웠다고 했습니다.

"어머님, 딸이 서운해한 것 아세요?"

"알지요. 저도 나이 먹고 세상을 살다 보니 제 딸이 서운했겠단 생각이 들더라고요. 그래서 이제야 이런저런 이야기를 해보는데 아마 서운함이 안 풀릴 것 같아요. 고맙지요. 그리고 미안하지요."

저는 딸에게 다시 한번 그 말을 해주라고 하면서 'E' 역할의 참여자를 '엄마' 역할의 E 앞에 앉혔습니다. '엄마' 역할의 E는 자기 역할의 참여자 손을 잡더니 연신 다독이며 말했습니다.

"미안하다 우리 딸, 예전엔 몰랐단다. 얼마나 서운했니. 미안하다 우리 딸."

비슷한 과정으로, 이번에는 E를 '할머니' 역할로 들어가게 했습니다. 이를 통해, 할머니가 전쟁 때 남편을 일찍 여의었고, 아들도 빨리 죽을까 봐 걱정이 컸고, 혹시라도 아들에게 사고라도 나서 대가 끊어지면 어쩌나 두려워했다는 것을 알 수 있었습니다. 할머니는 매번 손녀가 태어나자 속상해서 때로는 며느리를 닦달했다는 이야기를 들려주었습니다.

E를 '할머니' 역할에서 빠져나오게 한 뒤, 무엇을 알게 됐고 어떤 생각이 드는지 물었습니다.

"다 사정이 있네요."

E는 어두운 얼굴로 말했습니다. 저는 그런 E에게 이렇게 말하며 다독여주었습니다.

"힘든 일이 있어도 보상받지 못할 때, 상대의 사정을 알게 되어 더 화도 못 내고 속상하다고 말도 못 할 때가 있게 마련이죠. 너무 힘드셨겠네요."

그리고 E에게 '아빠' '엄마' '할머니'를 함께 바라보고 이렇게 말하라고 했습니다.

"당시 시대가 그랬음에 동의합니다. 이런 말 하기가 참 가슴 아프고 속상하지만, 시대가 그랬고 각자 사연이 있어서 그랬음에 동의합니다. 이제 내 삶을 살아보겠습니다. 다시 삶을 살아보겠습니다."

저는 '엄마'를 옮겨 천을 허리 아래로 두르게 한 뒤, 다리를 조금 벌린 채 의자에 앉혔습니다. 그리고 '아빠'와 '할머니'를 바닥에 앉힌 뒤, 불을 다 끄고 머리 위의 작은 불만 희미하게 켜놨습니다. 그리고 E를 '엄마'가 앉아 있는 의자 뒤쪽에 아이처럼 웅크리고 있게 하고는 말했습니다.

"선생님, 이제 다시 태어나기로 해요."

이 말에 E는 꺼이꺼이 울기 시작했습니다. 전 모든 참여자에게 이렇게 외치게 했습니다.

"E야, 널 기다리고 있어. 아들이든 딸이든 넌 소중한 아이야!"

더 크게 우는 E에게 말했습니다.

"과거를 탓할 수도 있고 누군가를 미워할 수도 있겠지만, 우리에게 사연이 있듯 가족에게도 사연이 있다면, 우선 그 모든 흐름에 동의하고 오늘 다시 태어나보기로 해요."

이 말을 하는 동안 E는 이 행위가 무엇을 의미하는지 알고 있는 것처럼 울면서 조금씩 앞으로 나아갔습니다. 저는 '엄마' 다리 아래쪽 기다란 천을 약간 자르고 외쳤습니다.

"저 천을 찢고, 엄마 뱃속에서 새로 태어나세요!"

저와 다른 참여자들은 계속해서 크게 외쳤습니다.

"네가 아들이든 딸이든 그게 중요한 게 아니야!" "넌 성별과 상관

없이 소중한 아이야!" "모두 널 기다리고 있어!" "네가 태어난 건 축복이고 선물이야!"

E는 갓난아이처럼 웅크린 채로 '엄마' 다리 사이를 지나 천을 찢으며 밖으로 나왔습니다. E가 천을 완전히 다 찢고 나오는 순간, 우리는 손뼉을 치며 함께 울고 축하해 주었습니다. 저는 E가 '엄마' '아빠' '할머니' 품에 안기도록 하며 말했습니다.

"부모님과 할머니의 따뜻함을 들이마십니다. 이 따뜻함이 과거의 차가움을 녹일 수 있도록 깊게 들이마시고 내쉽니다."

그러고는 부모 품에서 잠도 자게 하고, 천을 '호빵'으로 지칭한 뒤 부모가 준 이 '호빵'을 먹고 사랑받으며 귀한 대접을 받는 심리극을 계속 진행해 나갔습니다. 이어, 유치원과 초등학교에서도 존중받고 사랑받는 장면을 거쳐, 끝내 선생님이 되어 학생들 앞에 선 장면까지 조금씩 이어갔습니다. 그리고 '학생' 역할의 참여자들을 바라보며 말하게 했습니다.

"난 눈치 보는 교사가 아니라 귀하게 사랑받으며 자란 교사야. 그래서 난 자존감이 높아."

이번에는 '동료 교사' 역할의 참여자들을 보며 말하게 했습니다.

"전 눈치 보는 교사가 아니라 귀하고 사랑 가득한 교사입니다. 아무도 저를 함부로 하지 못해요."

이제 '동료 교사'로 역할을 바꿔, 당당히 고개 든 자기 역할의 참여자를 바라보게 했습니다.

"저 선생님, 어떻게 보이세요?"

"너무나 멋져 보여요."

"저 선생님의 자존감은 어느 정도라고 생각되세요?"

"높아요. 뭐든 다 잘해낼 것 같고, 함부로 할 수 없는 사람처럼 보여요."

저는 '동료 교사' 역할의 E에게 보이는 대로 자기 역할의 참여자에게 말하게 한 뒤, 역할을 바꿔 그 말을 들어보게도 했습니다. 그리고 어떤 생각이 드는지 물었습니다.

"저 자신이 초라하다고 생각했는데, 그게 아니라는 걸 알게 되어 좋았어요."

"선생님은 살면서 앞으로도 엄마, 아빠, 할머니 등 여러 사람을 계속 만날 거예요. 그럴 때마다 이 심리극 장면을 떠올리면서 조금 더 편안히 그들을 바라보셨으면 해요. 그리고 고개를 돌려 조금 더 나를 위한 당당한 삶을 사셔야 해요."

"눈치야, 그동안 고마웠어"

마지막으로, 처음 세웠던 '눈치'를 다시 앞으로 불러내 E를 바라보게 했습니다. E에게 이 '눈치'라는 녀석이 등장해 삶에 도움됐던 일은 무엇이 있었는지 물었습니다.

"사람들의 감정을 잘 살필 수 있어서, 제 아이나 학생들의 마음을 잘 알아차릴 수 있었어요. 그래서 남을 속상하게 만들지 않고 때론 피하거나 편이 되어줄 수 있었고요. 흠…. 그러고 보니 학교에서 좋은 성적을 받아가면 엄마와 아빠가 동생보다 잘해줬던 날이 가끔 있었어요. 동생보다 더 나은 사람이 되고 싶은 마음에 열심히 공부해서 임용고시도 합격했던 것 같아요."

"선생님의 자존감 그리고 주변 사람과의 관계는 어쩌면 선생님이 태어난 순간 결정됐는지도 몰라요. 당시 상황이나 가족의 사연이 안타깝게도 선생님의 존재를 부정하는 쪽으로 연결되어, 사랑받고 싶고 인정받고 싶은 마음에 '눈치 보는 나'를 만든 거죠. 어쩌면 선생님이 더 상처받지 않도록, 이 눈치란 녀석이 선생님에게 애쓰고 있었는지 몰라요."

이제 E가 '눈치'를 바라보며, 이 말을 따라 하게 했습니다.

"네가 미웠어. 가끔 너 때문에 힘들었어. 하지만 네가 날 보호해주고 있었다는 것도 함께 생각할게. 그동안 고마웠어. 이젠 난 새로 태어났어. 그러니 너무 걱정하지 마. 내가 와달라고 할 때 와. 새로 태어나서 여전히 버벅대고 실수는 하겠지만, 내가 스스로 일어설 수 있도록 저 뒤에서 기다려줘."

이렇게 말하는 E의 얼굴엔 조금 더 힘이 들어갔습니다. '눈치'를 조금씩 E로부터 떼어놓으니, E는 가슴 한쪽에 뭉쳐 있던 무언가가 내려가는 느낌이 든다고 했습니다.

  교사 가운데 여자 비율이 높아서 그런지, 심리극이나 워크숍을 진행하다 보면 '여자'이기에 어렸을 때 차별받고 속상한 일을 겪었던 사례를 많이 보게 됩니다. 그 양상도 다양해서 심리극의 진행 과정은 그때그때 달라집니다.

  가족과 함께 살고 있으면서 가족을 자주 보는 것만으로 무력해지고 자존감이 지속적으로 깎인다는 분에게는 분가를 하는 것으로 심리극을 진행합니다. 자신을 차별 대우한 부모에게 격심한 분노를 느끼는 분에게는 부모에게 소리를 지르고 북을 내려치며 "어떻게 그럴 수 있느냐"고 속마음을 쏟아붓게 합니다. 한편 E와 같이, 가족 구조와 가족 내 사연이 좀 더 밝혀졌을 때는 그때의 사정과 그 시대에 동의해 보고, 지금부터 새로운 삶을 살아가 보기로 다짐하는 것도 도움이 됐습니다.

  중요한 것은, 자신에게 어떤 사연, 어떤 속상함이 있는지 정확하게 파악하고 그 부분을 확실히 인지하는 것입니다. 이 정도만으로도 "조금 더 힘을 내며 살아갈 수 있게 됐다"는 분들이 참 많다는 게 조금은 위안이 되는군요.

"자꾸 학생들에게
화를 내게 돼요"

"사소한 것에도 화를 내는 바람에 학생들이 절 무서워해요. 매번 좋은 선생님이 되자고 다짐하는데 쉽지 않네요. 애써 미소를 지어 보이면, 그게 더 어색하고 무섭대요. 동료 교사들도 제 모습이 가끔 무서워 보일 때가 있다고 해서 될 수 있으면 사람들을 피하려고 해요. 제가 교사를 하면 안 되는 사람이었나 자괴감이 들기도 하고⋯⋯ 제가 좀 잘못된 것 같아요."

이렇게 털어놓은 F에게, '화' 역할의 참여자와 'F' 역할의 참여자가 서로 어떻게 붙어 있는지 보여달라고 했습니다. F는 자기 역할 참여자의 두 발을 벌려 세운 뒤, 두 손을 허리에 올리게 했습니다.

그러곤 '화'가 'F' 뒤에 서서 한 손을 'F'의 어깨에 두고 다른 한 손을 뻗으며 'F'가 바라보는 앞쪽을 바라보게 설정했습니다. '화'가 자신을 조종하는 모습으로 설정했다는 설명을 듣고, 저는 F에게 '화' 역할로 들어가 '화'가 어떻게 명령을 내리는지 보여달라고 했습니다.

F는 '화' 역할에 들어가자마자 자기 역할을 맡은 참여자의 어깨를 마구 흔들며 소리를 질렀습니다.

"화를 내야 해! 그래야 사람들이 널 무시하지 않고 함부로 하지 않아. 그러니까 참지 말고 화내!"

저는 F를 '화' 역할에서 빠져나와 자기 역할로 서게 하고 등 뒤에서 '화'가 하는 말을 들어보게 했습니다.

"이 말을 들으니까 어때요?"

"저 말을 따라 살기 싫은데 자꾸 저 말처럼 사니까 힘들어요."

이번에는 F를 바닥에 앉히고 '반 학생' 역할로 들어가게 한 뒤 '화'와 함께 서 있는 자기 역할의 참여자를 보게 했습니다.

"선생님은 어떤 사람이니?"

"무서워요. 보고 있으면 겁나요."

"선생님을 바라보고 부탁하고 싶은 것이 있으면 해보렴."

"선생님, 우리를 좀 더 따뜻하게 대해주세요. 그리고 화 안 낼 땐 선생님 재미있고 좋아요."

F를 '반 학생' 역할에서 나오게 한 뒤, 그 말을 들어보게 했습니다. F는 고개를 푹 숙였습니다.

"고생했다, 우리 아들"

저는 '화' 역할의 F 입에서 나왔던 "화를 내야 해! 그래야 사람들이 널 무시하지 않고 함부로 하지 않아"라는 말이 마음에 걸려 한 번 더 F에게 '화' 역할로 들어가게 하고 물었습니다.

"그 말이 무슨 의미니?"

"아, 얘가 오래전에 무시당하고 힘들었던 일이 있었거든요."

"그때가 언제야?"

"중학생 때요."

"그때 쟤한테 어떤 힘든 일이 있었니?"

"…그때, 그러니까 중1 때 쟤 아빠가 돌아가셨거든요. 사람들이 쟤보고 아빠 대신 엄마를 지켜야 한다고 했는데… 자기가 엄마를 지키지 못하면 엄마가 떠날 수도 있겠다 싶어 너무 겁났대요."

"그러니까 넌 그냥 붙어 있는 게 아니네? 넌 나쁜 녀석이니?"

"제가 있어서 친구들도 아빠 없다고 놀리지 못했고, 누구도 쟤를 함부로 하지 않았죠."

저는 '화' 역할의 F에게 자기 역할의 참여자를 바라보고 이렇게 말하도록 했습니다.

"나는 나쁜 존재가 아니야. 난 너를 지키려고 이렇게 붙어 있는 거야. 네가 무시당할까 봐, 네가 다른 사람에게 상처받을까 봐 이렇게 붙어 있어. 난 나쁜 존재가 아니라는 것을 기억해 줘."

이 말을 끝낸 F를 '화'에서 자기로 돌아오게 하고는 등 뒤에서 '화'의 말을 듣게 했습니다. F는 화 때문에 속상했는데, 한편으로는 화에게 도움받는 것도 있다는 걸 알게 됐다며 조금 밝아졌습니다.

이번에는 한 참여자에게 F의 '엄마' 역할을 맡기고, F에게 '엄마'를 바라보라고 했죠. '엄마'의 눈을 바라보던 F가 눈물을 흘렸습니다. '엄마'에게 하고 싶은 말을 해보라고 했습니다.

"엄마, 저… 엄마를 잘 지켰죠? 저 충분히 잘해왔죠?"

이번엔 F에게 '엄마' 역할을 맡기고 질문을 던졌습니다.

"어머님, 지금 아드님 보면 어떠세요? 잘 자랐나요?"

"그럼요. 요새 세상이 힘든데 이렇게 선생님 돼서 봉급도 따박따박 받고, 같은 선생님 만나서 부부 교사로 잘살고 있고. 잘 컸지요."

"남편 돌아가신 뒤 어떻게 살아오셨어요?"

"많이 힘들었죠. 전 몸이 아파서 일도 제대로 못 했어요. 벌이도 시원치 않았는데, 아들이 늘 옆에서 괜찮다고 해주고, 대학 가서도 과외해서 자기 용돈 자기가 벌어 쓰고 장학금까지 받고, 고맙지요."

"아드님이 왜 저렇게 화를 잘 내게 된 것 같아요?"

"남편이 죽기 전에 남긴 빚이 좀 있었어요. 그걸 받으러 집에 사람들이 와서 소리 지르고 집은 차압당하고. 아들이 그 사람들 앞에서 소리 지르고 절 보호하고 그랬죠. 우리 아들이 고생했지요."

저는 'F'에게 그 말을 해달라고 했습니다. 잠시 숨을 고른 '엄마' 역할의 F는 자기 역할의 참여자 손을 잡고 천천히 말했습니다.

"고생했다. 우리 아들. 얼마나 힘들었니. 너도 무섭고 힘들었을 텐데. 이제 화내지 말고 잘살아라. 엄마 잘 지키고, 네 할 일 충분히 다했다. 하늘나라에 있는 네 아빠도 틀림없이 대견해하실 거야."

그러고는 자기 역할의 참여자를 안아주게 했습니다. 약간의 시간이 흐르고, F를 '엄마' 역할에서 자기 역할로 돌아오게 한 뒤, '엄마'의 말을 들어보고 '엄마' 품에서 다독임을 받도록 했습니다.

⌒ "아빠가 미안해" ⌒

"아빠 많이 보고 싶어요?"

"네, 많이 보고 싶지요."

문득 '영혼극'을 진행해야겠다는 생각이 들었습니다. 죽은 사람을 만나 대화하고 떠나 보내는, 굿과도 비슷한 심리극은 특히나 갑작스러운 죽음으로 가족과 작별한 사람에게 도움이 되곤 합니다.

조명을 어둡게 만들고, F에게 잠깐 눈을 감고 돌아가신 아버지를 불러달라고 했습니다.

"아빠! 아빠!!!!"

"아빠가 멀리 있어 잘 들리지 않아요!! 크게, 길게 불러보세요!!!"

"아빠 보고 싶어요. 너무너무 보고 싶어요!!!!!"

저는 참여자 중 연세가 좀 있는 남자분에게 하얀 천을 씌우고는

F의 '아버지' 역할을 부탁했습니다. 그러고는 그를 F 앞에 세운 뒤, 이렇게 대사를 주었습니다.

"그래, 아빠야⋯ 아빠가 왔단다. 잘 지내고 있었니?"

그 말을 들은 F는 '아버지' 역할의 참여자 손을 잡고 울기 시작했습니다. 조금 시간이 지난 뒤, F에게 아버지 안 계신 동안 어떻게 살았는지 이야기해 드리라고 했습니다. 그러자, F는 집에 빚쟁이들이 찾아왔던 이야기, 엄마가 아팠던 이야기, 열심히 공부해서 교사가 된 이야기 들을 울먹거림 사이사이로 전달했습니다. 저는 '아버지' 역할의 참여자에게 아들을 안아주라고 했습니다.

"그동안 잘살았다. 얼마나 힘들었니. 정말 애썼다, 우리 아들."

이런 말들이 '아버지' 역할의 참여자 입에서 나오기 시작했습니다. F에게 물었습니다.

"아버지를 다시 만나면 뭘 가장 하고 싶었나요?"

"함께 등산 가고 싶었어요. 아버지가 등산을 좋아하셨거든요. 그래서 제 아들과 산에 갈 때마다 아버지가 생각나죠. 아버지랑 등산하고 내려와서 파전에 막걸리를 먹으며 이야기 나누고 싶어요."

저는 조명을 다시 밝게 만든 뒤, 여러 색깔의 천을 참여자들에게 나눠주고 가상의 산을 만든 다음, F가 아버지와 그 산을 오르게도 하고 가상의 등산객과 대화도 나눠보게 하면서 워크숍 공간을 천천히 돌게 했습니다. 그리고 한쪽에 앉아 음료수와 과자를 파전과 막걸리로 설정해 먹으면서 아버지와 이야기 나눌 시간을 만들어주었습니다. F에게 아내와 자녀 이야기 등 행복하고 좋은 이야기들을 아버지에게 들려주도록 했습니다. 대화가 끝난 뒤, F에게 '아버지' 역할로 들어가게 하고 말했습니다.

"하늘나라에서 아드님 지켜보면서 어떠셨어요?"

"대견하고 대견하지요."

"아들에게 막걸리 따라주면서, 그 말을 더 자세하게 들려주세요."

그러고는 잔잔한 음악을 틀었습니다. 그러자 '아버지' 역할의 F는 자기 역할의 참여자를 바라보며 막걸리도 따라주고, 손도 잡아주고, 파전(과자)도 입에 넣어주면서 말했습니다.

"아빠가 좀 더 머물러 줬어야 했는데, 빨리 떠나 미안하구나. 아빠가 있었으면, 그 고생 안 했을 텐데. 정말 미안하다. 우리 아들 그래도 잘 자라주어 고맙구나. 엄마 지켜줘서 고맙고, 아내랑 아이들하고 행복하게 지내는 모습도… 정말 정말 잘하고 있구나. 아빠가 미안해. 다 아빠가 만든 일이니까 힘들었던 일들 너 말고 아빠 탓하면서 마음 풀고 이젠 행복하게 잘살아라. 항상 차 조심하고. 너는 자식들한테 사랑 주고 오래오래 살다가 오렴."

이 말과 함께 손을 잡고 자기 역할의 참여자 머리를 쓰다듬었습니다. 'F' 역할의 참여자도 뭉클했는지 눈물을 흘렸고, 워크숍에 참여한 모두가 눈가를 훔쳤습니다.

저는 F를 '아버지' 역할에서 빠져나오게 한 뒤, 자신으로 돌아와 '아버지'가 하는 말을 듣게 했습니다.

"아버지 고맙습니다."

"이제 아버지를 떠나 보낼 시간이에요. 전에는 갑작스럽게 보내 드렸는데, 오늘은 잘 모셔서 잘 작별하기로 해요."

남은 음료수(막걸리) 따라 마시고 두 사람은 함께 자리에서 일어 났습니다. 다시 조명을 어둡게 만들고, 잔잔한 음악을 틀고는 두 사람을 지켜봤습니다. F는 '아버지' 손을 잡고 말없이 천천히 걸어갔습니다. 전 공간 가장자리에 두 사람을 세우고 F가 '아버지' 손을 꽉 잡은 것을 보고 말했습니다.

"이거 놓아주셔야지요. 그래야 아버지가 떠나가지요."

그러고는 F에게 '아버지' 역할에 들어가게 했습니다. 그 앞에 'F' 역할의 참여자가 섰습니다.

"아버님, 아들이 아쉬워서 손을 못 놔요. 그리고 아들은 화내는 것 때문에 가끔 고개 숙이며 살아요. 떠나기 전에 아들에게 마지막 으로 하고 싶은 말 해주세요."

"바래다줘서 고맙다. 나도 너한테 꼭 한 번은 고맙다는 말을 전하고 싶었는데. 이런 시간이 생겨 기쁘구나. 정말 고맙고, 잘 자라주어 아빠는 편하게 떠나간다. 너무 걱정 마라. 살다가 화나는 일이 있거든 다 아빠가 만든 일 때문에 그렇다고 생각하고, 사람들 미워하지 말고 다 용서하고 주변에 따뜻함 많이 나누고 살거라. 네가 겪는 어려움 다 잘 이겨낼 거라 믿는다. 우리 아들 사랑한다."

다시 F를 '아버지' 역할에서 빠져나와 자기 역할이 되게 한 뒤,

'아버지'의 말을 듣고 손을 놓게 했습니다. 조명을 더 어둡게 만들고, 마지막 인사를 하게 했죠. F는 "아버지, 잘 지내세요. 시간 지나서 만나요"라며 손을 놓았습니다! 저는 F에게 눈을 감고 '아버지'가 하늘나라에서 잘 지내시길 빌어드리라고 했습니다. 그리고 '아버지' 역할의 참여자를 공간에서 빼냈습니다.

⌒ "이젠 화가 덜 날 것 같아" ⌒

조명을 밝게 켠 다음, F 앞쪽에 '아내' '자녀 1' '자녀 2' 역할의 참여자를 세우고 그 옆에 (앞서 등장했던) '반 학생' 역할의 참여자를 세웠습니다. 그리고 바라보고 이야기하도록 했습니다.

"난 원래 화가 없던 사람이었대. 사정이 있어서 화와 함께 살았고, 화가 때론 날 지켜주기도 했어. 이 과정에서 내 자존감이 많이 깎였어."

저는 F에게 "이젠"이란 말을 따라 하게 하고 그 뒷말을 만들어보라고 했습니다. 그러자 F는 가족들과 학생을 바라보며 말했습니다.

"이젠 화가 덜 날 것 같아. 내게 화가 왜 생겼는지 알겠어. 알았으니 크게 화가 나지 않을 것 같아. 내 화를 필요한 곳에 더 건강하게 사용할 거야. 어색하겠지만 이제 조금 더 웃어보고, 조금 더 편하게 많은 일을 해낼 거야. 날 지켜봐줘."

저는 (처음 등장했던) '화'를 옆에 세워두고 F에게 바라보라고 했습니다.

"그동안 고마웠어. 이제 나 꽤 괜찮게 잘살고 있어. 이제 더는 날 지키고 보호하지 않아도 돼. 내가 정말 필요할 때 와. 그땐 내가 널 부를게. 그동안 고마웠어."

그러고는 F에게 '화'를 바라보며 살짝 고개 숙여 감사 인사를 하게 한 뒤, 몸을 돌리게 했습니다. 심리극은 이렇게 마무리됐습니다.

내게 화가 찾아온 이유를 살필 것

F의 경우에는 감정 조절이 잘 되지 않아 교사를 그만둬야 하나 하는 고민까지 하고, 자신감과 자존감이 함께 떨어졌습니다. 하지만 화가 찾아온 이유에 대해 알게 되면, 불쑥 화가 올라오더라도 순간 나를 다독일 수 있게 되고 이것이 학생에게 생긴 화가 아니라는 것을 알게 되어 다른 조절 방법을 찾거나 조금 더 현명하게 삶을 살아갈 수 있게 됩니다.

F에게는 분노가 에너지임을 알려주고, 무언가를 더 열정적으로 배우며 살아가기 위한 연료로, 또 학생을 지키고 가정을 보호하기 위한 정의로운 힘으로 분노를 사용하도록 방향을 바꿔주었습니다. 이렇듯 특정한 감정을 나쁘다고 생각하기보다는 그 감정으로 내가

할 수 있는 일을 찾을 수 있어야 합니다.

또 하나, '부모의 죽음'이라는 갑작스러운 이별 사건은 자녀에게 트라우마가 되어, 그 뒤 생긴 여러 일들이 평소보다 더 크게 삶에 각인되고 삶의 방향이 바뀌기도 합니다. 충분히 보호받지 못하고 지지받지 못하면서, 삶의 어려움을 극복해 나갈 때마다 자존감이 깎이는 것을 경험하기도 하죠. 무엇보다, 부모의 죽음에 대해 주변에서 알게 될까 봐, 무언가 부족한 가정의 자녀라는 놀림을 받을까 봐, 친구들이 나를 함부로 대할까 봐, 두려워하고 눈치 보는 과정에서 자존감이 깎이는 일이 많습니다.

부모의 죽음은 슬프고 안타까운 사건임이 틀림없지만, 잘 살펴보면 그 일이 내게 만들어준 힘이 있고 그로 인해 또 다른 삶과 성장을 경험하게 됐다는 것을 알 수 있을 것입니다. 죽은 부모의 눈으로 나를 바라보는 순간 내가 얼마나 대견하고 훌륭한지 알게 되는 것처럼, 내가 나의 부모가 되어 어떤 슬픈 일과 이별이 있었든지 간에 잘 자라서 교사가 된 나를 훌륭하게 생각하고 대단하다고 생각했으면 합니다. 그리고 내게 생긴 모든 힘을 주변에 나누어주며 살아가 보자고요. 그게 곧 내 자존감을 높이는 일이기도 합니다.

"동료 선생님의
지적이 부담스러워요"

"동료 선생님들이 제가 너무 내성적이래요. 제가 표현이나 움직임이 적고 지나치게 수줍음이 많다고요. 저는 좋아하는 것들을 하면서 잘살고 있고 크게 힘들지 않은데. 선생님들은 그렇게 살면 안 된다고, 세상 살아가는 데 손해만 본다고, 학생들에게 휘둘리면서 바보 같이 살 거라고 그래요. 그때마다 제가 잘못된 건 아닌지 좀 걱정도 되고, 선생님들 모임이나 회의에 가기가 불편해져요."

제 성격 유형 워크숍에 참여했던 교사 G는 자신의 성격 때문에 동료 교사들과 사이가 불편해졌고 자존감이 깎였다는 이야기를 들려주었습니다. 저는 G를 심리극 주인공으로 초대했습니다.

"사람 성격마다 좋은 점도 있고 그 성격으로 인해 생기는 불편함
도 있잖아요. 이것을 '내 성격의 빛과 그림자'라고 불러보자고요."

이렇게 말한 후 G를 세우고, 참여자 두 사람을 G의 등 뒤에 서게
했습니다. 참여자 두 명은 모두 한 손을 G의 어깨 위에 올리고 각각
G의 왼쪽과 오른쪽에 섰습니다. 저는 왼쪽에 선 참여자를 '그림자',
오른쪽에 선 참여자를 '빛'으로 이름 붙였습니다. 그리고는 'G' 역
할의 참여자를 한 명 더 세웠습니다.

먼저 G에게 '그림자' 역할로 들어가게 했습니다.

"'그림자'는 G 선생님에게 어떤 말을 자주 들려주나요?"

"넌 사람들 불편해하잖아. 사람들도 네가 잘못됐다 하고. 사람들
있는 데 가봤자 좋은 일이 없어. 그리고 넌 너무 조심스러워서 일이
느리고 답답하지. 속마음까지 사람들에게 표현하지 않으니 얼마나
주변 사람이 답답하겠어. 학생들 앞에 설 수나 있겠어?"

저는 '그림자' 역할의 G에게, 그 말을 앞에 선 자기 역할의 참여
자에게 한 문장으로 말해달라고 했습니다.

"넌 성격이 이상해. 성격 고쳐!!!"

재빨리 G를 '빛' 역할로 바꿔 서게 했습니다. 그리고 '빛'이 나에
게 어떤 말을 자주 해줬는지 이야기해 달라고 했습니다.

"넌 사람을 함부로 대하지 않아. 친절하고, 따뜻하고, 자기 이익

을 먼저 챙기기보다 주변 사람을 위해 양보하고 배려하는 사람이야. 사람들을 함부로 판단하지 않고 어떤 일이 생겨도 깊이 생각하고 이성적으로 판단하잖아. 꼼꼼해서 업무에 실수도 적고. 동료 선생님이 머리 아파하는 일을 잘 해내는 넌 꼭 필요한 사람이야."

역시 그 이야기를 요약해 달라고 했습니다.

"넌 따뜻하고 신중한 사람이야!"

'빛' 역할의 G는 이렇게 말하면서 자기 역할의 참여자 어깨를 토닥토닥 두드려주었습니다.

저는 '그림자' 역할의 참여자에게 'G' 역할의 참여자를 꽉 누르도록 한 뒤, '빛' 역할의 G에게 다가가 물었습니다.

"저 그림자가 하는 말이 맞나요? 빛의 관점에서 생각해 보세요."

"아니죠."

저는 '그림자'에게 대사를 주며 약간의 말다툼을 유도했습니다.

"내 말이 맞지. 쟤는 성격이 이상하고 선생님 하기엔 너무 내성적이야! 나는 쟤가 사람들을 피하고 자존감도 깎이게 할 거야!"

저는 '빛' 역할의 G에게 저 '그림자'를 그대로 두면 평생 저렇게 살게 되니, '빛'의 관점에서 '그림자'를 밀어내어 'G'를 고개 들고 빛처럼 살게 해달라고 부탁했습니다. 그러자 '빛' 역할의 G는 '그림자'를 밀어내며 소리쳤습니다.

"저리 가! 쟨 이상한 게 아니라 다른 거야. 필요한 말만 하면서 더 신중하게 생각하고 필요한 사람에게 집중해서 사랑을 나눠주는 걸 좋아할 뿐이라고. 세상을 즉흥적으로, 얇게 살라고? 그럴 필요 없어. 내가 알려줄 거야. 그러니 저리 가!"

저는 '그림자'에게 더 저항하며 'G' 역할의 참여자를 더 누르라고 하면서 대사를 부여했습니다.

"평생 괴롭힐 거야. 난 절대로 쟤와 떨어지지 않을 거야!"

그러자 '빛' 역할의 G는 '그림자'를 떼어내 밀어냈습니다.

"아니야. 쟤는 잘못되지 않았고 쟤 모습 그대로 훌륭해. 쟤는 빛이야. 내가 알려줄 거야. 괴롭히지 말고 떨어져. 빨리 떨어져!!!"

그렇게 계속해서 밀어내면서 공간 밖으로 내보냈습니다.

⌐ "더 고개 들고 살게요" ⌐

'빛' 역할의 G에게 고개 숙이고 있는 자기 역할의 참여자를 다독이고 고개 들게 하라고 했습니다.

"지금까지 저 말과 손잡고 살았다면, 이젠 내 손 잡고 살아. 넌 잘못되지 않았고 너 자체로 멋져."

고개 숙이고 있는 'G' 역할의 참여자에게 대사를 부여했습니다.

"정말 내가 주변 선생님이 말한 것처럼 이상한 게 아니야?"

저는 '빛' 역할의 G에게 말했습니다.

"선생님에게 당신은 어떤 사람이라고 자세하게 알려주세요. 자세히 알려줘야 그림자가 만들어놓은 생각들이 지워질 수 있어요. 더 자세하게, 더 힘 나게, 더 진지하게, 눈을 바라보고 알려주세요."

'빛' 역할의 G는 잠시 숨을 고른 뒤, 자기 역할의 참여자 눈을 바라보고 진지하게 말했습니다.

"넌 잘못되지 않았어. 아까 성격 유형 공부했잖아. 성격마다 좋은 게 있고, 불편한 게 있어. 이제 그림자 말고 빛인 나를 봐. 너는 친절하고 따뜻하고 사랑이 가득해. 천천히 생각하고, 끝내 많은 일을 해내고, 꼼꼼하게 아이들을 챙기고 감싸주는, 누구보다 지치지 않은 에너자이저 같은 사람이야. 남들처럼 살지 않아도 돼. 네 힘을 믿고, 넌 따뜻하고 신중한 사람이란 말 기억하며 자신 있게 살아!"

이제 G를 '빛'에서 나오게 한 뒤 원래 자리에 서게 하고, '빛' 역할의 참여자가 하는 말을 듣게 했습니다. 그리고 '빛'을 바라보며 천천히 한 문장씩 따라 말하도록 했습니다.

"지금까진 그림자를 바라보고, 그림자가 시키는 대로 살았습니다. 그렇다 보니 가장 가까이에 빛이 있다는 걸 잊고 있었습니다. 당신을 보지 않고 있을 때도 늘 제 옆에 머물러주고 저를 다독이며 기다려주셔서 고맙습니다. 이젠 당신(빛)을 보겠습니다. 당신이 있다는 것을 항상 기억하겠습니다. 그리고 당신의 손을 잡고 동료 선생님과 학생 들 속에서 조금 더 고개 들고 살아가겠습니다."

G는 점점 더 진지해지고 미소가 생기고 눈물이 맺혔습니다.

"지금까지 '빛과 그림자' 심리극을 하면서 어떤 생각이 드셨나요?"

"저는 제가 교사로서 자질이 부족한 것 같아 자책하며 살았는데, 저 참 좋은 사람이네요!"

G는 지긋이 미소를 지으며 말을 이어갔습니다.

"왜 자꾸 내 좋은 점을 보지 않고 남들이 말하는 것처럼 살았던 건지 돌아보게 됐습니다. 더 고개 들고 살게요."

"참 따뜻하고 착하고 순해요"

조금 더 확신을 심어주기 위해 G에게 동료 선생님 한 분을 떠올려보라고 했습니다. 그리고 그 '동료 선생님' 역할로 들어가라고 하고는 "성함은 어떻게 되시죠?" "G 선생님과 어떤 관계인가요?" "성격이 어떠세요?" 등의 질문으로 정보도 얻고 G가 역할에 몰입하게 만든 뒤, "G 선생님에게 어떤 말을 주로 하세요?"라고 물었습니다.

"말이 없다, 숫기가 없다, 조금 더 말해도 된다 같은 말이요."

"그렇게 말하는 의도가 G 선생님을 상처 주려는 것인가요?"

"아니요! 전혀 그런 의도가 아니죠."

"그럼 어떤 의도로 말씀하신 건가요?"

"혹시라도 반 아이들에게 휘둘리고 학부모에게 상처받을까 봐 챙겨주는 말이었어요."

"G 선생님이 선생님을 눈치 보고 힘들어한다는데, 상처 주려는 의도가 아니었다고 말씀해 주세요."

'동료 선생님' 역할의 G는 자기 역할의 참여자에게 말했습니다.

"아이고, 그런 의도가 아니에요. 함께 잘 지내보고 싶어서 그러지, 상처 주려고 하는 말은 아니었어요. 혹시라도 그렇게 생각했다면 마음 풀어요. 사람들에게 너무 착하게 굴다가 선생님이 상처받을까 봐 걱정해서 하는 말이었답니다."

"G 선생님의 좋은 점, 본받고 싶은 점이 있으면 알려주세요."

"G 선생님은 사람이 참 따뜻하고 착하고 순해요."

이제 G가 '동료 선생님' 역할에서 빠져나와 원래 자기 역할로 돌아가게 했습니다. 그리고 동료 선생님의 눈으로 자신을 보니 어떤 생각이 들었는지 물어봤습니다. 그러자 "저 혼자 영화 찍고 있었네요!"라며 웃기 시작했습니다. 이렇게 심리극은 마무리됐습니다.

우리 성격의 빛과 그림자

성격 유형 워크숍을 진행하다 보면, 모두가 자신의 성격에 결함이 있다고 생각한다는 걸 알게 됩니다. 그리고 자신과 다른 성격을 동경하고 부러워하죠. 잘 살펴보면 그 동경받는 성격의 사람들도 스스로에게 결함이 있다고 생각하고 다른 유형을 동경하는데 말입니다. 그렇게, 누군가 자신의 성격 유형을 부러워한다는 말을 듣는 순간, 참여자들은 웃음을 터뜨리고 '우리 모두는 완벽하지 않으며, 우리 성격에는 빛과 그림자가 있다'는 사실을 알아차립니다.

자신의 성격을 초라하게 생각하지 마세요. 특히 '이 성격이 교사에게 적합한가'라는 질문은 버리세요. 누군가는 이성적이고 논리적인 교사의 모습, 누군가는 잘 놀아주고 쇼맨십을 보여주는 즉흥적이며 감성적인 교사의 모습, 누군가는 체계적이고 꼼꼼하고 조용하게 아이들을 목표까지 데려가는 교사의 모습, 누군가는 은은한 미소로 아이들을 따뜻하게 감싸주는 교사의 모습을 보여줄 수 있습니다. 이런 우리 유형 하나하나가 의미 있고 소중합니다.

나 자신을 인정하고, 내 성격을 인정하고, 내 부족하고 불편한 부분은 주변 사람의 도움을 받으며 살아가겠다는 마음이 중요합니다. G처럼 고개를 돌려 자기 안의 빛을 찾고, 바라보고, 사람들과 손 잡고서 세상을 살아가길 바랍니다. 그리고 주변 사람들이 나를 걱정해 주는 말이 세련되지 못해 상처받는 경우가 많다면, 조금 더 큰마음으로 여유를 가지려 노력해 보세요. 이 또한 내 자존감을 회복시키고 낮아진 자존감을 끌어올리는 일이기도 합니다.

"저를 무시하고 수업을
방해하는 학생이 있어요"

"수업 중에 자꾸 제 말을 끊는 학생이 있어요. 수업에 방해되니 참아달라고 하면, 더 예의 없이 행동해요. 그럴 때면 제가 무시받는 것 같아요. 내가 강하지 않아서 그 학생이 절 함부로 대한다 싶고요."

교사 H는 이런 일이 자꾸 생긴다며 한숨을 내쉬었습니다. 워크숍에 참여한 다른 교사 중에도 반 학생 중에 자신을 함부로 대하는 아이가 있었다면서, 이 주제를 다루고 싶어 하는 분들이 많았습니다. 이분들은 이런 일이 반복적으로 일어나고 제대로 해결되지 못하는 것에 대해 자책하다 보니, 자존감이 계속 깎여나간다고 말했습니다.

"그렇게 행동하는 특별한 이유가 있니?"

이런 일에 대한 각자의 반응과 해결 방식이 다른 것을 확인하고, 상황을 재현해 보기로 했습니다. 그래서 참여자 한 명에게 '수업 방해 학생' 역할을 맡긴 후 의자에 앉히고, 다른 참여자에게 'H' 역할을 맡기고 그 앞에 세웠습니다. H에게 잠깐 '수업 방해 학생'이 되어 어떻게 수업 방해를 했는지 보여달라고 했습니다. 그러자, '수업 방해 학생' 역할의 H는 피식거리며 웃고, 딴청을 부리고, 노래하기 시작했습니다. 저는 다가가 물었습니다.

"수업 시간인데 왜 이러고 있니?"

"그냥요. 나가서 놀 수 없으니까 여기에서 노는 거예요."

"다른 친구들은 공부하는데, 혹시 방해되지 않을까?"

"몰라요. 그냥 내가 재미없으면 친구들도 재미없겠죠. 뭐."

H를 '수업 방해 학생'에서 자기 역할로 돌아가 '수업 방해 학생' 역할의 참여자가 피식거리고, 딴청 부리는 걸 보게 했습니다.

"이 상황을 어떻게 풀어가시나요? 한번 보여주세요."

그러자, H는 팔짱을 끼고 한쪽 입술을 살짝 올린 채 웃으며 계속 '수업 방해 학생'을 바라보았습니다.

"이 웃음이 어떤 의미인가요?"

"그냥 저 모습이 어이없어서 그래요."

H를 다시 '수업 방해 학생' 역할로 들어가게 하고 그 앞에 'H' 역

　　　　　　　　　　3장 회복을 위한 심리 교실

할의 참여자를 세운 뒤, 한쪽 입꼬리를 올린 채 웃는 H의 반응을 보게 했습니다. 그런 다음 물었습니다.

"H 선생님이 저렇게 바라보니까 어때?"

"짜증나요. 저를 비웃는 것 같아요."

"그렇구나. 선생님이 어떻게 하면 수업 방해를 멈출 수 있겠니?"

"저도 잘 모르겠어요."

H와 비슷한 고민을 하는 참여자가 많았기에, '집단 지성을 이용한 심리극'을 진행하기로 했습니다. 심리극 디렉터인 제가 해결 방법을 고안할 수도 있지만, 비슷한 고민을 지닌 선생님들끼리 다양한 접근 방식을 모색해 보는 것도 의미가 있다고 판단했던 거죠.

저는 워크숍 참여자들을 3~4명씩 그룹 짓고, '수업 방해 학생'에게 선생님이 어떻게 다가가면 좋을지 토의하게 했습니다. 5분 정도 시간이 지난 뒤, 그룹에서 나눈 해결 방식을 그룹 중 한 사람이 '선생님' 역할을 맡아 '수업 방해 학생'에게 적용해 보도록 했습니다. 또, H가 '수업 방해 학생' 역할을 맡아 그 학생처럼 생각하고 행동하면서 그룹별 해결 방식을 경험해 보게 했습니다. 학생의 눈으로 다양한 선생님을 바라보는 것만으로도 답을 찾아내고 자신의 방식을 수정할 수 있어서, 이는 언제나 유용했던 방법이었습니다.

토의를 마치고, 그룹별로 돌아가며 '수업 방해 학생' 역할의 H에게 다가가 자신들만의 방법을 시행했습니다. 버럭 화를 내며 학생을 꾸짖고 벌을 세우는 방법, 조금 더 가까이 다가가 눈을 빤히 쳐다보는 방법, 일정한 숫자를 센 뒤에도 변화가 없다면 의자로 보내 타임아웃시키는 방법, 깜지를 쓰게 하는 방법, 선생님을 무시하냐면서 학부모를 소환하겠다고 으름장을 놓는 방법 등 다양한 방법이 진행됐습니다. H는 대부분이 자신을 억누르거나 협박하는 것으로 느껴진다며 방해 행동을 멈추길 거부했습니다.

"이 방식을 경험해 보니까 그다음엔 어떻게 하고 싶어?"

"수업 방해를 멈추지 않고 더 심하게 하고 싶은 마음이 생겨요."

결국 다른 방법을 찾도록 그룹 토의를 다시 진행한 후, 그룹별로 다양한 시도를 해봤습니다. 그 결과, '수업 방해 학생' 역할의 H는 다음과 같은 경우에 더는 수업 방해를 할 수 없었다고 답했습니다.

* 단호한 표정으로 자신을 뚫어지게 바라볼 때

* 꾸중하기 전에 "그렇게 행동하는 특별한 이유가 있니?"라며 물어봐줄 때

* 자신 때문에 선생님이 (답답한 게 아니라) 속상하고 상처받았다고 할 때

* 잠시 수업 방해를 멈췄을 때 선생님이 바로 좋게 피드백해 주고, 수업을 마친 후 노력해 줘서 고마웠다고 다독여줬을 때

⌒ "아이가 변화하는 걸 보니까 너무 뿌듯해요" ⌒

H를 '수업 방해 학생' 역할에서 다시 자기 자신으로 서보게 했습

니다. 그리고 새롭게 알게 된 사실을 토대로 '수업 방해 학생'에게 말하고 행동해 보라고 했습니다. 그러자, H는 평소에 하듯이 팔짱을 끼고 어이없다는 듯 웃는 대신, 조금 더 힘 있는 자세로 '수업 방해 학생'을 바라보고는 이렇게 말했습니다.

"지금 그렇게 하는 특별한 이유가 있니?" "정말 열심히 수업을 준비했는데 너무나 속상하구나. 혹시 선생님 상처 주려는 건 아니지?" "그러면 어떻게 해볼래? 할 수 있을 것 같은데. 모두의 수업을 위해 작은 변화를 만들어볼 수 있겠니?" "그래, 잘했다. 고마워."

저는 '수업 방해 학생'에게 다가가 물었습니다.

"자신이 '수업 방해 학생'이라 생각하고 답해주세요. 지금 담임 선생님의 모습과 말이 어때요?"

"힘 있어 보여요. 선생님 말씀처럼 해야 할 것 같아요."

저는 실제로 그런 마음이 드는지 H를 다시 '수업 방해 학생' 역할에 들어가게 하고, 'H' 역할의 참여자가 방금 전 H가 했던 말과 행동을 똑같이 하는 걸 보게 했습니다. 그리고 정말 효과가 있음을 '수업 방해 학생'의 눈으로 확인했습니다. 이어서, 모든 그룹이 이 장면을 토대로 '수업 방해 학생'과 '선생님' 역할을 돌아가며 경험해 보았습니다. 이렇게 하는 이유는, 선생님의 말과 행동이 학생의 눈에는 어떻게 보이는지 경험해 볼 필요가 있기 때문입니다. 많은 교사가 책이나 연수에서 배운 것을 머리로는 이해하지만 실제 사람들 사이에서는 이것이 어떻게 작동하는지 실험해 보지 않으니까요.

우리는 이 '집단 지성을 이용한 심리극'을 마무리하고 각자 학교로 돌아가 배운 방식을 사용한 후, 다음 모임에서 경험담을 나누기로 했습니다.

한 달 뒤, 우리의 워크숍에서는 너도 나도 후기가 넘쳐났습니다.

"연습한 대로 했더니 정말 수업 방해를 멈추고 아이가 좀 더 수업에 집중하더라고요."

"저도 그랬어요. 아이가 변화하는 걸 보니까 너무 뿌듯해요."

교사들은 영웅담을 말하듯 신이 나서 자기 이야기를 들려주었습니다. 아직 '수업 방해 학생'을 경험하지 못한 교사들은 다른 교사의 성공담과 변화된 표정을 보며 더 의욕을 갖고 자신도 언젠가 이런 일을 맞닥뜨리면 잘 해결할 수 있겠다는 생각을 굳히게 되었습니다. 혹, 실패한 경우가 있으면 다시 '집단 지성을 이용한 심리극'을 했습니다. 그러다 보면 또 다른 관점과 방법이 우리에게 찾아왔고, 참여자들에게는 또 다른 이해와 해결책이 생겼습니다. 이런 과정을 거쳐 '수업 방해 학생' 문제를 교실에서 잘 해결하고 돌아온 참여자에게는 마음 담아 말했습니다.

"이건 우리가 함께 만들어낸 결과입니다. 어려운 일이 있을 때는 혼자 해결하는 것보다 함께 해결하는 것이 낫다는 사실을 우리 모두 경험했습니다. 이 경험은 우리에게 고민을 내어준 H 선생님 덕분입니다. 덕분에 교실에서 사용할 수 있는 좀 더 현실적인 방법을 찾아낼 수 있었습니다. 해결되지 않은 무기력함은 우리의 자존감을 깎지만, 함께 방법을 찾아가는 과정에 기여한 것에 대한 뿌듯함, 비슷한 일에서 벗어난 경험은 우리 집단의 자존감을 올릴 수 있습니다."

이런 말을 하면 고민을 내어놓은 교사가 덜 쑥스러워하고 뿌듯해합니다. 고민을 이야기했던 자신을 깎아내리지도 않습니다.

◦ 함께할 때 더 커지는 힘 ◦

학교에서 크고 작은 어려움이 지속해서 풀리지 않을 때는 집단이 모여 함께 해결해 보고 지지해 주는 과정이 꼭 필요합니다. 그래야 남에게 어려움을 이야기할 수 있고, 다른 교사를 돕는 과정에서 생겨난 이해와 통찰이 내 어려움을 조금 더 줄여줄 수 있겠죠. 무엇보다, 누군가의 고민을 함께 해결해 가고 좋은 결과를 만드는 데 기여했다고 생각하면 뿌듯함이 커지면서 자존감도 올라갈 수밖에 없습니다. 이는 개인의 자존감뿐 아니라 여기에 참여한 모두의 자존감을 올려주고, 서로가 서로를 지지해 주고 편이 되게 하는 느낌을 안겨 줍니다.

어쩌면 우리 사회, 교사의 자존감은 교사 개인이 해결해야 하는 많은 일로 인해 깎이고 있는지도 모르겠습니다. 집단이 함께 문제를 해결해 가는 그 희열이 교직 사회에 많이 자리 잡길 바랍니다.

"이것저것 다 스트레스,
교사 그만둘래요"

"저는 소질도 없고 잘 가르치지도 못해요. 게다가 이상한 아이들과 학부모를 볼 때면 언제까지 이 일을 계속할 수 있을지 고민이에요. 불편한 일이 한두 개 정도면 감당이 될 텐데, 갈수록 업무가 많아지고… 동시에 여러 업무가 배정되면 얼어붙고 말아요. 교사가 제 적성에 맞는지도 모르겠어요. 상처받을 때마다 그만두고 싶지만, 생계를 생각하면 이러지도 저러지도 못해요."

교사 I에게 학교에서 얼어붙는 상황에 대해 조금 더 물어봤습니다. I는 한숨을 쉬며 답했습니다.

"해야 할 업무로 정신없던 날이었어요. 그날따라 학생들이 교실에서 싸움도 했고, 이전에 있던 학교 폭력 건으로 학부모들과 상담도 해야 했어요. 체험 학습 장소에 예약 전화도 해야 했고… 그 와중에 제 딸이 열이 난다고 병원에 가야 할 것 같다는 어린이집 연락을 받았죠."

이야기를 듣는 이들 모두에게 답답함이 전해졌습니다.

"여러 일이 동시에 생기지 않았으면..."

우선 상황을 은유적으로 재현해 보기로 했습니다. 참여자를 몇 사람 불러내 각각 '업무' '학생' '학교 폭력' '체험 예약' '어린이집(너무 자극될까 봐 '딸'이란 말은 뺐습니다)' 역할을 부여했습니다. 그리고 I에게 그 역할들이 나에게 어떤 말을 하는지, 대사를 한 문장씩 만들어달라고 했습니다. 그러자 I는 '업무'에겐 "실수 없이 처리해야 해", '학생'에겐 "선생님 쟤가 자꾸 저를 괴롭혀요", '학교 폭력'에겐 "왜 저쪽 편을 들고 그래요", '체험 예약'에겐 "이미 예약이 가득 차 있어요", '어린이집'에겐 "어머님, 따님 데리고 병원 가셔야 할 것 같아요"라고 했습니다.

저는 I를 공간 한가운데에 세우고 '업무' '학생' '학교 폭력' '체험 예약' '어린이집'을 주변에 빙 둘러 세우고는 천을 하나씩 나눠주었습니다. 그런 뒤 참여자들에게 천 한쪽 끝을 잡도록 하고, 다른 쪽 끝을 I의 손에 쥐여주었습니다. 그러고는 천을 팽팽하게 잡아당기며 아까 부여받은 대사를 반복해서, 조금씩 크게 말하게 했습니다. "실수 없이 처리해야 해!" "선생님 쟤가 괴롭혀요!" 같은 말이 반복되고 조금씩 커질수록 가운데 서 있는 I의 몸이 움츠러들고 얼어붙기 시작했습니다. 계속해서 "왜 저쪽 편을 들고 그러세요!" "선생님, 예약이 가득 차 있어요! 어쩌죠?" "어머님, 따님 데리고 병원 가셔야 한다니까요!" 등의 대사가 크게 터져나오자, I는 "그만해! 나보고 어쩌라고!!!! 그만해!!!!!" 하면서 잡았던 천들을 놓아버리고 울음을 터뜨렸습니다.

저는 조심스럽게 I를 공간 밖으로 빼내 의자에 앉혔습니다.

"지금 마음이 어떠세요?"

"여러 일이 동시에 생기지 않으면 좋겠어요. 이런 순간이 찾아오면 머리가 아프고 가슴이 터질 것처럼 답답해요."

"온기를 충전하러 가볼까요?"

저는 우선 'I' 역할의 참여자를 조금 전 I가 서 있던 곳에 서게 한 뒤, 다시 천을 연결하고 여러 일들 속에서 얼어붙는 장면을 재현하게 했습니다. 이를 지켜보던 I는 눈물을 흘리기 시작했습니다. 저는 I에게 지금 흘리는 눈물의 의미가 무엇인지, 저렇게 얼어붙은 순간

3장 회복을 위한 심리 교실

이 언제였는지 물어봤습니다. 그러자 I는 자신의 중·고등학생 시절 모습이 떠오른다고 했습니다.

"어릴 땐 풍족하게, 큰 상처 없이 잘살았어요. 그러다 IMF 사태가 터졌는데… 집에 사람들이 찾아와 폭언을 퍼붓고 물건을 부수고, 결국 반지하로 이사하고 전학을 갔어요. 아버지는 사업을 접고 술을 많이 드셨고, 생전 일하지 않던 어머니는 식당에 나가기 시작했죠. 그러면서, 학교 다니며 엄마 대신 어린 동생들 돌보고 집안일도 하고. 부모님은 공무원이나 교사가 되어야 한다면서 성적 압박을 심하게 하셨어요. 전 사고 싶은 거나 하고 싶은 게 있다고 용돈 달라는 말도 쉽게 꺼내지 못했어요. 눈치 보며 살던 그 시절의 답답함이 올라오네요. 그때 가슴 터질 것 같았던 기억, 머리가 지끈지끈 아팠던 기억 들이 떠올랐어요."

"어쩌면 당시의 경험들이 현재 학교에서 벌어지는 여러 일에 패턴처럼 반응하고 있을 수 있어요. 이제, 과거의 얼어붙은 나를 녹이러 가보자고요. 꽁꽁 얼어붙은 나를 녹이려면 강한 열이 필요한데 선생님은 언제 타오르시나요?"

"제가 춤출 때는 달라져요. 활활 타오르죠."

I는 살며시 미소를 지으며, 어릴 때부터 스포츠 댄스 등 이런저런 춤을 배우며 즐겁게 살았는데, 춤으로 먹고살기 힘들다는 부모님 성화에 어느 날 춤을 접었다고 했습니다.

"노래방에 가거나 문화 센터에서 춤 수업을 듣다 보면 기운이 펄 펄 나고 열정적으로 변하게 돼요."

"그럼 온기를 충전하러 가볼까요?"

저는 조명을 좀 어둡게 하고 참여자들을 모두 일으킨 후, 빠른 비트의 음악을 틀어 춤추는 프로그램을 진행했습니다. 파트너를 춤추게 하는 '최면술 놀이', 서로를 바라보며 상대의 춤을 따라 추는 '거울 놀이', 한 사람의 그림자가 되어 춤추는 '그림자 놀이' 등. 미러볼까지 켜고 모두 소리를 지르며 춤을 추었습니다. 그러다 가운데에 I가 주인공이 되도록 공간을 만들고, 모두가 I를 보게 했습니다. I가 춤을 추면 그에 맞춰 모두가 따라 추고, 열광해 주었습니다. I는 괴성(?)을 지르며 미친 듯이 춤을 추었고, 참여자들 모두 그 모습을 따라 하다 보니 광란의 분위기가 조성됐습니다.

"난 강한 사람이고, 열정 가득한 사람이야"

음악이 멈추자 I도, 참여자들도 깔깔 웃었습니다. 저는 모두에게 그대로 있어 달라고 부탁한 뒤, I를 가장자리로 빼냈습니다. 그리고 춤을 정말 열정적으로 췄던 한 참여자에게 'I' 역할을 맡기고 가운데에 세우고는 모두에게 조금 전 상황을 재현해 달라고 했습니다. 저와 I는 함께 그 장면을 지켜봤습니다. 다시 모두를 멈춰놓고 고개를 돌려 I에게 물었습니다.

"자, 저 역동을 만드는 내 모습을 보니까 어때요?"

"참 보기 좋아요. 열정적으로 보이고요."

웃으며 말하는 I에게, 자기 역할의 참여자에게 이름을 붙여주라고 했습니다. 그러자 I는 '열정적인 나'라고 했습니다. 저는 천이 쌓인 곳으로 I를 데려가 '열정적인 나'와 어울리는 천을 골라달라고 했고, I는 붉은색 스팽글 천을 골랐습니다. I에게 말했습니다.

"이 천을 쓰는 순간 따뜻하고 열정 가득한 사람이 되는 겁니다."

그리고 열정이 흘러넘치는 모습으로 서달라고 부탁했습니다.

참여자 모두를 자리로 돌려보내고, 조명을 켰습니다. 그리고 여러 상황에 답답해하는 'I' 역할의 참여자의 어깨에 파란색 천을 씌운 뒤 '얼어붙은 나'라고 이름 지어줬습니다. 고개를 돌려 붉은색 스팽글 천을 두른 '열정적인 나' 역할의 I에게 말했습니다.

"오래전, IMF 사태가 터지면서 힘들었던 상황들이 있었나 봐요. 그래서 원치 않게 책임져야 하거나 어떻게든 해내야 하는 상황이 생기면, 저 '얼어붙은 나'가 등장하는지 몰라요. 알려줘야 해요. 지금은 세상이 달라졌고, 얼어붙지 않아도 된다고요. 가서 녹여주세요."

I는 천천히 다가가 한참 동안 '얼어붙은 나'를 안아줬습니다.

"이제 괜찮아. 힘들어하지 않아도 돼. 그 순간은 다 지나갔어."

저는 다가가 '얼어붙은 나'에게 대사를 만들어줬습니다.

"또 여러 일이 동시에 생기면 어쩌지?"

"동시에 해결하려니까 그래. 한 번에 하나씩 해결해."

"그럼 무엇부터 해결할까? 순서 정하는 데 도움을 줘."

"우선 조퇴를 해. 그리고 어린이집에 전화해. 언제까지 간다고 하고. 그다음 체험 학습 예약을 옆 반 선생님에게 부탁해. 정말 좋은 분이거든. 그러니까 걱정 말고 도움을 요청해."

"나를 미워하지 않을까?"

"절대 그럴 일 없어. 내일 올 때 선생님이 좋아하는 고구마라테 들고 가자. 응?"

이렇게 고민될 만한 내용을 질문으로 만들어 '얼어붙은 나'에게 말하게 하고 I는 '열정적인 나' 입장에서 하나씩 답을 해줬습니다.

"기억해, 한 번에 하나씩. 우선순위를 정해!! 이것만 기억해!"

저는 앞서 I가 교직에 대한 고민을 털어놨던 것도 떠올라 '얼어붙은 나'에게 또 대사를 줬습니다.

"이제 교사 그만둬도 되지 않을까?"

"미쳤어? 내가 도와줄 테니까 몇 가지 일로 그런 생각하지 마."

저는 '열정적인 나' 역할의 I에게 IMF 시기의 어려움을 어떻게 이겨냈는지 물었습니다. I는 어떻게 어렵사리 공부해 교사가 됐는지 말하다 울컥하더니, 한 번 더 '얼어붙은 나'를 안아주었습니다.

이번엔 I 앞에 'IMF'를 세우고, 한 문장씩 따라 말하게 했습니다.

"네가 정말 미워." "네가 아니었으면, 나도 우리 가족도 모두 행복했을 거야." "너 때문에 내 인생이 망가졌다고 생각했어." "하지만 네 덕분에 난 어려움을 이겨낸 사람이 됐어." "그리고 네 덕분에 난 교사가 됐어.""덕분에 매달 봉급도 받게 됐어.""고마워."

말을 마치자, I는 피식 웃으며 편하게 'IMF'를 바라보았습니다.

저는 '업무' '학생' '학교 폭력' '체험 예약' '어린이집' 역할의 참여자를 다시 불러내 I가 이들을 힘 있게 바라보며 문장을 따라 말하게 했습니다.

"난 IMF 사태란 엄청난 일을 이겨낸 사람이야.""넌 아무것도 아니야.""차근차근 하나씩 너를 이겨낼 것이고, 너 또한 내 성장을 위한 거름으로 만들 거야.""이젠 더 널 보고 얼어붙지 않을 거야.""난 강한 사람이고, 열정 가득한 사람이야!"

눈물이 울컥 올라오는 I의 뒤에 자기 역할의 참여자를 세우고 I의 어깨에 손을 올린 후 "나랑 춤추며 이겨내자!"라는 말을 하게 했습니다. 그러자 I가 빵 터졌고 그렇게 심리극은 마무리됐습니다.

⌒ 상처와 힘을 함께 보는 균형적 시각 ⌒

심리극을 마무리하고 참여자들과 서로의 경험을 나누는 '셰어링 sharing' 시간을 가졌습니다. 많은 참여자들이 생각보다 IMF의 영향에 관해 심각하게 이야기했습니다. 교사란 직업을 선택했던 이유로, '생계' '사업 실패' '부모님의 형편' '주변인의 추천' 등 환경적인 요인을 꼽는 분이 많았습니다. 각자 사정은 천차만별이었지만, 그 뒤에는 IMF의 그림자가 짙게 드리운 경우가 많았습니다.

어떤 참여자는 성장하면서 하고 싶던 것을 제대로 하지 못했고, 속마음도 잘 표현할 수 없었다며 눈물을 흘렸습니다. 한편 IMF 때 생겼던 힘든 일들 때문에 괴로운 적 많았는데, 지금 생각하면 IMF로 인해 교사가 됐고 현재의 이 삶이 존재하는 것 같다며 감사하다는 참여자도 있었습니다. 무엇보다, "힘든 일들을 이겨냈기에 강인한 사람"이란 말에서 가슴이 펴지고 고개를 들게 됐다는 참여자가 많았습니다. 저는 I에게 감사 인사를 전했습니다.

"덕분에 우리 모두 마음이 편안해졌고, 함께 조금 더 힘 있는 사람이 될 수 있었어요. 고맙습니다."

참여자 모두를 일으킨 뒤, 두 사람씩 짝지어 서로를 바라보며 이렇게 이야기하게 했습니다.

"우리는 강인한 사람입니다." "힘들었던 삶이 우릴 강하게 만들었습니다." "우리는 이겨낸 사람이고 앞으로도 이겨낼 것이 틀림없습니다." "그러니 고개 숙이지 말고 차근차근 하나씩 해결해 가요." "응원하겠습니다. 그리고 함께하겠습니다."

이렇게 말하고 우리는 서로를 안아주었습니다.

수많은 안타까웠던 일들이 현재의 삶에 연결되고 자존감을 깎아내리는 패턴을 만들곤 합니다. 특히 전 사회적으로 커다란 영향을 미쳤던 충격적인 사건은 동시대의 많은 이들에게 두고두고 크고 작은 트라우마를 남기게 마련입니다. 시간이 지나도 이를 치유하려는 노력은 꼭 필요합니다.

이때 필요한 것은 균형적인 시각입니다. 그 일이 내게 준 상처와 함께 힘과 변화도 살필 수 있어야 하죠. 그 일 때문에 잃게 된 것도 있겠지만, 이를 탓하기보다 현재 내게 생긴 힘을 더 바라보고 애쓴 나를 토닥여주자고요. 내게 과거에 해주지 못했던 즐거운 일을 선물로 주면서, 지금부터라도 나를 열정적으로 만드는 삶을 사시길 바랍니다.

"부탁을 거절하기가
힘들어요"

"사람들에게 좋은 사람으로 보이고 싶은 마음이 커요. 사람들
부탁을 거절하면 저를 불편하게 생각할까 봐 'No'를 잘 하지 못해
요. 그러다 나중에 저만 혼자 일을 하고 있어 속상해하죠. 이런 마
음을 동학년 선생님이나 관리자에게 말하지 못해 괴로워요."

교사 J는 두 손을 다소곳하게 모은 채 심리극으로 다루고 싶은
주제를 조심스레 이야기했습니다. J는 칭찬과 인정을 받으며 좋은
사람으로 보이고 싶은 마음, 무능력한 사람으로 비치는 것에 대한
두려움, 거절하지 못하는 것에 대한 걱정이 컸습니다. 이와 관련해
최근 겪었던 일을 떠올려보라고 하자 J는 이렇게 말했습니다.

3장 회복을 위한 심리 교실

"학교에서 2년간 학교 폭력 업무를 하면서 속상한 일이 많았어요. 그런데 교감 선생님이 그 일을 맡을 사람이 없으니, 저보고 또 해달라는 거예요. 너무 거절하고 싶었지만 그럴 수가 없었어요. 이 괴로운 일을 또 어떻게 해야 하나 싶어 통 잠을 이루지 못해요."

"저 선생님은 착하거든요"

J와 교감 선생님의 대화를 확인하기 위해 '교감' 역할의 참여자를 세우고 대사를 주문했습니다.

"올해도 학폭 맡을 사람이 없네요. 해본 사람이 더 잘할 테니 선생님이 맡아주세요."

당시에 했던 말을 해보라고 하자, J는 쭈뼛거리며 망설였습니다.

"음… 교, 교감선생님…. 음……."

저는 '교감'에게 다시 대사를 주었습니다.

"이번에도 학교 폭력 업무를 해주셔야겠어요! 선생님뿐입니다!"

J는 한숨을 푹 내쉬었습니다.

저는 J에게 '교감' 역할로 들어가 보자고 한 후, 그 앞에 'J' 역할의 참여자를 세웠습니다.

"교감 선생님, 요즘 업무 분장 때문에 고민 많으세요?"

"아… 고민 많지요. 요새 아무도 부장을 희망하지 않아요."

"학교 폭력 관련 업무는요?"

"더 안 하려고 하지요."

"J 선생님이 지난 2년간 학폭 업무를 했다던데, 어떻던가요?"

"힘들 텐데 불평도 없이, 늦은 시간까지 남아서 업무 처리하고…
열심히 하는 선생님이지요."

"이번에도 J 선생님에게 학폭 업무를 부탁한 이유가 있으세요?"

"…아무도 안 하려고 하는데 제가 사정사정하면 해줄 것 같아서
요. 저 선생님은 착하거든요."

저는 고개를 돌려 'J' 역할의 참여자에게 (J가 했던 것처럼) 쭈뼛거
리며 걸어가 두 손을 모으고 말을 얼버무려보라고 했습니다. 'J' 역
할의 참여자가 그렇게 하자, '교감' 역할의 J에게 물었습니다.

"저 모습이 어떻게 보여요?"

"제 눈치를 보는 것 같고, 뭔지 모르지만 제게 권력이 있는 것 같
아요. 조금 더 턱이 올라가요."

이번에는 'J' 역할의 참여자에게 힘 있게 걸어와 '교감' 역할의 J
눈을 바라보며 또렷하게 다음 대사를 해보라고 부탁했습니다.

"저 정말 힘들었습니다. 그런데 또 하라고 하시니까 상처받아요!"

곧바로 '교감' 역할의 J에게 물었습니다.

"저 모습은 어떠세요?"

"강해 보여요. 상처받았다는 말에 더 말하기도 힘들고요. 달래줘
야겠습니다. 더 시키면 안 되겠네요."

"전 엄마의 착한 딸이었어요"

저는 J를 '교감' 역할에서 자기 자신으로 돌아오게 했습니다.

"교감 선생님의 눈으로 자신을 바라보니 어떤 생각이 들었나요?"

"참… 비굴해 보이고 눈치 보는 것 같고 그러네요. 전 그냥 착하게 굴고 싶었고 싫다고 말하기 미안해서 그런 건데…. 상대 입장에선 제가 더 만만해 보이고 자기한테 더 큰 권력이 생기는 것처럼 느껴졌을 것 같아요. 놀랐습니다."

J는 상대가 눈을 바라보며 당당하게 말하자, 진실해 보이고 말하는 대로 해주고 싶은 마음이 들더라면서, 자기도 그렇게 해보고 싶다고 했습니다. 이 말에 저는 '교감' 앞에 J를 세우고 상대의 눈을 바라보며 말해보라고 했습니다. 하지만 몇 번을 해봐도 상대의 눈을 바라보는 것도, 힘 있게 말하는 것도 잘 되지 않았습니다.

하는 수 없이, 모든 상황을 정리하고 J를 의자에 앉혔습니다.

"지금 마음은 어때요?"

"머리로는 알겠는데… 힘 있는 모습을 하기가 참 쉽지 않네요."

"누구 눈치를 그렇게 보는 건가요? 누구에게 착한 사람으로 살아야 했나요?"

그러자, 갑자기 J의 눈에서 눈물이 흘러나왔습니다.

"…전 엄마의 착한 딸이었어요. 여전히 착한 딸로 살고 있어요."

"갑자기 이 생각이 든 이유가 있나요?"

"…저희 엄마는 빈혈이 심하고 우울증도 있어서 줄곧 집에서 생활하셨어요. 제가 놀고 있으면 엄마는 아픈데 신경 쓰인다면서 놀지 못하게 하고, 친구 만나러 나가면 엄마가 아픈데 혼자 재미있게 놀고 왔냐면서 혼내시고 그랬죠. 엄마 옆에서 시중을 들 때면 '네가 나중엔 엄마 역할을 해야 한다'고 하셨어요."

J는 고개를 떨군 채 이야기를 이어갔습니다.

"하루는 엄마가 기분이 좋지 않았던지 집에 있는 약을 몽땅 먹어서 병원에 실려 갔어요. 그다음부터는 엄마 눈치 보고 불안해하면서 살았죠. 아직 결혼하지 않은 것도, 부모님이 계신 지역에서 교사 생활을 하는 것도 다 엄마 때문이에요. 잠깐 여행만 가도 불안하고 죄책감이 올라와요. 다행히 엄마는 많이 좋아졌어요. 아빠가 퇴직하고 엄마를 잘 돌봐주시는데, 그래도 두렵고 힘드네요."

"흠…. 아마 선생님이 들려주신 이야기 외에도 여러 사연과 사정이 있었을 거라 짐작해요. 그 많은 일들이 어쩌면 지금의 걱정 많은 선생님을 만든 것일 수 있겠죠."

"싫어! 싫어!! 싫어!!!"

J는 착한 딸 콤플렉스에 빠져 있는 것 같았습니다.

"이 상태를 벗어나려면 힘들더라도 그동안 못했던 것을 다 해봐

3장 회복을 위한 심리 교실

야 해요. 그래야 덜 눈치 보고 거절도 할 수 있어요. 착한 딸 노릇을 하면서 못했던 것들이 뭐가 있나요? 다 말해보세요."

"하… 수도 없죠. 해외여행도 못 가봤고, 술 마시고 노래방도 가본 적 없어요. 클럽도 한 번쯤 가보고 싶고, 가끔은 소리 지르며 뛰어보고도 싶어요."

"여기서 가상으로라도 해봅시다."

저는 참여자들을 모두 일으켜 세웠습니다.

"여기는 여러분이 어렸을 때 살던 집입니다. 층간 소음 신경 쓰지 말고 소리 지르며 뛰어봅시다."

저는 조명을 어둡게 만들고 음악을 크게 튼 뒤 먼저 마이크에 대고 외쳤습니다.

"뛰어!!!! 소리 질러!!!!"

J를 비롯한 모두가 비명을 지르며 마구 뛰었습니다. 그러는 동안 저는 참여자들에게 "원하는 것 다하며 살 거야!!!!!" "이제 눈치 보지 않아!!!!!!" 등 여러 말을 내뱉게 했습니다.

어느 정도 시간이 지난 뒤, 다시 마이크를 잡고 외쳤습니다.

"이제 이곳은 클럽입니다. 분위기 계속 살려서 누가 뭐라고 하든 말든 멋대로 춤을 춰봅니다!!!"

미러볼 전원을 켜고, 베이스 소리가 강렬한 음악을 틀었습니다. J는 누구의 눈치도 보지 않고 참여자들과 함께 자유롭게 춤을 추었습니다. 그렇게 음악 한 곡이 지나간 후, 조명을 살짝 키웠습니다.

"선생님 노래 하나 불러주세요. 무슨 곡 부르고 싶으세요!!!"

그러자 J는 수줍게 곡 제목을 말했고 저는 유튜브로 해당 곡의 반주를 찾아 틀어주었습니다. 참여자 대부분은 이 노래를 알고 있어서, 처음에는 작게 따라 부르다가 후반부가 될수록 함께 뛰면서 큰 소리로 합창했습니다. 노래가 끝난 뒤, 참여자 모두 두 손을 심장 위에 올리고 제 말을 따라 하게 했습니다.

"저는 말을 삼키고 살았어요." "눈치 보며 살기도 했답니다." "불안해하기도 했어요." "지금은 좀 더 자유로워졌어요." "예전에 하지 못했던 것들을 조금씩 해보며 살 겁니다." "여행도 가고, 소리도 질러보고, 거절도 할 거예요" "싫어!!!" "싫어!!!!!" "싫어!!!!!"

"싫어!"라고 점점 더 크게 말하게 하다가, 이내 조명을 약간 어둡게 만들고 가슴속 깊은 곳에서 "싫어!"라는 말을 입 밖으로 토하게 했습니다. 참여자들이 각자의 속도로 각자의 방식으로 "싫어!"라는 말을 내뱉을 때 저는 마이크를 들고 외쳤습니다.

"학교 폭력 업무, 이번에도 하세요!!!!"

"싫어!!!!!"

"평생 힘든 일 당신들에게 시킬 거야!!! 거절하지 못할걸!!!"

"싫어!!!!!"

이제, 두 명씩 짝을 지은 후 서로를 바라보며 격려의 말을 해주게 했습니다.

"선생님, 정말 잘하셨어요." "우리 함께 거절하며 살아요" "더는 착한 아이로 살지 말고 어른의 모습으로 살아가요." "제가 선생님을 따뜻한 품으로 응원해 드릴게요."

다 말한 후 서로 안아주고, 또 다른 짝을 만나서도 "싫어"라고 말한 데 대해 응원해 주었습니다.

어느 정도 시간이 흘러 상황을 마무리한 뒤, J에게 물었습니다.

"지금 마음은 어떠세요?"

"다 같이 '싫어!!'라고 소리치는 부분에서 속이 다 뻥 뚫렸어요. 즐겁고 기뻐요."

다른 참여자들에게 모두 한 문장씩 지금의 느낌을 이야기해 달라고 했습니다.

"저도 '싫어!'라고 말한 것이 시원하고 좋았어요." "평생 할 '싫어'라는 말을 오늘 다 한 것 같아요." "노래가 상황에 잘 어울렸어요."

여러 이야기들 속에서 에너지가 가득가득 올라왔습니다. 저는 고개를 돌려 J에게 말했습니다.

"선생님 덕에 저도, 여기 있는 모든 분도 이런 순간을 보낼 수 있었어요. 고마워요."

쑥스러워하는 미소를 띤 J의 눈가에 눈물이 살짝 맺혔습니다.

"하고 싶었던 것들, 가상이긴 하지만 막상 해보니 어떠세요?"

"좋았어요."

"자, 가서 눈치 보고 거절하지 못하는 나에게 알려주세요. 어떻게 사는 게 더 좋은 건지."

"착한 아이란 역할을 내려놓을게요"

저는 두 손을 앞으로 모으고 약간 움츠러든 채 있는 'J' 역할의 참여자를 세운 뒤, '거절하지 못하는 착한 아이'라고 이름 붙였습니다. J를 그 앞으로 데려가 한 번 더 "어떻게 사는 게 좋은지 알려주세요"라고 독려했습니다. 그러자 J는 '거절하지 못하는 착한 아이'의 손을 잡고 말했습니다.

"싫다고 외쳐보니까 좋더라. 속이 시원하더라. 너 앞으로 하고 싶은 것 하면서 살아. 고개 들고!!"

재빨리 '교감' 역할의 참여자에게 '거절하지 못하는 착한 아이' 옆에 서서 "2년 연속 학폭 업무 담당했으니까, 이번에도 하세요!"라고 말하게 했습니다. 그리고 '거절하지 못하는 착한 아이'에게 J를 바라보면서 "어려워. 거절 못 하겠어. 어떻게 하는지 보여줘"라고 말하게 했습니다.

"선생님, 보여줍시다! 보여줘야 알지요."

저는 J에게 '교감'을 보고 "싫어요!"라고 따라 하게 했습니다.

"싫어요! 싫어요!!"

몇 번 이렇게 한 뒤, 참여자들 모두를 나오라고 하고 J 뒤에 서서 함께 길게 외치게 했습니다.

"싫어!!!!!!!!!!!!!!!!!!!!"

몇 번이나 그렇게 외친 뒤, J에게 말했습니다.

"이제 의지대로 이야기해 보세요. 심리극 초반에 봤던 두 번째 모습으로 말하고 거절해 보세요."

길게 소리를 지른 뒤라 호흡이 거칠어진 J는 힘 있게 '교감'에게 걸어가 말했습니다.

"선생님, 지난 2년간 얼마나 힘들었는데, 또 하라니요. 너무해요. 싫어요. 싫다고요. 싫어요!!!"

저와 참여자 모두는 잘하고 있다면서 함께 손뼉을 쳐주고 중간중간 함께 "싫어요!!"를 외쳤습니다. J는 '거절하지 못하는 착한 아이'를 보며 "자, 봤지? 이렇게 해!"라며 주먹을 꽉 쥐었습니다.

자리를 정돈하고, J에게 말했습니다.

"이걸로 그치시면 안 됩니다. 성장 과정에 있던 여러 일에 대해 하나씩 상담받으셔야 해요. '거절하지 못하는 착한 아이' 외에 더 많은 모습이, 선생님이 따뜻하게 안아주길 기다리고 있어요. 그리고 무엇보다, 예전에 하지 못한 걸 많이 해보세요."

그러고는 J의 앞에 '엄마' 역할의 참여자와 '아빠' 역할의 참여자를 세우고 J에게 '엄마'의 눈을 보며 이렇게 따라 말하게 했습니다.

"엄마, 저는 엄마의 착한 딸로 살아왔어요." "엄마를 사랑하기 때문에 그랬어요."

그 순간 J의 눈에서 눈물이 주룩 흘러내렸습니다. 계속해서 제 말을 따라 하도록 했습니다.

"이젠 착한 아이 역할을 내려놓고 제 삶을 살아볼게요."

이번에는 고개를 돌려 '아빠'를 바라보게 했습니다.

"아빠, 지금까지는 제가 엄마를 위해 많은 것을 했어요.""아빠가 해야 할 일의 일부를 제가 하고 살았어요.""아빠를 사랑했기 때문에 그랬어요.""이제 제 삶을 살아볼게요."

눈물을 흘리며 '아빠'와 '엄마'를 바라보는 J의 뒤에 남자 참여자한 명을 세웠습니다. J에게 뒤돌아보라고 한 뒤, 앞에 있는 참여자를 '곧 만날 남자친구'라고 말했습니다.

"이제 소개팅부터 해볼게요."

순간, J도 다른 참여자들도 웃음이 터졌습니다.

◠ '거절' 실험해 보기 ◠

우리는 다양한 이유로 '거절하지 못하는 나'로 살곤 합니다. J의 경우에는 가족 내 역동으로 인해 '착한 아이'로 조각된 삶을 살았습니다. 비슷한 사례가 참 많은데요. 가족 중 동생이 심하게 아플 때 동생 돌보는 부모를 덜 힘들게 하기 위해 스스로를 착한 아이로 조각하거나, 부모 중 한 명이 아팠을 때 눈치 보며 착한 아이로 생활할 수밖에 없었다는 이야기로 진행된 심리극도 많았습니다. 착한 아이들은 정말 선한 모습으로 삶을 살지만, 막상 검사를 해보면 마음속에 우울감, 분노가 자리한 경우도 많았습니다. 부모가 원하는 자녀의 모습으로 살며 열심히 공부해 교사란 직업을 택한 경우도 정말 많았습니다. 그 역동에 기인한 여러 일이 현재 학교 내의 인간관계에까지 영향을 주었고요.

이제 하나씩 실험해 보아야 합니다. '거절'이란 실험을 해본 뒤 어떤 일이 발생하는지, 전과 다른 패턴으로 해보고 싶던 것을 해보면서 어떤 일이 발생하는지 관찰해 보자고요. 막상 해보면 당당한 모습으로 속마음을 이야기했을 때 내가 더 원하는 결과를 얻을 수 있고 그로 인해 자존감도 올라간다는 사실을 깨닫게 될 것입니다. 궁극적으로는 나를 내가 원하는 모습으로 조각해 갈 수 있습니다.

"학교에서 종종
욱하게 돼요"

"학생들이 제 통제를 따르지 않아요. 부당한 행동을 하는 학생을 보면 큰 소리로 혼내게 돼요. 업무를 하며 답답함이 올라올 때마다 빈 교실에서 소리를 지르거나 책상을 발로 차 넘어뜨리기도 하고요. 최근에는 교장과 사이가 좋지 않아 스트레스받을 때가 많은데, 교장의 권위적인 모습을 보면 욱하게 돼서 힘들어요."

욱해서 힘들다는 30대 중반의 남자교사 K. 저는 그에게 교장 선생님과의 최근 일부터 다뤄보자고 하고, 한 참여자에게 '교장' 역할을 맡겼습니다. 그 앞에 K를 세운 뒤, 천 하나를 꺼내 각 끝부분을 두 사람이 왼손으로 꽉 쥐게 했습니다. 천이 팽팽해지도록 둘 사이에 거리를 만들고 '교장'에게 한 손을 허리에 올린 채 K의 눈을 노려봐 달라고 했습니다.

이것만으로도 K는 감정이 올라오는 눈치였습니다. 저는 K에게 북과 북채를 주며 말했습니다.

"뭐가 그렇게 선생님을 화나게 했는지 모르지만, 여기서라도 교장에게 하고픈 말을 해보세요."

그러자 K는 감정을 폭발시키더니 북을 내려치기 시작했습니다.

"네가 뭔데 날 그런 눈으로 쳐다봐!" "그런 눈으로 보지 말라고!!!"

순식간에 올라온 감정은 파괴적이었습니다. 저는 말했습니다.

"얼마나 그렇게 말하고 싶었나요! 북에 그 감정을 다 토해내 보세요!!"

"네가 교장이면 친절해야지, 우리를 감싸줘야지! 네가 뭔데 폼이나 잡고!!!" "무능력하고 대접받기만 좋아하지! 꺼져, XX!!"

북을 찢을 듯이 내려치며 씩씩대는 K를 잠깐 안고 다독였습니다.

"잘했어요. 이런 말 하기 쉽지 않았을 텐데, 잘했어요."

"전 왜 그리 화가 났을까요"

이제 K에게 '교장' 역할로 들어가자고 했습니다. "어느 학교 선생님이세요?" "몇 년째 교장으로 근무하고 계세요?" 같은 질문을 던지며 K가 '교장' 역할에 들어가게 한 뒤 이렇게 물었습니다.

"선생님은 어떤 성격이세요? 잘 몰라서 그러는데 알려주세요."

"저야 뭐, 좀 다혈질이기도 하고 사람들 좋아하고. 나름대로 좋은 교장이라 생각하고 있습니다."

"함께 근무하는 K 선생님을 아세요?"

"잘 알죠. 열심히 해요. 행사 준비하며 좀 스트레스받는 것 같지만."

저는 중요한 질문들로 전환해 갔습니다.

"교장 선생님, 혹시 저 K 선생님을 힘들게 하려고 계획하셨어요?"

"네? 아니요."

"혹시 K 선생님을 화나게 하려고 마음먹은 적 있으세요?"

"아니요. 전혀 그렇지 않지요."

"K 선생님이 선생님에게 엄청난 분노를 갖고 있던데, 아세요?"

"정말요? 거 참 이상하네요. 그냥 다른 선생님들 대하듯이 했는데, 이야기도 많이 안 나눠봤어요."

저는 K에게 '교장' 역할에서 빠져나오게 했습니다.

"잠깐 교장 역할을 해보니 어떠셨어요?"

"아이고, 전 왜 그리 교장 선생님에게 화가 났을까요. 선생님은 그냥 그런 사람일 뿐인데…."

"많이들 그러세요. 심리극을 하면서 상대방 역할로 들어가 보면 생각했던 것과 다르게 상대방은 그냥 자기 삶을 사는 것뿐이란 걸 알게 되어 허탈하다고들 하세요."

"누구 때문에 교장에게 대신 화를 내나요?"

"그래도 처음에 북 치면서 말씀하셨던 걸 보면 교장이 좀 무능력하긴 한 것 같은데요. 그러지 않고서야 이렇게 화가 순식간에 올라오진 않죠. 괜찮으니까 우리 같이 뒷담화나 해봐요."

저는 녹색 천 하나를 가지고 와서 K의 어깨에 둘러주고는 이 천이 둘려 있을 땐 '뒷말 하는 나' 역할이 된다고 했습니다. 그리고 참여자 모두에게 투명한 녹색 천을 두르게 한 뒤, 돌아가면서 이번 기회에 자신의 교장에 대한 뒷담화를 하나씩 해보자고 했죠.

"학교를 매번 비워서 짜증 나요." "학교 돌아가는 데 관심이 없어요." "못 먹는 술을 억지로 먹여요." "교직원 여행을 꼭 1박 2일로 가야 한다고 떼 부려요." "잘했단 소리 한 번을 안 해요."

저마다 홀가분한 표정을 지었습니다. K에게 말했습니다.

"선생님 덕분에 우리도 속풀이 좀 했네요. 고맙습니다. 선생님도 불만을 세 가지 정도 말해보세요."

"선생님 몇 분이 업무 때문에 힘들어서 병가를 낼 정도인데 신경도 안 쓰고, 정말 관리자 역할을 제대로 못 해요. 남자 선생님들은 술자리에 부르고, 늘 반말로 이야기하고, 학부모나 손님에게는 친절하면서 선생님들에게는 불친절한 모습을 보다 보면 가끔 화가 올라와요."

"교장 선생님이 무능력한데 폼만 잡고, 밖에선 친절한데 안에선 불친절해 화난다는 거죠?"

"네 맞아요!!! 딱 그거네요!"

"무능력하고 폼 잡고 밖에서 친절한데 안에서 불친절한 주변 사람은 누군가요? 교장 말고 정말 나를 화나게 만들었던 사람은 누구인가요?"

순간 K는 얼굴이 붉어지더니 당황하는 기색이 역력했습니다.

"…아버지요."

"아버지는 어떤 분이셨나요?"

"아버지는… 사업에 실패하고부터는 밖에서 술 마시고 취한 채 들어와 밤이면 어머니와 저희 형제를 때렸어요. 어머니는 보험 일을 하며 저희를 키우셨어요. 아버지가 화투 치고 술 마실 돈 내놓으라며 어머니를 때리면, 어머니도 소리 지르며 싸웠어요. 밤이면 괴로울 때가 많았죠. 저는 다른 가족을 보면서 왜 우리만 불행한가 늘 생각했어요. 당연히 어두워지고, 화도 많아졌어요. 아버진 저를 공부하라고 혼내고, 어머닌 제 성적이 떨어지면 울었어요. 이때 제 자존감이 많이 깎인 듯해요."

"밖에선 친절하고 안에선 불친절한데 무능력한 사람을 보면 적개심이 올라오는 패턴이 그래서 생겼군요. 그때 못 한 말과 욱한 마음을 쏟아내야, 학생이 실수하거나 마음에 안 드는 행동을 해도 너그럽게 봐주고, 주변 사람이 완벽하지 않아도 덜 분개할 수 있어요."

K는 천천히 고개를 끄덕였습니다.

"'술 취한 아버지'를 만나기로 해요"

"어렸을 때 힘들었던 장면을 떠올려보세요. 계속 맴돌면서 나를 화나게 하는 그런 장면 있나요?"

"고등학교 때 어머니가 종일 걸어다니며 일하고 들어왔는데, 아버지가 술에 취해 들어왔어요. 밖에서 사람들에게 무시를 당했다며 어떻게 그럴 수 있냐고, 술을 더 먹겠으니 돈을 내놓으라고 했죠. 어머닌 안 된다고 했고요. 그랬더니 아버지가 어머니 머리채를 잡고 너까지 날 무시하냐며 때렸어요. 어머니도 아버지 머리채를 잡고 차라리 날 죽이라며 비명을 질렀고요. 동생은 옆에서 울고… 저도 말리면서 아버지한테 소리 지르고. 그러자 아버지가 부엌칼을 들고 왔어요. 어머니는 우리를 보호해야겠다 싶었는지, 밖에서 원 없이 술이나 마시고 오라면서 아버지에게 돈을 쥐여줬어요."

이 말을 하는 내내 K는 이를 악물며 화를 참는 게 보였습니다.

"제가 도울 테니, 우리 잠깐 그때로 들어가 봐도 될까요?"

K는 고개를 끄덕였습니다. 보통 참여자들이 있는 곳에서 가족 주제를 다루면 심리극 주인공에게 죄책감이 생기기 때문에, 아버지를 분리해 보기로 했습니다. 참여자 두 명을 불러내, 한 명은 '술 취한 아버지'로, 다른 한 사람은 '좋은 아버지'로 이름 붙였습니다.

"먼저 '술 취한 아버지'를 만나기로 해요. '좋은 아버지'는 이따 만날 시간을 줄 테니까 분리해서 만나기로 해요. 괜찮죠?"

K는 고개를 끄덕였습니다. 저는 조명을 어둡게 만들고 '술 취한 아버지'를 세운 후, 참여자들과 한쪽에 '어머니'가 두 아이를 껴안고 있는 장면을 만들었습니다. J에게 '어머니' 품 안의 한 참여자를 '고등학교 때의 나', 다른 참여자를 '동생'이라고 일러주고, '술 취한 아버지'와 '어머니' 사이에 기다란 검은색 천을 연결하고는 각각 대사를 주었습니다.

"술 내놔!!!!! 술 내놓으라고!!! 밖에서 무시당했는데, 너희들까지 나를 무시해?? 죽여버릴 거야!!!"

"돈 못 줘!!! 이 돈 못 줘!! 어떤 돈인데 내가 줘!! 줄 수 없어!!!"

그렇게 싸우는 상황을 만들었습니다. J에게 물었습니다.

"아버지가 꼼짝 못 하는 사람이 누구인가요?"

"외할아버지요."

'어머니' 옆에 K를 세우고 '외할아버지'로 이름 붙인 후 '어머니'를 가리키며 물었습니다.

"어떤 딸이에요?"

"예쁘고 제 할 일 잘하는 딸이지요."

"보세요. 믿었던 사위가 저렇게 술 취해 딸을 때리고 손에 칼도 쥐고 있는 걸 보니 어떠세요?"

"용서할 수 없어요."

"따님하고 손주들, 구해줄 수 있어요?"

"구해야지요."

"가서 강하게 말할 수 있어요?"

"말해야지요."

'외할아버지' 역할의 K에게 딸, 그러니까 K의 '어머니' 앞에 서게 한 후 천을 쥐여주며 "이 천은 딸이 고생해서 벌어온 돈"이니 빼앗아와야 한다고 했습니다. 그리고 앞에 북을 놓고 북채를 쥐여줬습니다. '술 취한 아버지'에게는 천을 두 손으로 천천히 잡아당기라고 하고 대사를 부여했습니다.

"술 마시게 돈 줘!!! 돈 달라고!! 안 그러면 죽여버린다!!!"

"사위에게 말해주세요. 그만하라고!"

"야!!!!!!!!!!!!!!!!!!!!!"

'외할아버지' 역할의 K는 소리치며 북을 마구 두드렸습니다.

"내 딸이 어떻게 벌어온 돈인데 그걸 내놓으래! 이 못된 놈아!"

그렇게 소리를 지르고 천을 잡아당겨 빼앗고는 '술 취한 아버지'를 공간 밖으로 밀어냈습니다.

"내 딸 인생에서 꺼져! 이 놈아!!"

결국 '술 취한 아버지'의 등을 계속 밀어 문밖으로 내보냈습니다.

"딸도 무서웠겠지만, 어린 손주들이 상처 많이 받았을 거예요. 앞으로 화 많이 내고 스스로 자존감도 깎고 살지 몰라요. 그러니 얼른 가셔서 괜찮다고 해주고 안아주고 달래주세요."

그러자 '외할아버지' 역할의 K는 '어머니'와 '고등학교 때의 나', '동생'을 모두 껴안으며 괜찮다고 다독거렸습니다.

저는 K를 '외할아버지' 역할에서 나오게 한 뒤, 물었습니다.

"이런 일을 겪고서 어떤 사람이 되고 싶었나요?"

"책임감 있는 사람이요. 아버지와 달리 능력 있는 사람이 되고 싶었죠. 저, 술도 마시지 않아요. 대학에 들어가는 것도 힘들었고 임용고시 합격도 힘들었지만, 저는 더 나은 사람이 됐어요."

"'고등학교 때의 나'에게 지금은 힘들지만 나중엔 멋진 사람이 될 테니 걱정 말라고 해주세요."

K는 '고등학교 때의 나'의 눈을 바라보며 말했습니다.

"힘들지? 그래 힘들 거야. 하지만 넌 정말 강한 사람이야. 죽기 살기로 공부해서 남들이 힘들어하는 임용 합격도 해내. 그 과정이 쉽진 않을 거야. 하지만 넌 정말 잘 해낼 거야. 내 말 명심해."

K는 이렇게 말하며 '고등학교 때의 나'의 손을 꽉 잡았습니다.

이번엔 '좋은 아버지' 역할의 참여자를 불러내 옆에 세웠습니다.

"지금의 대단한 사람이 된 건 아버지 때문이기도 하죠. 여전히 고통스럽겠지만, 아버지 때문에 지금의 강한 사람이 된 것이기도 합니다. 이렇게 따라 말해볼까요? '아버지 때문에 힘들어요.' '가슴속에서 화가 올라와요.' '그래서 죽기 살기로 공부했어요.' '아버지와 다른 능력 있는 사람이 되고 싶었거든요.' '전 제가 꿈꾸던 교사가 됐어요.' '아버지 덕분이에요.'"

K는 "아버지 덕분이에요"에서 멈췄습니다. 눈에 슬픔이 올라왔고 다시 입을 꽉 다물었습니다.

"아버지를 분리해 바라보세요. '술 취한 아버지'도 있겠지만, 앞에 있는 아버지는 다른 아버지라고 생각하고 바라보면 어떨까요. 한번 말해볼까요? '아버지 덕분이에요.'"

그러자, K는 "으아아아아아아!!!!!!!!!!" 하며 길게 소리치더니 이내 흐느꼈습니다.

"싫어요…. 싫어요…. 인정하기 싫어요…….."

"맞아요. 정말 힘들 거예요. 그래도 이 말을 한 다음 어떤 일이 벌어질지 실험해 봅시다."

심호흡을 하고서 K는 겨우 "아버지 덕분이에요"라고 말하고는 눈물을 흘리기 시작했습니다.

"그 말을 하고 난 뒤 마음이 어떤가요?"

"뭔지 잘 모르겠지만, 가슴속에 꽉 찬 화가 내려가는 것 같아요."

"'좋은 아버지'와는 뭘 하고 싶으세요? 오래전부터 하고 싶던 걸 생각해 보세요."

"…놀이공원이요. 다른 사람들은 가족끼리 놀이공원에 가서 재미있게 놀기도 하는 것 같은데, 저는 그러지 못했거든요. 소원이에요."

저는 참여자들과 함께 가상의 놀이공원을 만들었습니다. 음악을 틀고 천에 K를 태우고 미끄러지듯이 달리며 'T-익스프레스'라 이름 붙이기도 하고, 서바이벌 게임도 하고, 천을 깔아놓고 식사를 하는 가족끼리의 오붓한 시간도 연출했습니다. '아버지' '어머니' '동생' 역할의 참여자와 함께 오순도순 함께 앉아 있던 그 순간, K에게 '아버지' 역할을 맡겼습니다.

"뭐가 그렇게 화가 나셨어요? 왜 무시당한 것 같다며 울컥하셨어요? 어떤 삶을 살아왔어요?"

"어머니가 결혼하지 않고 저를 낳아, 전 아버지가 없어요. 그 탓에 무시받고 놀림당하며 살았죠. 그래도 열심히 살았는데, 친구 보증을 서줬다가 그만 저까지 쫄딱 망했어요. 정말 화나고 억울해요."

"그래서 술 마셨어요?"

"네."

"자식들이 힘들어했던 것 아세요?"

"네."

"지금이라도 미안하다고 해주세요."

'아버지' 역할의 K는 자기 역할의 참여자와 '동생' 역할의 참여자를 바라보며 말했습니다.

"미안하다. 내가 못나서. 미안하다고 생각만 했지 말을 못 했구나. 미안하다. 우리 아들들."

'아버지' 역할의 K의 흐느낌이 잦아든 후, K를 '아버지'에서 '고등학교 때의 나'로 들어가게 했습니다. 그리고 '아버지'의 사과를 듣게 했습니다. 그 말을 듣는 K의 눈에서 눈물이 흘러내렸습니다.

"당신은 제 아버지가 아닙니다"

자리를 정리하면서 K에게 어떤 생각이 들었는지 물어봤습니다.

"평소 해보지 않던 생각을 하게 됐어요. 아버지가 처음부터 나쁜 사람은 아니었던 것 같아요."

저는 초반에 K가 이야기했던 고민을 꺼냈습니다.

"학생이 통제를 따르지 않은 데 대한 화는, 이미 힘든 일을 많이 겪은 자신을 주변 모든 사람이 더 힘들게 하지 않았으면 하는 마음에서 왔을 수 있어요. 아버지와의 일로 부당한 일에 더 민감해졌을 거고, 오래전부터 쌓인 화로 조금만 답답해도 책상을 발로 차는 등 충동적으로 행동한 거고요. 지금은 책상이지만 나중엔 가까운 누군가에게 폭력적으로 굴 수 있어요. 또 유독 선생님이 교장에게 민감한 건 교장에게 '학교의 아빠'라는 역할을 투사했기 때문이기도 해요."

K는 제 말을 유심히 듣는 눈치였습니다.

"이 흐름을 알게 되면 훨씬 더 마음을 잘 다스릴 수 있게 되고, 사람들을 좀 더 너그럽게 볼 수 있어요. 오늘 심리극 마친 다음에도 심리 치료나 개인 상담을 지속해서 받아보셨으면 해요."

마지막으로, K 앞에 '교장'과 '아버지'를 세웠습니다. K에게 '교장'을 보며 말하게 했습니다.

"당신은 제 교장 선생님입니다. 당신은 제 아버지가 아닙니다."

다시 고개를 돌려 '아버지'를 바라보며 말하게 했습니다.

"당신은 제 아버지입니다. 저는 당신의 아들입니다."

다시 고개를 돌려 '교장'을 바라보게 한 뒤 한 문장씩 따라 말하도록 했습니다.

"당신은 제 아버지가 아니라 교장 선생님입니다. 당신이 아버지가 아닌, 교장 선생님임을 기억하겠습니다. 당신 위치에서 일하는 교장 선생님일 뿐입니다. 저는 당신의 아들이 아니라 함께 근무하는 교사일 뿐입니다. 이제 아버지를 투사하는 일을 내려놓겠습니다."

이렇게 말한 뒤, K는 마음이 편안해졌다고 했습니다.

⌒ 시간이 지날수록 맑아지는 진흙물처럼 ⌒

심리극을 하다 보니, 부모 사이가 좋지 않아 눈치 보고 살아왔다는 교사들이 정말 많았습니다. 일부는 K처럼 욱하는 반응을 보이기도 했고, 일부는 '착한 아이'의 모습으로 잘 거절하지 못하고 수동적인 삶을 살기도 했습니다. 첫째가 대결하면 둘째가 달래는 등 다양한 가족 내 역할과 역동이 삶을 구조화시켰고, 교사들을 조각했습니다. 그 경험이 현재의 주변 누군가를 투사해 바라보게 하고, 여러 사건 가운데 또 다른 상처를 받게도 하면서, 교사들은 스스로를 깎아내리고 속상해하곤 했습니다.

'과거의 상처로 내 삶이 힘들었다. 손해 보며 살았다'고만 생각하다가 어느 순간 '과거의 상처로 현재의 내 능력과 힘이 생겼다'는 것을 인정하기는 참 힘든 일입니다. 내게 상처 줬던 사람을 잘 살펴보니 그도 상처받은 사람이었다는 사실을 인정하는 것 역시 쉽지 않은 일이죠. 이 모든 것은 우리의 마음과 삶을 뒤흔들어 놓습니다.

그러나 온통 탁하던 진흙물도 시간이 지나면 흙이 가라앉고 맑은 층이 생기듯이 워크숍이든 상담이든 나를 고요하게 해주는 치유의 시간이 지나면 삶이 훨씬 평온해질 거라는 사실을 믿고 조금 더 가슴을 열길 바랍니다.

또 하나, 과거란 백 번 생각한다고 해서 바뀌는 게 아니잖아요. 우리가 바꿀 수 있는 건 현재와 미래뿐임을 기억하면서 고통의 대물림을 멈출 수 있도록 불편한 감정을 조금씩 빼내고, 과거보다 조금 더 행복하게 살기로 결심해 보자고요.

"승진을 안 하면
안 되는 걸까요"

"마흔이 넘어 어느새 중견 교사가 됐어요. 제 친구들은 승진 준비도 하지 않고 뭐 했냐면서 저에게 헛살았다고 해요. 지금이라도 점수 관리를 하라고요. 나중에 자기들이 교장, 교감 돼 있을 때 평교사 하고 있으면 얼마나 쪽팔리겠냐고도 하고요. 이런 말 들으면 쪼그라들기도 하고, 괜찮다고 애써 말해보기도 하고. 한편으로는 지금이라도 승진 준비를 할까 싶기도 해요."

'자존감'을 주제로 진행된 워크숍에서 심리극 주인공이 된 L은 승진과 관련된 주변 사람들의 피드백 때문에 가끔 속상해지고 인생 헛살고 있는 건가 싶다며 고민을 털어놨습니다.

"심리극으로 도움받고 싶은 게 뭔가요?"

"어떤 삶을 살아야 제가 더 행복할지 모르겠어요."

"그럼 실패자가 되는 건가요?"

"선생님에게 자꾸 승진하라고 하는 친구 세 명을 떠올려보세요."

그 뒤, 참여자 세 명에게 각각 '친구 1' '친구 2' '친구 3'이란 이름을 붙여주었습니다.

"저 세 명이 선생님한테 뭐라고 하는지 대사를 만들어주세요."

그러자 L은 '친구 1'에게 "너 인생 헛산 것 아니야?"를, '친구 2'에게 "지금까지 승진 준비 안 하고 뭐 했니?"를, '친구 3'에게 "너 나중에 쪽팔린다. 그러다 실패자 돼!"라는 대사를 부여했습니다. 저는 L에게 세 개의 천 한쪽 끝을 꽉 잡도록 한 뒤, 각 천의 반대쪽 끝을 '친구 1' '친구 2' '친구 3'의 손에 쥐어줬습니다. 그리고 '친구 1' '친구 2' '친구 3'에게 각자 부여받은 대사를 조금씩 더 크게 반복적으로 내뱉게 하고, 천을 잡아당겼다 풀면서 계속 자극을 주도록 했습니다.

저는 그 말을 듣고 있는 L을 관찰했습니다. 보통은 이렇게 강한 자극을 주면 슬픔이나 화가 올라오게 마련인데, L은 이 세 사람을 처연한 눈빛으로 바라보는 게 좀 특별하게 느껴졌습니다.

"지금 느낌은 어때요?"

"좀 답답하고, 혼란스러워요. 그리고 저 친구들이 다들 애쓰고 있는 것 같아요."

저는 L에게 '친구 1' 역할을 맡기고, 'L' 역할의 참여자를 가리키며 물었습니다.

"저분은 어떤 분인가요?"

"열심히 사는 사람이죠. 이곳저곳 다니며 많은 것을 배우고, 아이들하고 잘살고 있어요."

"저분에게 인생 헛산 것 아니냐고 하시던데 무슨 뜻인가요?"

"저렇게 능력 있고 할 줄 아는 게 많으면서 승진 점수를 모으지 않은 걸 보니 답답해서 그랬죠."

"본인은 어떤 이유로 승진하려고 마음먹었나요?"

"저는 남들보다 뒤처지는 게 아주 싫거든요. 남들이 저보다 빨리 승진하고 잘되면 제가 부족한 것 같잖아요? 남들이 관리하니까 저도 관리하게 됐고. 시작했으니까 더 나은 결과를 받아야죠."

"그래서 점수는 많이 모았어요?"

"네, 그럼요."

"점수 대신 내려놓아야 하는 것에는 무엇이 있었나요?"

"음…… 애들? 제 시간? 남보다 애쓰며 살아온 것 같네요."

L을 '친구 1'에서 '친구 2' 역할로 들어가게 한 뒤, 계속해서 비슷한 질문을 던졌습니다.

3장 회복을 위한 심리 교실

"어떤 이유로 '승진 준비 안 하고 뭐 했니'라고 물어봤나요?"

"저 친구는 승진하면 잘할 것 같아서요. 능력 있고 뛰어나고. 자기 관리 잘하거든요."

"본인은 어떤 이유로 승진을 생각했나요?"

"음… 제 딸이 나중에 결혼할 때, 그래도 제가 직함은 있어야겠더라고요. 결혼식장에 몇 번 다녀온 다음에 그런 생각이 들었어요."

이번엔 L을 '친구 2'에서 '친구 3' 역할로 들어가게 했습니다.

"아니, 왜 L에게 쪽팔릴 거라고 말씀하셨어요?"

"생각해 보세요. 나중에 친구가 같은 학교에 교감이나 교장으로 왔는데, 자기는 여전히 평교사로 있으면 그게 쪽팔리지 않겠어요?"

"그럼 실패자가 되는 건가요?"

"……."

저는 L을 '친구 3'에서 나오게 한 뒤, 친구 1, 2, 3의 말을 듣고 어떤 생각이 들었는지 참여자들에게 한 문장으로 말해보도록 했습니다.

"저도 비슷한 고민을 할 때가 있었어요.""무엇이 옳은 길인지 모르겠어요.""저도 친구 3처럼 말해본 적 있어요."

"얻은 건 여유, 놓친 건 명예"

"승진한 이들에겐 승진해야겠다는 동기가 있습니다. 어떤 사건이나 일, 때론 감정이 승진해야겠단 생각을 만들고 행동을 취하게 하죠. 이 세 분처럼 승진한 분들은 동기가 있었을 거라 생각해요."

저는 L을 바라보면서 말했습니다.

"선생님이 승진 점수를 모으겠다는 선택을 했다면, 그 출발점은 아마도 친구들의 피드백에서 온 불안함과 수치심일지도 모릅니다."

그러자 L은 천천히 고개를 끄덕였습니다. 저는 막연한 고민만 하는 대신 '승진'한 삶을 살아보자고 제안했습니다. 가상일지언정 점수를 모아가는 과정, 교감·교장 등 관리자 역할을 수행하는 과정을 거치다 보면 답이 찾아올 수도 있을 테니까요.

가운데 공간에 의자 두 개를 놓고 미래로 가보았습니다.

"먼 미래의 내 모습으로 현재의 나를 바라보는 건 고민 해결에 도움이 됩니다. 왼쪽, 오른쪽 의자 중에서 하나를 골라보세요."

왼쪽 의자를 고른 L에게, 저는 그 의자에 앉아서 제 질문에 답해 보라고 요청했습니다.

"여긴 하늘나라입니다. 교감, 교장 다 하고 죽어서 이곳에 왔어요. 지금 느낌이 어떠세요?"

"벌써요? 더 살다 오고 싶은데요."

그 말에 우리는 모두 잠깐 함께 웃었습니다. 저는 반대쪽에 'L' 역할의 참여자를 세운 뒤 그 사람을 가리키며 말했습니다.

"저 사람은 승진을 고민하는 '과거의 나'입니다. 저땐 고민될 수밖에 없어요. 그러니, 살아본 경험을 들려주는 건 큰 도움이 되죠.

장·단점을 다 알려주셔야 해요. 먼저, 뭐가 좋았는지 알려주세요."

그러곤 "L아, 내가 살아 보니!"라는 말로 시작해 보라고 했습니다.

"L아, 내가 살아 보니, 사람들에게 존경받고 참 좋아. 나이 먹고 늙어서도 다들 교장 선생님, 교장 선생님 하고 인사하면서 대우도 해주더라. 교장 되려는 사람이 하도 많아서 쉽지 않았는데 그거 다 이겨내고 되니까 좋더구먼. 그러니까 승진해!!!"

"힘들었던 것도 말해주세요. 말리고 싶다면 그 이유도요."

"이거 쉽지 않아. 교무 하면서 학교에 걸려온 민원전화 다 받고 아침 일찍 나와서 업무도 하고. 고생해서 교감이 되고 나니 할 일은 엄청나고… 회의하고 업무 분장 설득하러 다녀야 하고, 근데 내 편이 없어. 교장 되면 정말 좋을 줄 알았는데 그것도 아니야. 세상이 달라져서 학부모가 교장실에 들어와 소리를 지르지 않나 젊은 교사들은 말도 안 듣고 참…."

"자, 그럼 이제 정리해서 얻은 것과 놓친 것을 일러주세요.

"얻은 건 명예, 놓친 건 내 삶의 일부."

이제는 L에게 좀 떨어진 오른쪽 의자에 앉아보라고 했습니다.

"선생님, 교사로 아이들 옆에 있다가 죽어서 이곳에 왔어요. 지금 느낌이 어떠세요?"

"여한이 없지요. 재미있었어요."

저는 'L' 역할의 참여자를 가리키며 말했습니다.

"저 사람은 승진을 고민하는 '과거의 나'입니다. 선생님이 승진하지 않고 살아오면서 좋았던 것을 알려주세요. 고민 덜 하게요."

"하고픈 것 하며 살아 좋았어. 예쁜 애들하고 하루하루 살아가는 게 축복이었지. 갈수록 힘들었지만 그래도 좋은 아이들 많고, 지지해 주는 학부모도 많았어. 뭐, 승진 같은 것 하지 마. 옆에서 보니까 교감, 교장도 할 짓이 못 돼. 엄청나게 고생해. 퇴직하고 나서 외롭고. 가정을 잘 챙기는 사람도 있지만, 아무래도 학교에 얽매여 있으니 쉽지 않더라고. 난 방학이면 여행도 가고, 마음 맞는 사람들하고 편하게 수다 떨고 시간 보내고. 제자들도 많아서 뿌듯해!"

"승진하지 않아서 좀 아쉽고 안 좋았던 것도 말해주세요."

"봉급이 교장에 비해 적어. 교장 된 친구들 보니까 나보다 훨씬 많이 받더라고. 친구들 모임 때도 승진했다고 좀 구시렁대긴 해. 그런데 그것도 우리끼리야. 늙으니까 하나둘씩 가고 나도 친구들도 알아봐 주는 사람이 없어서 좀 허무하더라고. 그래도 친구들이 어디 다닐 때 사람들이 '교장 선생님' 하고 불러주는 건 참 좋아 보였어."

"자, 그럼 이제 정리해서 얻은 것과 놓친 것을 일러주세요.

"얻은 건 여유, 놓친 건 명예."

⌒ "그야 제 옷이 가장 잘 맞지요!" ⌒

저는 L을 처음 자리로 오게 한 뒤, 물었습니다.

"승진한 삶과 평교사로서의 삶을 모두 살고 난 뒤, 죽은 사람으로 현재의 삶과 앞으로 살아갈 삶을 바라보니까 어떤 느낌이 드세요?"

"하하, 둘 다 장·단점이 있었네요."

이번엔 한 참여자를 왼쪽 의자에 앉히고 '교장으로 살고 죽은 미래의 나' 역할을 주고, 다른 참여자를 오른쪽 의자에 앉힌 뒤 '교사로 살고 죽은 미래의 나'라는 역할을 주었습니다. 그리고 이들에게 앞서 L이 각 자리에서 말했던 '좋았던 것들'을 열심히 말해달라고 했습니다. L에게는 양쪽 이야기를 함께 들으면서, 끌리는 쪽으로 가 손을 잡아보라고 했습니다. L은 어렵다며 고개를 절레절레 흔들었습니다. 저는 계속해서 의자에 앉은 참여자들에게 이곳이 더 좋다고 어필하라고 했습니다.

약간의 시간이 지난 뒤 L은 천천히 일어나 한참을 망설이다가 오른쪽 의자 쪽으로 걸어가 '교사로 살고 죽은 미래의 나'의 손을 잡았습니다. 저는 다가가 그 손을 잡은 특별한 이유가 있는지 물었습니다.

"승진도 매력적이지만, 저는 제자가 더 생긴다는 말에 끌렸어요. 그리고 친구들만 승진에 대해 이야기를 하지, 더 많은 시간 함께 살아가는 제 가족이나 동료 들은 그런 말을 하지 않거든요."

"지금까지 어떤 생각이 드셨나요?"

"승진이 중요하다고 생각했는데, 사실 퇴임 뒤에 더 많은 나날을 살아가야 한다는 것도 함께 알게 됐어요. 오늘의 선택이 나중에 어떻게 바뀔지 모르지만, 일단 마음이 좀 편해졌습니다."

이제 참여자들에게 이 심리극으로 알게 된 것이나 들었던 생각을 한 문장씩 말해보도록 했습니다. 그러자 "승진은 쉬운 문제가 아니다" "승진을 넘어 퇴직 후의 삶까지 생각할 수 있었다" "승진한 분들도 나름의 어려움이 있는 걸 알게 됐다" "그 과정이 외롭겠다" "승진이 꺼린다" "승진하기보다 소소한 삶을 살고 싶다" 등 다양한 이야기가 나왔습니다.

저는 참여자들 몇몇에게 외투를 잠깐 벗어달라고 부탁했습니다. 그리고 L에게 이 외투들을 하나씩 입어달라고 했습니다. 어떤 옷은 헐렁하고, 어떤 옷은 딱 맞고, 어떤 옷은 작아서 입기 힘들었습니다.

"내게 편한 이 옷이 상대방에게도 맞는 건 아니죠. 어쩌면 선생님 친구들은 자기에게 맞는 옷을 벗어 선생님에게 준 건 아닌지 돌아보면 좋겠습니다. 선생님에게 맞는 옷은 무엇인가요?"

"그야 제 옷이 가장 잘 맞지요!"

L은 웃으며 답했습니다.

◠ 원하는 것을 선택하고, 그 선택을 존중받고 ◠

승진과 관련된 심리극은 정말 다양한 스토리로 진행된 적이 많았습니다. 교무부장과 교감의 삶을 가상으로나마 살아보도록 좀 더

긴 시간 승진 과정을 밟아가 보는 심리극, 승진하기 위해 열심히 일하는 나를 어린 자녀의 눈으로 바라보는 심리극, 교장을 하면서 함께 근무했던 선생님들과 역할을 바꿔 관리자인 자신이 어떻게 보이는지 진행됐던 심리극도 있었죠. 각자 승진에 대한 출발점과 욕구가 달랐기 때문입니다.

승진 관련 심리극을 할 때면, 엄청난 고통을 참고 어려움을 이겨내는 교무부장, 교감, 교장 선생님을 만납니다. 그걸 본 뒤, 승진을 위해 걸어가는 수많은 사람을 더 존중하게 되고 그분들께 감사하는 마음을 갖게 됩니다.

또한 승진해야 자존감이 올라가는 선생님이 있는 반면, 승진 과정에서 도리어 자존감이 깎이는 선생님도 있다는 것을 알게 됩니다. 결과적으로, 누군가와 자신을 비교하며 경쟁하기보다는 '내 선택과 내가 가는 길을 얼마나 믿느냐'가 자존감과 연결됨을 알 수 있었습니다. 무엇을 선택하든, 원하는 것을 해내고 그 선택을 존중받는 게 자존감을 높이는 데 중요하다는 것입니다.

"무기력해서
아무것도 하기 싫어요"

"요새 아무것도 하기가 싫어요. 퇴근하고 스마트폰으로 유튜브와 게임만 계속하다 의무감으로 출근해요. 제 할 일을 미루고 또 미루며 자책하고, 그러다 우울해지면 스마트폰을 집어 들어요. 자신감이 생기지 않고, 위축되고, 사람들 속에 있는 게 불편해요."

교사 M의 얼굴과 몸에서 깊은 우울감이 보였습니다. M은 워크숍 내내 위축된 채 생기가 없었습니다.

"요새 많이 우울하세요?"

"네."

"최근 우울하게 지냈던 장면을 떠올려보시겠어요?"

그러자 M은 종일 침대에서 스마트폰 게임을 하면서 누워 있던 주말에 대해 이야기해 주었습니다. 저는 상황을 재연해 보자고 하고, 바닥에 천을 깐 다음 M에게 그 장면을 그대로 보여달라고 했습니다. 그러자 M은 누운 채 무표정으로 한동안 스마트폰을 바라봤습니다. 저는 한 참여자를 불러내 '우울감'이라고 명명하고 누워 있는 M을 꽉 껴안게 했습니다.

"'우울감'과 함께 이렇게 누워 있으니 어때요?"

"나쁘지 않아요. 편해요."

저는 '우울감'에게 스마트폰 보는 걸 방해하진 말고 M을 더 꽉 끌어안으라고 했습니다.

"불편하진 않아요. 뭔가 익숙하고. 얘가 있으니 외롭지 않네요."

"상황을 보여줘서 고맙습니다. 이제 역할에서 나와 의자에 앉으세요."

그러곤 한 참여자에게 'M' 역할을 맡긴 뒤, 우울감과 한 몸이 된 조금 전 상황을 재현해 달라고 했습니다. 의자에 앉아 이 모습을 지켜보는 M에게 물었습니다.

"최근의 내 모습을 보니까 어때요?"

M은 여전히 무표정한 얼굴로 한숨을 약간 내쉬었습니다.

"옆에서 보니, 참 답답하네요. 뭔가 하긴 해야겠죠?"

"그럼요, 조금씩 변화를 만들어보기로 해요. 이제 선생님은 '우울감' 역할이에요."

"부모님은 제가 창피하다고 했어요"

자리를 배치하고 '우울감' 역할의 M에게 물었습니다.

"넌 이름이 뭐야?"

"얘의 우울감입니다."

"네 역할이 뭐야?"

"쟤를 외롭지 않도록 옆에서 함께해 주는 거요."

"그래. 넌 언제 등장했니?"

'우울감' 역할의 M은 한동안 생각하더니 답했습니다.

"쟤가 임용 삼수하는 동안요."

"그래, 삼수 때 어떤 일이 있었길래 네가 이렇게 커졌어?"

"얘는 정말 정말 외롭게 공부했어요. 친구들도 안 만나고, 인강 듣고, 독서실에서 혼자 많은 시간을 보냈어요. 부모님에게 꾸중도 많이 들었어요. 너 정도면 SKY는 갈 줄 알았는데, 대학도 재수해서 겨우 들어가더니 임용도 계속 떨어져서 창피하다고요."

M을 '우울감'에서 나오게 한 뒤, 이야기를 조금 더 들었습니다.

"저는 중학교 때까진 성적이 높아 집에서 칭찬도 많이 듣고 사랑도 많이 받았어요. 그런데 특목고에 갔더니, 성적이 잘 안 나오더라고요. 부모님은… 성적이 떨어지면 꾸중하고, 성적이 좋을 때만 웃어줬어요. 'SKY 정도는 가야 한다'고 수백 번을 이야기했는데, 그럴 성적이 안 됐어요. 결국 재수하면서 울기도 많이 울고 눈치도 많이 봤고, 원하던 대학에도 못 갔어요. 그렇게 교대에 가게 됐고 나중에 임용고시에 붙으면 분가하고 경제적으로도 독립하려 했는데 일이 안 풀리더라고요. 끝내 임고 삼수를 했어요. 친구들의 잘 지내는 모습이 SNS에 올라오는 걸 보면 자괴감이 들더라고요. 부모님은 제가 창피하다면서 명절 때도 공부나 하라고 절 독서실에 보냈어요."

이야기 내내 M은 눈물을 흘렸습니다. 그동안 얼마나 애쓰고 살았냐며 저는 M을 다독여주었습니다.

"외롭고 무기력한 과거의 나를 달래주세요"

"잠깐 삼수 시절로 들어갈 텐데 괜찮으시겠어요?"

"네, 괜찮아요."

저는 M과 함께 공간 가장자리를 천천히 걸었습니다.

"이렇게 천천히 걸어가는 건 조금씩 과거로 들어가는 것이기도 해요. 다시 그 시절로 가는 것이 조금 힘들 수 있겠지만, 그곳에서 작은 변화를 만들어 보자고요."

그러고는 M을 조명 아래쪽에 앉혔습니다. 다른 불은 모두 끄고 조명을 어둡게 해서 M만 조금 비치게 한 뒤, 잔잔하면서도 슬픈 음악 한 곡을 재생했습니다. 그리고 M에게 독백을 하게 했습니다.

"여기서 탈출하고 싶어. 내 편은 없어. 외롭고 또 외로워."

M을 빠져나오게 한 뒤, 심리극 시작할 때 처음으로 앉았던 의자에 앉게 했습니다. 그리고 한 참여자에게 '삼수하던 나' 역할을 부여하고, 좀 전의 그 독백을 다시 해달라고 부탁했습니다.

"선생님, 저 모습이 어떻게 보이세요?"

"휴… 너무 외롭고 힘들어 보여요."

한 참여자를 '삼수하던 나' 뒤쪽에 세우고, 둘이서 천의 각 끝을 잡게 해 서로 연결했습니다.

"'삼수하던 나' 뒤의 이 사람은 '엄마'입니다. '엄마'는 말하죠. '너 때문에 창피해서 못 살아.'"

그러고는 M의 옆으로 돌아와 말했습니다.

"현재의 우울감은 입시 재수랑 임용고시 삼수에서 기인했다고 볼 수도 있지만, 실은 엄마와의 관계에서 온 거라 봐야 합니다. 어려운 시기에 '힘들지? 엄마가 도와줄 건 없을까? 애쓴다 우리 딸' 같은 말을 들었다면 이렇게까지 힘들진 않았을 거라 봅니다."

M은 고개를 떨구었습니다.

"이렇게 외롭고 슬픈 나는 무엇의 위로를 받았나요?"

"스마트폰이요."

"어쩌면 그런 기억 때문에, 사람들 사이에서 에너지를 얻기보다 스마트폰으로 힘을 충전하려는지 몰라요. 외롭고 무기력한 과거의 나를 달래주려면, 먼저 신나고 생명력 가득한 경험을 해야 해요."

M이 고개를 끄덕이자 조명을 모두 밝게 켰습니다.

3장 회복을 위한 심리 교실

⌒ "사람들이 참 따뜻해요" ⌒

저는 참여자들과 함께 여러 놀이를 진행했습니다. 두 명씩 짝지어 한 사람이 다른 사람의 몸을 조정해 뛰고 달리는 역동적인 최면술 놀이, 서로의 동작을 따라 움직이는 거울 놀이와 그림자 놀이, 몸을 털고 뛰면서 몸에 붙어 있는 무력감과 우울감을 떨치고 소리 지르는 셰이킹 놀이 등. M과 참여자 모두 호흡이 거칠어지고 땀이 흘러내렸습니다. 얼굴이 상기된 M에게 다가가 물었습니다.

"지금 상태는 어때요?"

"와, 엄청 숨차요."

"혼자 놀 때가 재미있어요, 아니면 이렇게 여러 사람과 함께 놀때가 재미있어요?"

"함께 노니까 더 재미있네요."

전 몇 명에게 M의 어깨에 손을 올리고 이렇게 말하게 했습니다.

"저희는 당신 같은 좋은 사람이랍니다. 괜찮으니 앞으로도 함께 놀아요. 저도 선생님과 함께였기에 더 즐거웠어요. 고맙습니다."

M도 "네, 그렇게 해볼게요"라고 답했습니다.

"선생님, 지금의 본인 상태에 이름을 붙여주시겠어요?"

"음… '(사람들 속에서) 즐거운 나'요."

전 황금색 공단을 꺼내 M의 어깨에 씌우며, '즐거운 나'가 되어보라고 했습니다. 조명을 어둡게 하고 '삼수하던 나'를 다시 독백 자세로 만들고는 '즐거운 나' 역할의 M에게 말했습니다.

"선생님, 가서 고개 숙인 '삼수하던 나'에게 알려주세요. 외로워하지 말라고, 나중에 어떤 사람이 될 거라고, 스마트폰 말고 다른 걸 더 만나라고. 따뜻하게 안아주고 다독여주세요."

M은 '삼수하던 나'를 일으켜 세우고 천천히 이야기했습니다.

"정말 힘들지? 하지만 넌 끝내 해낼 거야. 그러니까 너무 고개 숙이지 말고 힘내. 나 봐. 멋지지? 나중에 넌 꼭 이런 순간들을 만나게 될 거야."

그러고는 한동안 '삼수하던 나'를 안아주고 등을 토닥여주었습니다. 약간 시간이 지난 뒤, M 어깨의 황금색 공단을 풀고 '삼수하던 나'로 들어가게 했습니다. 그리고 참여자 중 온화한 미소를 지니고 밝은 에너지가 가득한 분을 초대해 'M' 역할을 맡긴 후, 조금 전 그 말을 '삼수하던 나' 역할의 M에게 해달라고 했습니다.

"너 해낸다. 너 임용 합격해서 이 생활 끝난다. 그러니까 너무 고개 숙이지 마. 자, 내 얼굴 봐. 완전 멋지지? 완전 예쁘지? 이게 너야!! 사람들 속에서 생긴 표정이라고. 이거 기억하면서 임용 합격한 뒤엔 사람들하고 재미있는 것 하며 함께 살자. 내가 안아줄게."

저는 참여자들을 보며 말했습니다.

"혹시 대학 입시나 임용고시 재수하면서 외로웠던 경험이 있는 분은 나와서 함께 안아주세요. 어쩌면 여러분의 과거일 수도 있어요. 더는 이 선생님이 외롭지 않도록 안아주고 온기를 나눠주세요."

그러자 여러 선생님이 나와 한동안 안아주었습니다. 어느 정도 시간이 지난 뒤, 스크럼을 풀고 M에게 지금 느낌을 물었습니다.

"사람들이 참 따뜻해요."

저는 그 느낌을 잊지 말라고 하고, M을 일으켜 세웠습니다.

"당신에게 한 걸음 다가가볼게요"

이번에는 M을 이동시켜 '엄마' 역할을 하게 했습니다.

"어머님, 어머님은 어떤 분이세요?"

"전 악착같은 사람이고 고집도 좀 있고 화끈해요."

"좀 화끈하게 따님 좀 이해해 주시지, 어떤 삶을 살아오셨길래 따님의 성적에 민감하셨어요? 자라면서 어떤 일이 있으셨어요?"

"어렸을 때 아버지가 돌아가셔서, 일찍부터 돈을 벌어야 했어요. 악착같이 일해서 동생들까지 돌봤어요. 학교에 다니고 싶었는데 못 간 게 한이지요. 그래서 그런가. 친구들이 자식들 좋은 학교 갔다고 자랑하면 그렇게 꼴 보기가 싫어요."

"그래도 따님이 상처를 많이 받은 것 같은데, 일부러 상처 주려고 그런 말을 하셨어요?"

"아니죠. 제가 배운 게 없어서 말이 좀 험한 거죠. 제 자식을 어떻게 미워하겠어요."

"그럼, 따님에게 그 말씀을 해주세요. 미워하는 게 아니라고."

'엄마' 역할의 M은 자기 역할의 참여자를 바라보고 말했습니다.

"엄마가 못 다닌 대학교, 너만은 보내고 싶었어. 이왕이면 더 좋은 학교 가라고 모질게 했다. 너 미워서 그런 것 아니야. 미안해."

M을 '엄마' 역할에서 빠져나오게 한 뒤, 고개 숙이며 복잡해하는 M 앞에 '엄마' 역할의 참여자를 세우고 M에게 '엄마'의 눈을 바라보며 따라 말해보라고 했습니다.

"저는 너무나 외롭고 힘들어요.""엄마의 사랑이 필요해요.""절 따뜻한 눈으로 바라봐주세요."

'엄마' 역할의 참여자에게도 이렇게 따라 말하도록 했습니다.

"엄마는 받은 게 없단다.""그래서 내 방식으로 너에게 내 모든 것을 줬어.""내가 했던 모든 것은 내 방식의 사랑이었단다.""내가 더 잘 받았더라면 더 잘 줄 수 있었을 텐데 미안하구나."

이 말을 들은 M의 눈에서 눈물이 주룩 흘렀습니다.

이번에는 한 참여자를 불러내 '스마트폰'이라 이름 붙이고 그 옆에 또 한 참여자를 세워 '침대'로 이름 붙였습니다. M에게 '스마트폰'을 보고 이렇게 말하게 했습니다.

"내가 정말 외로울 때 친구가 되어줘서 고마워.""네가 있어서 그 힘든 시기를 잘 보낼 수 있었어. 한 번 더 고마워.""이제 나 덜 외로우니까 주말이나 쉬는 날 가끔 와서 도와줘."

그리고 스마트폰에게 고맙다는 인사를 하게 했습니다. 그런 뒤,

3장 회복을 위한 심리 교실

옆의 '침대'를 바라보게 했습니다.

"내가 춥고 외로울 때 나를 따뜻하게 감싸줘서 고마워." "덕분에 내가 얼음처럼 완전히 차가워지지 않았어." "이제 따뜻한 사람들 속으로 가볼게." "내가 잠잘 때, 가끔 내가 지쳤을 때 날 도와줘." "내가 필요할 때 내 옆에 와줘."

긴장이 풀린 기색의 M은 미소를 띤 채 이렇게 말했습니다. '스마트폰'과 '침대' 역할의 참여자들 얼굴에도 미소가 올라왔습니다.

저는 다른 참여자를 불러 '사람들'이라는, 일종의 대표성을 띤 역할을 부여했습니다. M에게 '사람들' 역할의 참여자를 보게 한 뒤 또 말을 따라 하도록 했습니다.

"여전히 어렵지만, 이제 당신에게 한 걸음 다가가볼게요."

M이 이렇게 말하자, '사람들' 역할의 참여자가 앞으로 한 걸음 걸어가게 했습니다. M에게 다시 한번 따라 말하게 했습니다.

"경험이 없어 쑥스럽지만, 당신에게 한 걸음 다가가볼게요."

'사람들' 역할의 참여자가 앞으로 손을 내밀고 미소를 지었습니다. 이렇게 조금씩 M을 앞으로 움직인 뒤, '사람들'에게 안기게 했습니다. 참여자 몇 명에게도 "여기 저도 있어요!" "저도 있답니다"라는 말과 함께 M을 안아주도록 했습니다.

다시 M을 의자에 앉힌 뒤, 어떤 생각이 들었는지 물었습니다.

"삼수 시절 기억을 떠올리면 많이 움츠러들었는데 마음이 많이 풀렸어요. 그리고 최근에 침대에 누워 스마트폰만 하는 것에 죄책감이 있었는데 이것도 많이 줄었어요. 고맙습니다."

이렇게 심리극을 마무리했습니다.

◠ 실패 경험을 이겨내려면 ◠

참여자들이 돌아가며 한 문장씩 소감을 말하는 동안 꽤 많은 교사가 재수, 삼수 경험이 있다는 것을 알게 됐습니다. 그분들은 그 생활을 하며 낙심하고, 자신감을 잃고, 많은 피드백 속에 위축되었다고 했습니다. 실패 경험이 길어지면 자존감이 낮아지는 건 당연합니다. 작은 스트레스는 큰 스트레스로 확대되고, 때론 목표 앞에서 지레 겁을 먹게 되기도 합니다. 그러는 동안 조금씩 내 몸과 영혼은 상처받고 자존감도 한없이 떨어지고 맙니다.

그 외롭고 긴 시간을 거쳐 교사 생활을 하고 있는 지금의 모습을 생각하며, 자기 자신이 힘든 상황을 이겨낼 힘이 있는 사람이란 점을 기억했으면 합니다. 지치고 힘들었던 과거의 나에게 해주지 못했던 선물을 많이 해주고, 좋은 사람들과 함께 더 많은 즐거움을 나누며 살기로 결심하셨으면 합니다. 현재의 삶과 앞으로 만들어갈 삶에 대해 내가 어떤 마음을 먹느냐는 내 자존감을 바꾸는 일이기도 하니까요.

"학부모가 저를
만만하게 봐요"

"우리 반의 경주 학생 아빠가 제 교실에 다짜고짜 들어와 저에게 소리를 질렀던 일이 있었어요. 경주랑 남희랑 다툼이 있었는데, 제가 남희 편만 들면서 차별 대우를 했다고요. 정말 막무가내로 화를 냈어요. 어떻게 해결되긴 했지만, 화도 나고 두렵기도 해요. 학부모가 저를 만만하게 보는 것 같아서 자꾸 마음이 오그라들어요."

교사 N은 위축된 자세와 어조로 이야기를 이어갔습니다.
"수업 준비를 하려고 교실에 혼자 있을 때, 갑자기 들어와서 소리를 지르니까, 저도 놀랐나 봐요. 순간 얼어붙고 뭐라고 제대로 말을 하지 못했어요."

"혼자 계실 때였다니, 큰일 날 뻔했네요. 상황이 어땠나요?"

"그 소릴 듣고 옆 반 부장 선생님이 뛰어오셨죠. 부장 선생님은 남자 선생님이고 덩치도 있고 눈매도 살아 있거든요. 그런데 경주 아빠가 부장 선생님이 오니까 목소리를 확 줄이더라고요. 아, 정말!!"

N은 화가 올라오는지 얼굴이 벌게졌습니다.

"그래서 어떻게 해결됐나요?"

"제가 마침 두 학생이 싸운 걸 부장 선생님에게 이야기했었거든요. 경주가 남희한테 헤드록을 하고, 합기도인지 뭔 이상한 기술도 쓰고…. 계속 괴롭혔어요. 제가 몇 번이나 하지 말라고 했는데. 그러다 남희가 하지 말라고 경주를 세게 밀었는데, 경주가 넘어지면서 청소함 튀어나온 부분에 옷이 걸려 찢어졌어요. 서로 화해시켜 집에 보냈죠. 그래도 찝찝해서 부장 선생님에게 이런 일이 있었다고 말했던 거였어요. 그런데 경주 이 자식이 집에 가서 자기가 남희한테 괴롭힘당하고 맞아서 옷이 찢어졌다고 했다지 뭐예요. 부장 선생님이 경주 아빠한테 평소 경주가 얼마나 장난꾸러기인지, 저를 얼마나 힘들게 했는지 이야기했어요. 그랬더니 이 아빠가 확 꼬리를 내리곤 저한테 하는 둥 마는 둥 '죄송합니다' 그러고 갔다니까요."

저는 N에게 심리극으로 도움받고 싶은 게 무엇인지 물었습니다.

"화나고 자존심 상해요. 아무래도 제가 여자 교사라고 만만하게 본 것 같아서요. 심리극 보면 북 치고 소리 지르고 하는 게 시원해 보이던데, 못했던 말이나 좀 시원하게 하고 싶어요."

"하지만 선생님이니까..."

저는 남자 참여자 한 명을 불러내 '경주 아빠'로 세워두고 그 앞에 여자 참여자 한 명을 불러내 'N' 역할로 세운 후, 천 하나를 꺼내 각 끝을 한 손으로 잡고 서 있게 했습니다. 그런 뒤 N에게 '경주 아빠'와 역할을 바꾸게 하고 질문을 시작했습니다.

"누구 아빠인가요? 무엇 때문에 이렇게 화가 났어요?"

그러자 '경주 아빠' 역할의 N이 말했습니다.

"이혼하고 저 혼자 두 아이를 키우며 살고 있는데, 저는 저랑 제 아이가 무시당하는 꼴 못 봅니다. 제가 엄하게 애들을 키워서 우리 애들이 얼마나 착한지 몰라요. 그런데 제 아이가 따돌림받고 왔다니까 화가 나요. 저 선생은 자꾸 우리 아들만 꾸중하고 뭔가 차별 대우하고요. 좋게 말하면 안 됩니다."

"선생님에게 어떻게 소리 지르고 막말을 했나요? 보여주세요."

'경주 아빠' 역할의 N은 인정사정없이 천을 잡아당겼습니다.

"야, 너도 선생이냐? 애가 옷이 찢어질 정도로 괴롭힘을 당했는데, 뭐 했어? 월급 처받고 할 일은 안 하고, 그러니까 철밥통 소릴 듣지. 너 차별 대우한다며? 뭐, 우리 애 차별하니까 좋냐? 밥통아!"

순간 워크숍 참여자들의 입에서 탄식이 흘러나왔습니다. 저는 N을 '경주 아빠' 역할에서 빠져나오게 한 뒤, '경주 아빠' 역할의 참여자가 자기 역할의 참여자에게 막말하는 장면을 보게 했습니다.

"저 장면 보니까 어때요?"

"화가 나요."

한 참여자에게 '부장 선생님' 역할을 맡긴 후, '경주 아빠' 옆에 세웠습니다. 저는 '경주 아빠'가 '부장 선생님'에게는 몸을 굽신거리며 인사하고, 'N'에게는 "야 이 밥통아!"라고 소리 지르는 것을 반복하게 했습니다. N에게 어떤 생각이 드는지 물어봤습니다.

"비열하고, 이중적이고, 여자 선생님을 만만하게 보고 있어요. 가서 두들겨 패고 싶어요."

"하지만 선생님이니까……."

"맞아요. 선생님이니까 하면 안 되죠. 생각만 해야죠."

그러면서 N은 두 손을 불끈 쥐었습니다. 다른 참여자들에게서도 평소와 달리 "화난다" "정말 찌질한 인간이다" "못됐다" 등 여러 말들이 터져나왔습니다.

"맞아요. 그래서 더 화가 나요. 교사도 사람인데 이런 말을 들으면 화날 수밖에 없지요. 그 화와 답답함을 빼내야 합니다. 그래요, 가서 두들겨 팹시다. 여기에서만 패기로 해요. 북을 하나 놓아드릴 테니 그 북이 경주 아빠라고 생각하고 마구 두들겨 패세요!"

저는 고개를 돌려 참여자들을 보며 크게 외쳤습니다.

"여러분, 보고 있으니까 여러분도 화나죠?"

"네!!!"

참여자들도 우렁차게 답하며 팔을 걸어 붙이는 게 보였습니다.

"함부로 말하지 마!"

N의 어깨에 '붉은 천'을 씌우면서, 이 천을 쓰는 순간 교사라는 옷을 벗고 '할 말 하는 나'가 된다고 했습니다.

"때론 이 옷도 입어야 합니다. 그때 못한 말을 오늘 다 해보세요."

조명을 어둡게 만든 뒤 '경주 아빠' 앞에 북을 놓고, 'N' 역할의 참여자를 더 고개 숙이도록 만들었습니다. 그 뒤 '경주 아빠'에게 '부장 선생님'한테는 더 굽신거리고 'N'에게는 더 소리를 지르고 함부로 해달라고 했습니다.

"어머 부장 선생님!" "너는 철밥통이야!!!"

두 말이 오가고, N에게 고개 숙인 자기 모습을 바라보게 했습니다. 그리고 당시의 내가 하지 못한 말을 하자며 N의 손에 북채를 쥐여주자 붉은 천을 두른 N은 성큼성큼 걸어나가 왼손을 허리 위에 올리고 오른손에 북채를 들고는 인정사정없이 북을 내려쳤습니다.

"네가 뭔데 나한테 철밥통이야!!!!" "너보다 강하게 보이는 사람에게는 굽신대고, 나는 뭐 만만하냐!!!!" "함부로 말하지 마!! 얼마나 힘들게 살고 있는데 함부로 말하지 마!!!"

소리가 커지자, 참여자들도 따라 말했습니다. 저는 참여자들에게 하고 싶은 말 있으면 함께 소리치라고 외쳤습니다.

"너나 잘해!!!!" "이중 인격자!!!!!" "이 못된 놈아!!!!!"

N이 북을 두드리는 동안, 뒤에 나와 함께 소리칠 사람이 있으면

나와달라고 했습니다. 그러자 여러 참여자가 나왔습니다.

"잘한다!!" "속 시원하다!!" "네가 뭔데!!!!"

비슷한 경험이 있는 분은 나와서 함께 북을 치라고 하자, 여러 참여자가 나와 함께 소리 지르며 북을 내려쳤습니다.

"꺼져!" "네가 뭔데!!" "함부로 말하지 마!!!"

그렇게 모두 함께 '경주 아빠'를 밀어 공간 밖으로 내보냈습니다.

자리에서 일어나, 함께 소리 지르고 북을 쳤던 참여자들끼리 서로 안아주고 "잘했다"고 말하게 했습니다. 교사도 사람이라고, 감정을 지녔다고, 때로는 소리 지르고 막말해도 된다면서, 서로 부끄러워하지 않도록 격려해 주게 했습니다.

^ "우리가 편이 되어줄게요" ^

참여자들이 자리에 앉자, 저는 N에게 물었습니다.

"지금 마음은 어떠세요?"

"속 시원하고 좋아요. 저 이거 하려고 여기 왔어요!"

N은 쑥스럽게 웃기 시작했습니다. 저는 'N' 역할의 참여자를 '과거의 나'로 명명하고는 N에게, 고개 숙인 '과거의 나'를 일으켜 세워주고 그 당시 좀 놀랐을 테니 잘 다독여주라고 했습니다. 그러자 N은 다가가 말했습니다.

"야, 괜찮아. 이런 일이 가끔 있기도 한데, 네가 잘못한 게 아니라 저 아빠가 상처받아서 그래. 억울하겠지만 너를 좋아하는 학부모 많잖아. 대부분이 널 응원하고 지지한다. 그걸 기억해!"

저는 자리를 바꿔 N이 '과거의 나' 역할로 들어가게 했습니다. 그리고 붉은 천을 두른 '할 말 하는 나'가 하는 말을 듣게 했습니다. 저는 참여자들에게 모두 나와 N 뒤에 어떻게든 등을 대고 서달라고 했습니다. 그리고 모두에게 '학부모'라고 이름을 붙여주었습니다.

"고개를 돌려 등 뒤에 가득 서 있는, 편이 되고 힘이 되는 지금까지의 학부모 모두를 바라보세요."

등 뒤에 있던 '학부모' 역할의 참여자들은 밝게 웃으며 손을 흔들고 작게 이야기했습니다.

"우리가 편이 되어줄게요." "우리가 있어요."

N은 그 모습을 보고 울컥 감정이 올라온 모양이었습니다.

"때때로 한두 명의 학부모가 상처를 주기도 하죠. 하지만 그 학부모에 눈이 멀어 모든 학부모를 나쁘게 생각하지 마세요. 소통을 막아선 안 돼요."

또 그 앞에 '부장 선생님'을 세운 후, 이렇게 말하게 했습니다.

"그 순간 부장님이 가까이 계셔주셔서 감사했어요. 덕분에 제가 덜 상처받았습니다. 고맙습니다."

그러자, '부장 선생님' 얼굴에 미소가 가득 올라왔습니다.

또 다른 참여자 하나를 N 앞에 세우고 '경주'라 이름 붙이고는 N

에게 이렇게 말하도록 했습니다.

"너를 바라볼 땐 너만 바라볼게. 가끔 네 아빠가 떠오를 수 있겠지만, 그래도 너만 바라보려 할게."

"자, 이제 교권보호위원회에 이 사건을 신고하러 가는 연습을 위한 심리극을 진행하지요!"

그러자 N은 정색하며 말했습니다.

"이 정도로 충분해요!!"

심리극은 이렇게 마무리됐습니다.

⌒ 주변에 알려 도움을 받아야 할 때 ⌒

N은 그래도 힘이 있고, 에너지가 밖으로 분출되는 사람이라 이런 진행이 가능했습니다. 어쩌면 다행인 거죠. 그런 일로 자존감도 덜 깎이고, 심리극 말고도 여러 도구의 도움을 받아 잘 털어버릴 성격을 지닌 분이니까요. 하지만 대부분의 교사는 이런 일이 생기면 자신을 죄인 취급하며 자책하다가 몸까지 아프게 됩니다. 학부모가 두려워 학부모 전체의 연락을 막거나 이런 일이 또 생길까 두려워 학생 지도에 멈칫하게 되는 경우도 발생하죠.

어쩌면 이렇게 학부모가 함부로 교실에 들어와 함부로 말하는 일이 생긴 데는 학교의 시스템 탓도 있다고 봅니다. 정해진 절차가 없는 것도 큰 문제라는 거죠. 그런 절차에 따라 예의를 갖춘 채 이야기를 나누다 보면 서로를 상처 주는 일도, 서로의 자존감을 깎는 일도 줄어들 텐데 말입니다.

또 하나, 심리극을 하다 보면 소리를 지르거나 욕으로 감정을 빼내야 하는 상황도 생기는데요. 교사들은 유독 '교사'라는 옷 때문에 그런지 이런 행위를 죄 짓는 것처럼 생각하는 경우가 많습니다. 때로는 '가상의 상황(이런 것을 하려고 준비된 따뜻한 곳)'에서 하고픈 말을 하고 복수하는 것도 건강에 이롭습니다. 욕은 나쁜 것으로 알려져 있지만, 때로는 누군가를 살리기도 합니다. 욕에 불편한 감정까지 모두 더해 내뱉는 것으로 마음이 편해지면 내가 삽니다.

경주 아빠의 경우, 강자에게 비굴하고 약자에게 비열한 모습을 보여주고 있습니다. 건강하지 않은 사람인 것인데, 여러 교사의 사례에서 '여자 선생님이니까 함부로 대하는 학부모'를 자주 보게 됩니다. 이럴 땐 혼자 끙끙대지 말고 주변에 알려야 합니다. 이젠 과거와 달리, 이런 일을 신고할 수도 있고, 과거보다 법이 교사를 더 잘 지켜주는 시대라는 점을 기억하세요. 이를 위해 교원단체나 교원노조에 가입하는 것도 좋습니다. 마음이 진정되지 않을 땐 옆에서 누군가 내 편을 들어주는 이미지를 그려보시고요.

"반 아이들을 꾸중하기 힘들어요"

"좋은 선생님이 되고 싶어요. 꾸중하기보다 아이들을 이해해 주고 믿어주고 싶어요. 그런데 아이들이 저한테 함부로 하는 것 같아 참 힘드네요. 반은 엉망진창이에요. 결국 아이들에게 엄청 화를 내고, 사과하고, 자책하며 끝나요. 이 과정이 몇 번 반복되니 힘들어서 책도 읽고 연수도 받으러 다녔는데, 크게 변하질 않네요."

교사 O는 따뜻하고 좋은 담임이 되고 싶어 많은 준비를 하고 매 순간 최선을 다했는데, 2학기만 되면 교실은 엉망이 되고 반 아이들도 통제가 안 돼 수업도 제대로 할 수 없다고 했습니다. 그런 아이들 앞에 설 때면 무기력해지며 자존감이 떨어진다고도요.

3장 회복을 위한 심리 교실

"화를 내면 나쁜 선생님이 될 것 같아요"

"최근 교실에서 있었던 일 하나만 이야기해 주세요."

"지금 5학년 담임을 맡고 있는데… 아이들이 아무리 앉으라고 해도 앉지 않고 제 말에 집중을 하지 않아요. 수업을 제대로 시작할 수조차 없는 상황이에요."

그 상황에서 O가 학생들에게 어떻게 반응하는지 살펴보기 위해 O를 세우고, 그 앞에 참여자들을 모두 앉거나 서게 했습니다.

"이 공간은 교실입니다. 모두들 학생이 되어 서로 잡담하거나 돌아다녀주세요. 각자 자기 교실을 떠올리며 말썽꾸러기처럼 있어 주시면 됩니다."

참여자들이 떠들기 시작하자, 저는 O에게 아이들을 조용히 집중시키고 수업을 진행해 보라고 했습니다. O는 난리가 벌어진 상황을 바라보며 멋쩍게 웃더니 한참을 망설였습니다.

"자, 선생님 보세요. 수업 시작합니다."

이렇게 몇 마디를 하더니 다시 보고만 있었습니다. 저는 참여자들에게 더 크게 떠들고 장난치면서 O를 곤란하게 만들라고 했습니다. 참여자들은 레슬링을 하고 O의 옷을 잡아당기면서 극성을 부렸습니다. 그런데도 O는 멋쩍게 웃고만 있었습니다.

상황을 정지시키고 O를 제 옆으로 데려온 뒤, 파란 천을 씌워주고는 그 천을 쓰면 '객관적이고 이성적인 나'가 된다고 했습니다. 그러면서 잘 관찰해 보라고 했습니다. 한편 참여자 한 명에게 'O' 역할을 맡기고, 떠드는 반 아이들 앞에서 O가 어떻게 표정을 짓고 행동했는지를 떠올려 최대한 비슷하게 해달라고 했습니다.

　모든 참여자가 이전 상황을 그대로 재현했습니다. 재현을 마친 후 '객관적이고 이성적인 나' 역할의 O에게 물었습니다.

　"자, 앞에 서 있는 선생님이 어떻게 보이나요?"

　"뭔지 모르게 어색하고, 저렇게 웃을 만한 상황이 아닌데 웃고 있네요. 보고 있는데 안타까워요."

　"저 선생님이 반 아이들을 통제할 수 있을까요?"

　"음…. 아이들에게 휘둘릴 것 같아요."

　"'객관적이고 이성적인 나'로, 저 선생님에게 조언을 좀 해줄까요?"

　"너, 속에 있는 말 좀 바로 하고 더 힘 있게 해. 그렇게 해도 넌 나쁜 선생님이 아니고, 화내는 선생님도 아니야. 죄책감 느끼지 말고 어느 정도는 속마음을 표현해도 괜찮아."

　이번엔 서로 역할을 바꾸어, O가 '객관적이고 이성적인 나'의 말을 들어보도록 했습니다.

　"그건 알겠는데, 힘들어. 자꾸 죄책감이 올라와."

　"뭐에 대한 죄책감이 자꾸 올라오나요?"

　"화를 내면 나쁜 선생님이 될 것 같아요. 학생들을 때리고 감정적으로 대하는 선생님이요."

　O가 그렇게 생각하게 된 원인이 있겠다는 생각이 들었습니다.

"학생들을 친절하게 대해야 하는 건 맞지만, 어떨 땐 학생들에게 화를 내게 되기도 하죠. 화를 조금이라도 내면 본인이 나쁜 선생님이 된다고 생각하게 된 특별한 이유가 있나요?"

"학교 다닐 때, 선생님에게 맞고 혼났던 적이 있는데, 제가 큰소리로 화를 내면 그 선생님하고 똑같은 사람이 되는 것 같아요."

"화내면 그들이랑 똑같아지는 거니까"

"학창 시절 누가 선생님을 때리고 꾸중했나요?"

O는 길게 한숨을 내쉬며 어렵사리 말문을 열었습니다.

"먼저, 초등학교 4학년 때 선생님이요. 교실에서 친구들하고 정신없이 놀고 있는데, 선생님이 다가와 너무 시끄럽다면서 제 뺨을 때렸어요. 저랑 친구들은 선생님께 뺨을 맞고 나뒹굴었어요."

그런 선생님이 또 있었느냐고 묻자 O가 말을 이어갔습니다.

"고등학교 1학년 때 선생님은 기분 좋으면 잘못도 그냥 웃고 넘기는데, 뭔가 기분이 나쁘면 그날 걸린 애를 죽여놨어요. 어느 날은 야자 시간에 만화책을 몰래 보다가 걸렸어요. 평소 같으면 꿀밤 맞고 넘어갔을 텐데, 그날따라 기분 나쁜 일이 있었는지 엎드리라고 하고 몽둥이질을 하잖아요. 저도 모르게 일어나선 째려봤어요. 그 랬더니 뭘 째려보냐면서 선생님이 제 뺨을 연거푸 때렸어요."

"그 일들이 지금의 교직 생활과 연결되어 있나요?"

"화내면 그들이랑 똑같아지는 거니까. 친절하고 화 안 내는 선생님이 되는 게 목표가 됐죠."

저는 참여자 두 명을 불러내 'O' 역할의 참여자 뒤에 세운 뒤, 각각 '초4 담임' '고1 담임' 역할을 부여했습니다. 그 둘은 'O'의 등에 손을 하나씩 올렸습니다. 'O' 앞쪽에는 참여자 두 명을 불러내 '장난치는 반 아이들' 역할을 부여한 후 서로 멱살을 잡도록 했습니다.

"O 선생님은 반 아이들을 바라볼 때, 과거 선생님들이 준 상처를 함께 바라보는 것 같아요. 이 선생님들을 내 삶에서 떨어뜨려야 자연스러운 감정으로 반 아이들을 지도할 수 있게 될 거예요."

"엄마가 대신 혼내줬어"

'O' 역할의 참여자를 무릎 꿇린 후, '초4 담임'과 '고1 담임' 역할의 참여자에게 'O'를 꽉 누르며 힘들게 하는 포즈를 취하게 했습니다. O에게는 자신의 '엄마' 역할을 맡기고 물었습니다.

"어머님, 얼마나 소중한 아들인지 자랑 세 가지만 해주세요."

"속 썩이는 일도 없고 혼자 열심히 공부하고 정말 착해요."

"어머님, 아드님이 배 아프고 잠 못 자면 마음이 어떠세요?"

"속상하지요."

"누군가에게 맞고 오면요?"

"아이고, 속상하죠."

과거의 담임에게 괴롭힘당하는 'O'를 가리키며 말했습니다.

"아드님이 떠들었다고 뺨 맞고, 만화책 봤다고 몽둥이 맞고 뺨 맞았대요. 저렇게 고통받았는데 아드님이 착해서 말도 못 했대요. 그리고 저 기억에 평생 눌려 산대요. 저거 보니까 어때요?"

"아이고, 전혀 몰랐어요. 너무 속상하고 화나요."

'초4 담임'과 '고1 담임'에게 "평생 널 괴롭힐 거야. 절대 우릴 잊을 수 없어. 넌 저주에 걸린 거야!"라는 말을 하며 'O'를 더 압박하게 했습니다. 압박당하는 'O'에게는 비명을 지르게 했습니다.

"어머님, 가서 아들 대신 혼내주세요!!"

그러자 '엄마' 역할의 O는 벌떡 일어나 '초4 담임'의 팔을 하나씩 떼어내며 소리쳤습니다.

"그만해!! 네가 뭔데 우리 아들을 때려, 이놈아!!!!

잘 떼어지지 않는 '초4 담임'에게 '엄마' 역할의 O가 계속 소리지르며 주먹으로 등을 내리치려 하기에, 저는 이 사람 대신 북을 때리라고, 아들 맞았던 걸 몇 배로 돌려주라고 했습니다. 그러자 '엄마' 역할의 O는 북채를 내리치며 큰 소리로 하소연을 했습니다.

"이 아이가 뭔 잘못이 있다고 뺨을 때려!!!!"

한참을 내리친 뒤, 다시 '초4 담임'을 떼어내고, 한쪽에 앉게 했습니다. 그 뒤, 옆에 있던 '고1 담임'을 바라보고 북을 내려치며 또 말하게 했습니다.

"너 때문에 우리 아들이 한동안 어둡게 지냈어. 책임져 이놈아!"

'고1 담임'에게 대사를 주어 '엄마' 역할의 O를 자극했습니다.

"이 자식이 맞을 짓을 해서 맞았는데 왜 그래요? 내가 무슨 잘못을 했다고 그래요?"

"뭔 말이야. 잘못했어도 따뜻하게 감싸주고 토닥여줘야지. 너 같은 놈도 선생이냐!! 사과해!! 사과해!"

'고1 담임'의 손을 잡아끌어 'O'에게서 떼어놓고는 '초4 담임' 옆으로 데려갔습니다. 그리고 두 손을 허리에 올린 채 거듭 외치게 했습니다.

"무릎 꿇고 사과해! 무릎 꿇고 사과해!! 진심으로 사과해!!!"

"뭐라고 사과하면 좋을지 알려주세요!"

"때려서 진심으로 미안하고, 반성한다고 말해!!"

'초4 담임'과 '고1 담임'에게 "선생님이 어린 너를 때려 진심으로 미안해"라고 말하게 한 뒤, '엄마' 역할의 O에게 말했습니다.

"어머님, 아들에게 가서 다독여주고 괜찮다고 말해주세요."

'엄마' 역할의 O는 자기 역할의 참여자를 꼭 안아주었습니다.

"얼마나 속상했니. 엄마한테 말하지 그랬어. 엄마가 너 대신 혼내줬어. 괜찮아, 괜찮아."

O를 자신으로 돌아가게 한 뒤 '초4 담임'과 '고1 담임'을 불러내 이들이 O에게 진심으로 사과하는 장면을 재현했습니다. 그리고 '엄

마'를 불러내 O가 따뜻한 말을 듣게 하고, '엄마'의 품에 안기도록 해주었습니다.

"꾸중할 땐 꾸중하고, 혼낼 땐 혼내주세요"

상황을 정리하고, (심리극 처음 자리에 나란히 앉아) 다시 O와 이야기를 나누기 시작했습니다.

"선생님, 어쩌면 마음속 한편으로는 소리치고 싶고 사과받고 싶은 마음이 있진 않았어요?"

O는 쑥스러워하며 고개를 끄덕였습니다.

"혹시 과거 학창 시절에 O처럼 선생님에게 맞았거나, 폭언을 들었거나 해서 가슴 깊이 상처가 생긴 분, 그래서 그 선생님에게 복수하고 사과받는 장면을 상상해 본 분 있으면 손 들어보세요."

많은 참여자가 손을 들었습니다. 이분들에게 지금까지 심리극을 보고 갖게 된 생각을 한 문장씩 말해달라고 부탁했습니다.

"제 속이 시원해졌어요." "저도 함께 이 자리에서 심리극을 했어요. 고맙습니다." "제 고민의 답을 찾은 것 같아요. 덕분입니다." "쑥스러워하지 않으셨으면 해요. 누구나 저런 마음이 있어요."

참여자들은 짧게나마 어떻게 폭력을 경험했고, 얼마나 속상했고 자존감이 깎였는지 들려줬습니다. 저는 O를 보며 말했습니다.

"어쩌면 선생님 덕분에 이곳에 있는 많은 분의 마음이 조금은 시원해졌는지 몰라요. 좀 더 진행해 보기로 해요. 이번에는 복수에 관련된 것이 아니라 앞으로 더 잘살기 위한 심리극이랍니다."

한쪽에 있는 '초4 담임'과 '고1 담임'을 바라보며 말했습니다.

"참 안타깝게도, 현재와 달리 과거는 너무나 폭력적인 시대였어요. 지금이라도 폭력을 사랑과 따뜻함으로 바꿔나갈 수 있는 교사가 늘어 기쁩니다. 어쩌면 현재의 따뜻하고 화내지 않는 선생님의 모습은 저 과거의 선생님들을 반면교사로 삼았기에 가능했을 수 있어요. 이 자리에서 상처는 흘려보내고, 그들이 만들어준 좋은 점만 취하기로 해요. 자 이렇게 말해봅시다."

O에게 '초4 담임'과 '고1 담임'을 바라보며 다음 문장을 따라 말하게 했습니다.

"인정하고 싶진 않지만, 그래도 용기를 내어 이렇게 말해보겠습니다. 이젠 당신들을 떠나보내려 합니다." "이젠 당신들 때문에 따뜻한 교사가 되는 게 아니라 그냥 따뜻한 교사가 되겠습니다."

O를 '초4 담임'과 '고1 담임' 앞에 다시 한번 세우고, 말했습니다.

"교사는 따뜻함과 미소만 필요한 게 아닙니다. 자, 반 아이 중 정말 똑똑하고 야무지면서 착한 학생을 한 명 떠올려보세요. 그 학생이 되어보는 겁니다."

O는 이내 누군가를 떠올린 듯 살짝 고개를 끄덕였습니다. 저는 다가가 "이름이 뭐니?" "네 담임 선생님 성함은?" 같은 간단한 질문

을 거쳐 "요즘 반 분위기 어때?"라고 물었습니다.

"엉망이에요."

"그렇구나. 반이 엉망일 때 선생님은 어떻게 해?"

"이상한 표정으로 웃다가 뭐, 우리 눈치를 보는 것 같기도 해요."

"그래. 그러면 교실은 어떻게 되니?"

"애들이 선생님을 완전히 무시해요. 답답해 미치겠어요."

"선생님이 어떻게 하면 좋겠어?"

"꾸중할 땐 꾸중하고, 혼낼 땐 혼내면 좋겠어요."

"음⋯. 꾸중하고 혼내는 건 나쁜 선생님이 하는 거 아니니?"

"아니요. 전체가 아니라, 못된 애들만 꾸중하고 혼내면서 우리를 좀 지켜주면 좋겠어요."

"그 생각이랑 더 부탁하고 싶은 게 있으면 선생님에게 말해보렴."

저는 '학생' 역할의 O에게 자기 역할의 참여자를 바라보고 말하게 했습니다.

"선생님, 저희도 미치겠어요. 꾸중할 땐 꾸중하고 혼낼 땐 혼내주세요. 선생님이 그거 안 하시니까 이상한 애들이 더 이상해지잖아요. 저희도 힘들어요. 우리 좀 지켜주세요. 웃지만 마시고요."

그러면서 자기 역할의 참여자 손을 잡고 흔들었습니다. 저는 O를 '학생' 역할에서 본인 역할로 돌아오게 하고는 한 참여자에게 '학생' 역할을 맡기며 방금 전 그 말을 해달라고 했습니다.

"선생님, 꾸중할 땐 꾸중하고 혼낼 땐 혼내주세요. 그건 나쁜 게 아니라 우릴 지켜주는 거니까요."

이 말을 들은 O의 얼굴이 조금 달라졌습니다.

"어떤 생각이 들었어요?"

"착하고 예쁜 아이들 생각하면 좀 바뀌어야겠어요. 그런데 어떻게 해야 할까요. 에휴….."

"한번 실험해 볼까요?"

이번엔 O에게 또 다른 '학생' 역할을 맡겼습니다. 그리고 참여자를 한 명씩 불러내 웃으며 바라보기, 크게 화내보기, 달래보기 등을 하며 '학생' 역할의 O가 여러 선생님을 경험해 보게 했습니다.

"지금까지 경험했던 선생님 중에서 누가 무섭지 않으면서 힘 있고 강하게 느껴지세요?"

"무표정으로 계속 바라보는 게, 무섭지 않으면서 움찔했어요."

저는 O를 '학생' 역할에서 빠져나오도록 하고 말했습니다.

"학생 입장에서 느꼈다시피, 과거의 교사들처럼 폭력을 사용하지 않아도 충분히 강한 사람으로 설 수 있답니다. 어쩌면 그들도 상처받은 사람일 수 있어요. 우린 다른 방법을 사용하기로 해요."

O의 손을 허리에 올리고 한 곳을 지속해서 바라보는 연습을 시킨 뒤, 다시 모든 참여자를 불러내 심리극 처음 장면을 재현했습니다. 약간 떠드는 상태를 만들고, O에게 힘 있는 자세에서 "야!" 한마디를 하고 한 명씩 길게 눈을 바라보게 했습니다. 그 뒤, O를 '학생' 역할로 들어가게 하고, 자기 역할의 참여자의 모습(조금 전 힘 있게

노려보는)을 보게 했습니다. 그리고 물었습니다.

"지금 선생님 모습은 어때?"

"완전 좋아요."

"나쁜 선생님의 모습 아니니?"

"아니요. 힘 있는 선생님이요."

"그럼 그거 선생님에게 알려줘."

'학생' 역할의 O는 자기 역할의 참여자에게 "선생님, 지금처럼 해주세요. 그러면 엉망인 아이들 줄어들 거예요"라고 말했습니다. O는 자기 역할로 돌아와 그 말을 듣고는 심리극을 마쳤습니다.

⌒ 따뜻하지만 강한 교사 ⌒

과거, 선생님에게 폭언을 듣고 체벌을 받으며 자존감이 깎인 경험을 가진 교사를 종종 만나곤 합니다.

"네 성적으로 교대는 생각도 하지 마" "나중에 임용이나 합격하겠니?" "넌 30대에 머리 빠져 대머리 되겠다. 네 꼴로 나중에 시집은 가겠니?" "그러니까 따돌림이나 당하지."

교사가 내뱉은 이런 막말이 반 친구들의 비웃음으로 돌아왔을 때 더 자존감이 깎이는 경우도 있었습니다. 학창 시절 만난 폭력적인 선생님처럼 살지 않기로 마음먹었는데, 나도 모르게 내가 가장 싫어했던 선생님의 모습으로 학생을 꾸중하고 혼내는 모습을 발견하곤 자책하는 분도 있었고요. 상황에 맞는 감정을 사용하지 못하고 교실에서 또 다른 어려움을 겪어 무기력해지면서 자존감이 깎이는 분도 있었습니다. 화나는 상황에 화내지 못하고 웃고 있거나, 무표정으로 바라봐야 하는 순간에 웃으며 바라보는 행동은 학생들을 혼란스럽게 할 수밖에 없습니다. 생각해 보세요. 장례식장에서 웃고 있거나 결혼식장에서 울상으로 있는 게 어울리지 않듯이, 감정도 그 상황에 맞게 표현되어야 하는 것입니다.

오랫동안 종교 생활을 하면서 감정을 절제하는 데 너무나 익숙해진 나머지, 때와 장소에 맞는 감정을 사용하지 않아 아이들에게 혼란함을 주는 교사도 있었습니다. 따뜻하고 화내지 않는 건 좋지만 학생들을 통제하고 교실을 안전한 곳으로 만드는 데는 강한 모습도 필요합니다. 운전을 배우지 않은 사람이 운전대를 잡으면 끔찍한 사고가 나듯이 교사 대신 학생이 운전대를 잡으면 그 교실에서는 상상치 못할 혼란한 상황이 펼쳐지겠죠. 교사가 자신의 자격증을 떠올리며 방향을 주도하고 학생들이 조금 더 안전하고 평온해질 수 있도록 힘 있게 서야 합니다.

"초임인데 너무 일을
많이 시켜요"

"전 일이 많아요. 올해 초임인데 여러 업무를 맡고 있어요. 업무 특성상 여러 선생님이 저에게 전화해 무언가를 해결해 달라고 요청하는데, 때로는 반 아이들과 수업하는 중에도 전화가 와서 '멘붕' 상태가 되곤 해요. 다른 선생님들은 저보다 업무도 적은 것 같은데…. 물어볼 곳도 없거니와 자주 물어보는 것도 남에게 폐 끼치는 일 같아 힘들어요. 남들보다 늦은 시간까지 업무 처리하면서 학교에 남아 있다 보면, 화나고 한숨이 나와요."

P에게 어떤 업무를 맡고 있는지 묻자, 학적, NIES, 학교 홈페이지, 학교 방송이라는 답이 돌아왔습니다. 참여자들 입에서 탄식이

흘러나왔습니다. 저는 참여자 한 명을 가운데에 세우고 'P' 역할을 부여한 후, 참여자 중 네 명을 더 불러내 그 옆에 세웠습니다.

"저 네 명은 선생님의 업무입니다. '학적' 'NIES' '학교 방송' '학교 홈페이지'가 나를 어떻게 힘들게 하는지 조각해 보세요."

P는 네 개의 업무가 자기 역할의 참여자 어깨와 머리를 누르는 모습을 만들었습니다.

"각각의 업무가 나에게 어떤 말을 하나요?"

P는 '학적'에겐 "꼼꼼하게 잘해야 해!", 'NIES'에겐 "사람들이 요청하는 것 빨리 해줘야 네가 편해", '학교 홈페이지'에겐 "공문 보고 바로 팝업으로 띄워! 관리 잘해!", '학교 방송'에겐 "아침에 일찍 와서 방송 틀고, 아침 방송 실수 없이 잘해!"라는 대사를 주었습니다. 저는 'P' 역할의 참여자를 빼내고 P에게 직접 자기 역할에 들어가게 했습니다. 어깨와 머리를 누르는 이들에게는 조금씩 더 P를 눌러가며 주어진 말도 조금씩 조금씩 크게 하도록 했습니다.

약간의 시간이 지난 뒤, P에게 다가가 물었습니다.

"지금 마음이 어때요?"

"슬프고 속상해요."

"무엇 때문에 슬프고 속상한가요?"

"일이 너무 많아요. 그런데 이야기 나눌 사람이나 도와달라고 말할 사람이 없어요."

"없는 건가요, 없다고 생각하는 건가요?"

"선생님들이 다 힘들어 보여서 말 못 하는 것도 있어요."

조명을 조금씩 더 어둡게 조절하고 "사람들이 다 퇴근하고 어두운 저녁에 혼자 일하고 있네요. 속마음을 이야기해 보세요"라고 하고는 잔잔한 음악을 틀었습니다.

"속상해. 이러려고 교사 된 건 아닌데. 사람들 너무해, 잔인해."

"이때만 힘드니까 그렇게 생각하지 마"

어느 정도 시간이 지나 P의 감정이 좀 가라앉자 참여자 한 명에게 '신규 때의 나' 역할을 맡기고 P는 새로운 역할 속으로 들어가게 했습니다. 반짝이는 천 하나를 꺼내 P의 어깨에 둘러주고, 20년 뒤의 '베테랑 교사'가 되도록 했습니다. 의자에 '베테랑 교사'의 모습으로 앉고, 베테랑 교사'의 모습으로 미소 지으며, '베테랑 교사'의 모습으로 아주 오래전 '신규 때의 나'를 바라보게 했습니다.

"아주 오래전 내 모습을 보니까 어때요?"

"네, 저럴 때가 있었네요."

"지금 돌아보니 저 시절이 어떻게 느껴지세요?"

"뭐, 잊고 살았는데, 이렇게 보니 새삼 추억 돋네요."

"우선, 과거의 내가 정말 힘들어하는 것처럼 보이는데, 가서 좋은 것도 알려주고 달래주세요."

'베테랑 교사' 역할의 P를 '신규 때의 나' 역할의 참여자에게 보냈습니다. 그리고 '신규 때의 나' 역할의 참여자를 일으켜 세워 '베테랑 교사' 역할의 P 앞에 세웠습니다. '신규 때의 나'에게 대사를 주었습니다.

"힘들어. 나 교사 괜히 했나 봐."

그러자 '베테랑 교사' 역할의 P는 "아니야. 너 이때만 힘드니까. 그렇게 생각하지 마"라고 말하며 '신규 때의 나'를 안아주었습니다. 계속해서 '신규 때의 나'에게 대사를 주었습니다.

"사람들이 못됐어."

"아니야. 다른 사람들도 힘들어."

"나만 억울하고 힘든 것 아니야?"

"아니야. 학교 선생님들 봐. 병가 들어가고 정말 힘들잖아."

"정말 이 일들 잘 해낼 수 있을까?"

"그럼. 너 잘 해내고, 나중에 학교도 옮기고, 좋은 사람들 많이 만날 거야. 그리고 네 반 아이들 정말 예쁘고 좋잖아. 그 아이들 보면서 힘내. 잘할 거야."

안아주고 다독이게 한 뒤 어느 정도 시간이 지나 서로 역할을 바꿨습니다. '신규 때의 나' 역할의 P에게 '베테랑 교사'의 말을 듣고 그 품 안에 들어가게 했습니다.

"지금 어떤 생각이 들었어요?"

"조금 마음이 편해졌어요."

P가 '베테랑 교사'로서 했던 말이 기억나 이렇게 말했습니다.

"학교 구조를 살짝만 살펴봐도 마음이 편해질 수 있어요. 때로는 학교의 역동이 모두를 힘들게 하기도 해요. 살짝 살펴봐요."

"내년엔 틀림없이 변할 거야"

참여자 몇 사람에게 '교장' '교감' '교무부장' '옆 반 선생님 1' '옆 반 선생님 2'라는 역할을 주었습니다. 저는 'P' 역할의 참여자를 세우고는, P에게 자신를 중심으로 각 참여자를 차례로 세워보라고 했습니다. 나와 그 사람 간의 마음의 거리, 세워진 사람들 각자의 마음의 거리를 생각해 보면서요. P는 먼저 '옆 반 선생님 1' '옆 반 선생님 2' 두 명을 세우더니, '교장' '교감' '교무부장' 순으로 세웠습니다. '옆 반 선생님 1' '옆 반 선생님 2'와 'P'는 한쪽에서 약간의 거리를 두고 각기 다른 방향을 바라보고, '교무부장'은 '교감'과 마주 보고, '교장'은 먼 곳을 바라보았습니다. P에게 이 모습을 약간 떨어져서 바라보라고 한 뒤, 어떻게 보이냐고 물었습니다.

"제가 외롭게 보여요."

"여기에서 관리자들은 누구도 선생님과 동학년 선생님을 바라보고 있지 않네요. 그들 사이에 역동이 있다고 생각됩니다. 교장이 먼저 학교 밖을 바라보는데 누가 이곳에서 안정감이 생기겠어요."

저는 P를 '옆 반 선생님 1' 역할로 들어가게 한 뒤, "선생님 성함이 어떻게 되세요?" "P 선생님과 어떤 사이인가요?" 등 조금씩 정보를 얻을 수 있을 만한 질문을 던지다가 "학교 분위기 어때요?"라고 물어봤습니다.

"개판이죠."

"그게 무슨 말인가요?"

"다들 힘들어요."

손가락으로 '교감'과 '교무부장'을 가리키며 물었습니다.

"저 두 명 사이에 특별한 일이 있나요?"

"매일 다퉈요. 학교 일이 안 돌아가요. 교감은 제멋대로 학교 운영하려고 하고, 교무는 막고. 교장은 학교에 관심이 하나도 없어요."

"P 선생님을 바라보면 어때요? 일이 많다고 들었는데요."

"많죠. 짠해요."

"일을 덜어서 함께하거나 선생님이 업무를 하셨어도 됐잖아요."

"못하죠. 저도 힘들어서 얼마나 고생했는데, 다시 못 하죠."

"그러면, 신규 선생님을 일부러 고생시키려고 학교에서 일을 시킨 건 아닌가요?"

"아니죠. 일부러 고생시킬 사람은 없어요. 각자 자기 살려고 하다 보니까 올해 이렇게 됐어요."

"그 말을 해주세요."

'옆 반 선생님 1' 역할의 P에게 자기 역할의 참여자를 보도록 했습니다.

"힘들지? 옆에서 보는데 뭐라고 말할 수가 없네. 나도 그렇고 우리가 피했던 일들이 다 선생님에게 가서, 미안해 말도 못 걸겠더라고. 함께 조금만 참아보자. 내년엔 교장, 교감 모두 학교 떠나니까 틀림없이 변할 거야."

이제 역할을 바꿔, P가 자기 역할로 '옆 반 선생님 1'의 말을 들어보게 했습니다. 그리고 다시 '옆 반 선생님 2'의 역할이 되어 보고 비슷한 과정을 거쳐 정말 선생님들이 자신을 미워하는지, 자기에게 관심 없는지를 검증해 봤습니다. '옆 반 선생님 2'는 임신했지만, 이 학교에서 유산이 두 번이나 있었던 터라 고생하고 있었고 속마음을 잘 표현하지 못하는 스타일이었습니다. 이 역할극에서도 교장과 교감이 내년에 학교를 떠나는 것에 대한 희망을 볼 수 있었습니다.

"우린 모두 힘 있는 사람입니다"

"옆 반 선생님들이 되어 보니 어떤 생각이 들었어요?"

"다들 힘드네요. 저는 저대로, 선생님들은 선생님들대로. 우리 학교 선생님들이 다 힘들게 보여요."

"때론 개인의 노력으로 바꿀 수 없는 상황이 벌어지죠. 아무리 노력해도 바뀌지 않으면 무기력해지고요. 어쩌면 이곳은 관리자의 부재로 집단 무기력 상태가 된 건지 모르겠어요. 덜 힘들고 싶어서 서로 일을 밀어내고 싸우고 정치하는 상황이 벌어지는 걸 수도요. 이런 곳에 신규 선생님이 간 게, 선배 입장에서 너무나 미안하고 속상하네요. 그래도 변화는 꼭 찾아올 거고, 또 따뜻한 관리자와 선생님 들을 경험할 기회가 생길 거라 생각해요. 좋은 선생님은 많으니까요."

참여자들을 바라보며 물었습니다.

"여러분처럼 좋은 분이 세상에 많지 않나요?"

그러자 참여자들은 크게 "네!!"라고 답을 해줬습니다. 전 고개를 돌려 P에게 말했습니다.

"선생님, 그래도 이 안에서 선생님을 힘나게 하는 일들이 있어 얼마나 다행인지 모르겠어요."

저는 참여자들 여러 명을 P 앞에 세우고, '반 아이들'이라고 했습니다. '반 아이들' 역할의 참여자들이 미소 지으며 쑥스러운 듯 P를 바라보자 P의 눈에 눈물이 고였습니다. 전 '반 아이들' 역할의 참여자들과 P가 서로를 바라보며 이야기하게 했습니다.

"선생님, 그렇게 일이 많은데도 우리에게 사랑 나눠 주시고 즐거운 활동 많이 해주셔서 감사해요."

"너희들이 있어 덜 외롭고 덜 상처받았단다. 너희를 만나 너무나 기쁘고 좋아."

'반 아이들' 역할의 참여자들을 P에게 다가오게 하고는 잠깐 서

로 안아주게 했습니다. 그런 뒤, '반 아이들' 역할의 모든 참여자를
P 뒤로 보내 어깨 위에 손을 올리게 했습니다.

"선생님, 작지만 선생님에게 힘이 되어드릴게요. 선생님, 너무 상
처받지 마세요."

그리고 심리극 처음에 세웠던 업무 네 가지를 다시 세우고는 반
아이들과 함께 바라보게 했습니다.

"이전에 어떤 어려움을 이겨냈나요? 이번에 다 말해보세요."

"음… 힘들게 공부해서 성적 잘 받았던 것, 어렵다는 임용고시 합
격한 것, 장학금 받았던 것…."

P가 한 가지씩 말할 때마다 참여자를 한 명씩 불러내 P의 등 뒤
에 서서 어깨 위에 손을 올리게 했습니다.

"선생님 등 뒤에 있는 수많은 힘과 경험을 느끼며 앞의 업무들을
바라보세요. 그리고 제가 하는 말을 따라 해보세요. '나는 수많은 어
려움을 이겨낸 사람입니다. 과거에 그랬던 것처럼 지금의 어려움도
조금씩 이겨낼 거라 믿습니다. 난 강한 사람이고, 어려움을 극복해
낸 사람입니다. 지금의 문제는 내 문제가 아니라 학교 구조의 문제,
관리자의 문제일 수 있다고 생각하겠습니다.'"

이렇게 따라 말할수록 P의 얼굴에는 미소가 자리했습니다.

심리극을 마치고 P에게 느낌이 어떤지 물었습니다.

"힘든 일은 바뀌지 않겠지만, 내게 힘이 있고 어려운 일을 극복해
낸 역사가 있다고 생각하니까 제 업무가 좀 전보다 덜 힘들게 느껴

져요. 등 뒤에 수많은 것들이 절 응원하고 있다고 생각할게요. 그리고 학교 선생님들을 미워했는데 어쩌면 그분들이 문제는 아니었겠단 생각이 들었어요. 이것도 마음이 편해졌어요."

셰어링을 하면서 각자 신규 때 이야기를 조금씩 할 시간이 있었습니다. 많은 교사가 신규 때 상처받았던 사례를 들려줬습니다. 교감에게 지나친 지적을 받았던 일, 업무를 물어보러 갔다가 그것도 모르냐며 면박을 줬던 부장 교사, 기간제 교사인데 학폭 업무를 맡아 좌절했던 경험, 제대로 결재도 해주지 않으면서 자꾸 불러 일 처리를 못한다고 꾸중했던 교장, 차 타오라고 시켰던 관리자 등등. 모두에게는 각자의 세월만큼 쌓인 아픔이 있었습니다. 모두 함께 손을 잡았습니다.

"우린 모두 어려움을 극복해 낸 힘 있는 사람입니다." "우리의 아픈 경험을 후배들이 겪지 않도록 함께 조금씩 바꿔보겠습니다."

이런 구호를 나누고 심리극을 마쳤습니다. 그리고 쉬는 시간, 꽤 많은 선배 교사들이 P를 안아주는 모습을 볼 수 있었습니다.

◠ 약간의 폐를 끼치며 함께 이야기 나누고 ◠

신규·저경력 시절, 자존감 깎이는 사건을 여럿 경험하면 앞으로 살아갈 교직 인생을 바라보는 시선과 마음에도 영향을 받게 됩니다. 어쩌면 이들이 겪는 어려움은 선배들이 신규 때 겪었던 것과 비슷할지도 모릅니다. 선배들도 상처받고 싶지 않아 피하고 거절했던 일이 신규·저경력 교사들에게 가지 않도록 학교 시스템을 바꿔가야 합니다.

이번 심리극에서 무언가 시원하게 해결됐다는 느낌이 들지 않는 이유는 학교 내에 자리 잡은 무기력감 때문입니다. 아무리 내 마음을 다잡는다 하더라도 다시 학교의 거대한 무기력감 속으로 들어가게 되면, 개인의 힘과 변화만으로는 어찌할 수 없다는 걸 깨닫게 됩니다.

이럴 땐, 내가 할 수 있는 것들과 내 삶의 의미를 찾고, 이런 상황에서도 충분히 잘하고 있다고 나를 다독여야 합니다. 주변 모두가 힘들다면 모두가 무인도처럼 혼자 있기보다 서로에게 약간의 폐를 끼치며 함께 이야기 나누고 어깨를 다독이는 게 훨씬 낫다는 것을 기억해야 합니다. 이번 기회에 내 주위 신규·저경력 교사들의 업무를 살펴봐주고 그분들을 다독여주는 건 어떨까요.

"연애가 잘 안 되면 학교에서도 힘들어요"

"연애가 잘 되면 기운도 나고 행복해서 교실에도 좋은 영향을 미치는 듯해요. 하지만 이별을 겪고 나면 한동안 무기력해져 학교에서도 힘 빠진 채로 생활하게 돼요. 이별을 반복할 때마다 자존감이 한없이 낮아져요. 매번 기대하고 연애해 보지만, 자꾸 이별을 경험하고 저를 탓하게 되고 제가 부족하게 느껴지고⋯ 다음에 만날 사람에 대한 기대감도 떨어져요."

교사 Q에게 지금까지 사귀었던 남자친구 중 특별했다고 생각한 세 명을 떠올려보라고 했습니다. 그리고 여자 참여자 한 명에게 'Q' 역할, 남자 참여자 세 명에게 각각 '구남친 1' '구남친 2' '구남친 3'

3장 회복을 위한 심리 교실

역할을 부여했습니다.

"자기 역할의 참여자를 기준으로 마음의 거리를 감안해 구남친 세 명을 가운데 공간에 세워주세요."

그러자 Q는 '구남친 3'을 자기 역할의 참여자 바로 옆에 세우고, '구남친 2'는 멀찍한 곳에 바깥쪽을 바라보게 세우고, '구남친 1'을 자기 역할의 참여자를 바라보며 약간 거리를 두고 세웠습니다. 그러더니, 자기 역할의 참여자를 돌려 '구남친 1'을 보게 했습니다.

Q에게 이 모습을 멀리 떨어져 살펴보게 했습니다. 그런데 Q가 눈물을 글썽였습니다.

"눈물의 의미가 뭔가요?"

"…모르겠어요. 그냥 연애는 다 어려운 것 같아요."

"잘난 남자와 결혼해야 해"

"사랑을 해나가는 과정에는 '사랑'만 있는 게 아니죠. 주변 사람이 내게 만든 '생각'이 관계에 영향을 미치니까요. 이 세 명과 연애하면서 자꾸 들었던 생각이 무엇이었나요?"

"휴… 저희 엄마랑 아빠요."

저는 그게 무슨 말인지 좀 더 자세히 알려달라고 했습니다.

"부모님은 항상 전 여자니까 교대에 가야 한다고 했어요. 교사가 되면 괜찮은 남자와 결혼할 수 있다고 했죠. 의사나 검사, 변호사랑 결혼하거나 부부 교사를 해야 한다면서 선을 보게 하기도 했어요."

"부모님이 사랑에 실패하는 데 어떤 영향을 주셨나요?"

"어렸을 때부터 부모님 사이가 좋지 않았어요. 그래서 빨리 결혼해 집을 떠나고 싶은 마음도 있어요. 그런데 남자친구를 사귀면 부모님 마음에 드는 사람이 아닌 것 같고… 좋은 사람을 만났다 싶어도 부모님을 소개하는 것이 부끄럽기도 해요. 사람을 사귀면 항상 나중엔 여러 생각에 복잡해져요."

"자, 다음 사랑을 위해 하나씩 정리해 가기로 해요."

참여자 두 명을 불러내 'Q' 역할의 참여자 뒤에 세우고, 각각 '아빠' '엄마' 역할을 부여하고는 대사를 주문했습니다.

"너는 교대에 가야 해." "잘난 남자와 결혼해야 해." "잘난 남자 아니면 죽어도 결혼 못 시킨다." "넌 우리 집안의 자랑이야!"

Q는 한숨을 내쉬었습니다.

"자, 남자친구를 혼자서 만나는 게 아니라 부모님과 함께 만나고 있었군요. 이 주제는 '사랑'보다는 '가족' '착한 아이' '완벽주의'와 더 관련 있는 것 같네요. 성장 과정에서 부모님이 다투거나 괴로워하는 것을 자주 보면, 일부 자녀는 눈치 보는 삶을 살며 남들이 원하는 사람이 되도록 조각당하곤 합니다. 부모가 특정한 부분에만 피드백을 자주 할 때도 비슷한 양상이 펼쳐집니다. 오랫동안 부모의 이미지와 말이 내 안에 그림자로 남아 남자 보는 눈에 영향을 미치는 거죠. 상대가 내 기준에 못 미치는 결함이 있다 싶으면 완벽하지 않게 느껴지고, 나와 내 가족에게 결함이 있다 싶으면 상대에게 자신이 불완전하게 비칠까 봐 원하는 대로 사랑하지 못해요.”

그러자 Q는 고개를 끄덕이며 또 한숨을 내쉬었습니다.

“절 행복하게 하는 사람을 만날게요”

전 Q를 일으켜 ‘엄마’ 역할을 맡겼습니다.

“어머님, 어머님은 어떤 삶을 살아오셨어요?”

“힘들었죠. 이 인간이 사업을 한다고 돌아다니면서 쉽게 풀릴 때도 있었지만, 고생도 많았어요.”

“그래서 따님이 어떻게 되길 바라셨나요. 혹시 고생하라고 교대에 보낸 건 아니었나요?”

“아니죠. 고생 덜하고 험한 일 안 하고 잘살길 바라는 마음이죠.”

“부부 교사나 의사, 검사, 변호사 이야기는 뭔가요? 따님 힘들게 살라고 그런 것 아니죠?”

“그거야 덜 고생하고 행복했으면 하는 마음에서 한 거죠.”

“직업이 중요한가요, 따님의 행복이 중요한가요?”

“행복이 먼저지요.”

“그럼 그 이야기를 따님에게 해주세요.”

그러자 '엄마' 역할의 Q는 어렵사리 말문을 뗐습니다.

"Q야. 엄마가 바라는 건 네가 엄마보다 더 행복해지는 거란다. 그래서 그렇게 말했던 거야."

이제 '엄마' 역할에서 나와 '아빠' 역할이 되어보도록 했습니다.

"아버님, 아버님은 어떤 삶을 살아오셨어요?"

"저는 좀… 다혈질입니다. 사람들하고 많이 다투며 살아왔어요."

"어머님하고 두 분 사이는 어떠세요?"

"좋았다가 안 좋았다 그렇지요."

이렇게 먼저 가족에 대한 정보를 확인했습니다.

"어머님 이야기를 들어보니까 고생도 많으셨다던데요. 뭐가 그렇게 힘들었어요?"

"친구에게 배신도 당하고, 부도도 나고. 빚쟁이하고 많이 싸웠죠."

"그런 삶을 살면서 따님이 어떻게 살길 바라셨어요?"

"나 같은 사람 만나지 말고, 안정적인 직업 있고 돈 많은 사람 만나서 편히 살았으면 했죠."

"안정적이고, 돈 좀 있고, 편히 살란 말을 줄여서 말할 수 있나요?"

"그거야 행복하게 살라는 거죠."

"그 이야기를 따님에게 해주세요."

'아빠' 역할의 Q는 자기 역할의 참여자를 바라보며 말했습니다.

"Q야, 나처럼 사업하는 사람, 다혈질인 남자 말고, 안정적이고 따뜻한 사람을 만나라는 거야."

저는 한 문장을 더 말하도록 했습니다.

"아빠가 바라는 건 네가 아빠보다 더 행복한 삶을 사는 거란다."

이제 Q를 '아빠' 역할에서 자신으로 돌아오게 하고, '엄마'와 '아빠' 역할의 참여자에게서 방금 했던 말을 듣도록 했습니다.

"엄마가 바라는 건 엄마보다 네가 좀 더 행복하게 사는 것이란다."

"네가 덜 고생하고 행복했으면 한다는 말을 아빠 방식으로 그렇게 표현했던 거야."

Q의 눈에서 눈물이 흘렀습니다. 저는 Q에게 대사를 주었습니다.

"지금껏 아빠, 엄마를 위해 살았어요. 남자 사귈 때도 두 분을 떠올렸어요. 두 분을 사랑하니까요. 이제 두 분이 제 행복을 바란다고 했으니, 온전히 절 행복하게 하는 사람을 만날게요."

이렇게 말한 뒤, Q는 깊은 숨을 쉬었습니다.

"이제 당신을 만나러 갈게요"

마음이 조금 편해진 듯한 Q에게 말했습니다.

"자, 남자친구와의 관계를 다시 살펴봅시다. '구남친'들에 대해 설명해 주세요."

"'구남친 1'은 꽤 오래 사귀었는데 보고 있으면 마음이 아파요. 제가 먼저 교사가 됐고, 오빤 계속 임용고시를 실패했어요. 시간이 지나 조금씩 시들해졌을 무렵, 오빠가 결국 다른 지역으로 가게 되어 헤어졌죠."

"고민이 많았을 텐데요."

"이것저것 생각해 보면 이루어질 수 없겠다 싶어서 제가 찼어요. 그래서 항상 죄책감이 있어요."

"'구남친 1'과 제대로 이별하지 않아 어떤 사람을 만나도 헤어질 수밖에 없었겠단 생각도 들어요."

"맞아요. 그런 것 같아요."

저는 Q를 '구남친 1' 앞에 세웠습니다. 그러자 Q의 눈에서 눈물이 흘러내렸습니다.

"미안해. 용서해 줘."

Q를 '구남친 1' 역할로 들어가게 했습니다. 그리고 '구남친 1' 역할의 Q에게 물었습니다.

"Q는 어떤 사람이었나요?"

"짠해요. 그리고 많이 감싸주고 싶은 사람이에요."

"어떤 의미에서요?"

"고민도 많고 가족에게 상처도 많이 받았거든요. 그래서 더 마음이 갔어요."

"더 마음이 갔던 게 내 삶과 특별한 관계가 있어서였나요?"

"뭐, 제 부모님도 싸우다 이혼하셨고. 여자친구 이야기 듣다 보면 저랑 비슷해서 더 다독여주고 싶었죠."

"여자친구랑 헤어질 때 어떠셨어요?"

"가슴이 아프긴 했는데, 어느 정도는 예상했어요. 여자친구는 진작에 교사가 됐는데, 저는 되지 못해서 부끄러운 것도 있었고. 여자친구랑 헤어질 것 생각해서 다른 지역으로 시험 본 것도 있었어요."

"여자친구는 미안함이 많다는데요."

"저도 미안하지요. 원하는 사람이 되어주지 못해서요."

"자, 여자친구에게 한마디 해주세요."

"…나 잘살고 있어. 그리고 미안해."

Q를 '구남친 1'에서 자기 자신으로 돌아오게 한 뒤, '구남친 1'에게 방금 전 말을 듣게 했습니다. 그리고 Q에게 '구남친 1'의 눈을 바라보고 이렇게 말하게 했습니다.

"힘들 때 옆에 있어주어 고마웠어요. 그래서 더 미안하고 가끔 죄책감이 올라오나 봐요. 미안해요."

저는 '구남친 1'에게 이렇게 말하게 했습니다.

"저도 힘들던 시기에 제 옆에 머물러주어 고마웠어요. 더 빨리 헤어질 거라 생각했는데 저를 위해 몇 년 더 머물러주어서 감사했어요. 그것만으로도 충분합니다. 저도 미안합니다."

Q의 눈에서 더 많은 눈물이 흘렀습니다. 전 둘에게 동시에 이렇게 말하게 했습니다.

"다시 이별하겠습니다. 우리의 인연은 여기까지라는 것에 동의합니다."

그리고 두 사람에게 뒤로 한 걸음씩 물러나게 했습니다. "그동안 고마웠습니다"라고 말하며 한 걸음씩 뒤로 물러난 뒤 어느 정도 사이가 멀어지자 '구남친 1'을 뒤돌게 했습니다. Q도 뒤돌게 하고는 한 참여자를 Q 앞에 세우고 '미래의 남자친구'로 이름 붙인 후 Q에게 말하도록 했습니다.

"이제 당신을 만나러 갈게요. 온전히 제 눈과 가슴으로만 만날게요. 실패도 있을 수 있지만, 끝내 당신을 만나러 가겠습니다. 당신을 만나면 지금까지 해보지 않은 가슴 깊은 사랑을 하겠습니다."

'미래의 남자친구'에게도 문장을 주었습니다.

"기다리겠습니다. 저를 만나거든 온전히 당신의 눈과 마음으로 저를 바라봐주세요. 함께 행복한 시간 만들길 기다리겠습니다."

이렇게 심리극을 마쳤습니다.

연애와 자존감의 상관관계

꽤 많은 교사가 사람을 만나고 사귀는 동안 어려움을 느낍니다. 좀 더 행복한 삶을 위해 상대를 만나거나, 다가오지 않을 미래가 불안하다며 현재의 관계를 종결해 버리거나, 나만을 위한 사람이 아니라 부모를 만족시킬 사람 혹은 다른 사람들이 봤을 때 인정할 요소가 있는 사람을 찾기도 합니다. 가정이나 학교에서 힘든 일을 겪을 때, 자신을 위로해 주고 감싸줄 대상을 찾는 경우도 있습니다.

'사랑'보다 '특정한 이유'로 사람을 만나다 보니 그 과정에서 찾아오는 실패와 또 다른 고민이 있었습니다. 앞선 사례에서도 '구남친 2'의 경우, 소개팅으로 사귀었지만 부모나 주변에서 말하는 조건에 부합하는 사람이 아니다 보니 Q에게 그는 잠깐의 외로움 때문에 옆에 둔 것 그 이상도 이하도 아닌 존재가 되고 말았습니다. '구남친 2'는 사랑을 제대로 받지 못한다는 생각에 다른 사람을 사귀었습니다. 그 사실을 알게 된 Q는 자신이 초라하게 느껴졌고 남자에 대한 분노가 자라났습니다. 그래서 정말 따뜻하고 잘해주는 '구남친 3'을 사귀었지만, 함께 잘 지내면서도 한편으론 그가 양다리를 걸치고 자신을 배신할까 봐 의심이 들고 조마조마했습니다. 그래서 끝내 '구남친 3'과도 결말이 좋지 않았습니다.

누군가를 사귀느냐가 내 행복과 자존감에 영향을 미친다면, 반대로 만나는 사람이 내 행복과 자존감을 무너뜨릴 수 있다는 것도 기억해야 합니다. 자존감은 작은 성공을 쌓아가면서 올라가는데, 연애에서도 반복적이고 잦은 실패가 자존감을 깎을 가능성이 큽니다. 누군가를 사귈 때, 너무 멀리 바라보거나 타인의 이야기를 떠올리지 말고, 오늘 하루 내 눈앞의 상대를 온전히 사랑하는 것에 집중해 보셨으면 합니다.

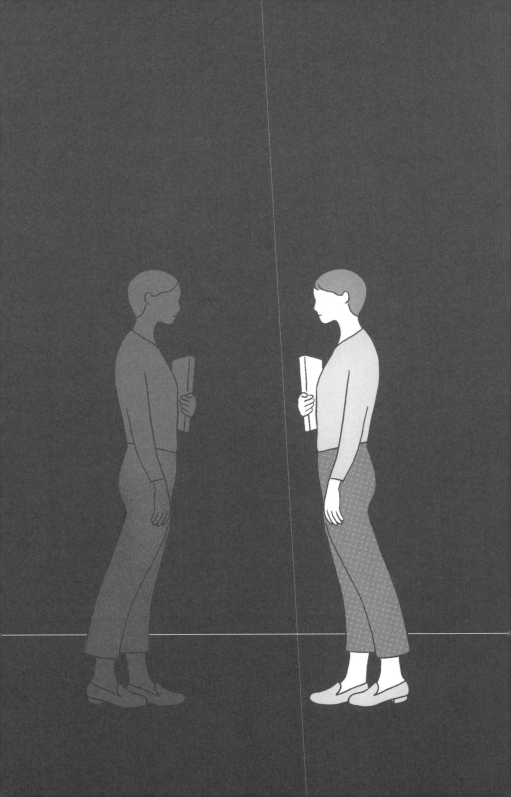

건강한 자존감을
유지하는 법

여러 심리극 사례를 보며 느끼셨겠지만, 워크숍에 참여하거나 상담 및 심리 치료 과정을 밟는 것은 우리의 자존감 회복에 큰 도움이 됩니다. 스스로 자존감을 깎는 패턴이 어디에서 기인했는지, 사람들과의 관계에서 어떤 패턴으로 자존감이 깎이는지를 이해할 수 있게 해주기 때문이죠. 이 '이해'가 중요합니다. 이해를 하는 순간, 전과 비슷한 '자존감이 깎일 만한 상황' '자존감 깎는 사람'을 만나더라도 훨씬 유연하게 현상과 사람을 바라보게 되고 덜 상처받게 되니까요.

하지만 이 과정은 장작을 활활 타오르게 하기 위한 일종의 '잔가지'에 해당합니다. 이해를 경험한 당신은 따뜻한 마음과 여유로 스스로를 다독이고 전보다 좀 더 높은 자존감을 갖게 되지만, 일정 시간이 지나면 이전의 패턴이 반복되기 십상입니다. 긴 시간 살아오며 고착된 생각, 감정의 흐름, 비언어 등이 과거 내가 받은 상처를 다시 겪지 않도록 현재의 나(시스템과 패턴)를 만들어놨기 때문이죠. 그래서 일시적인 변화 이후 서서히 그 효과가 줄어들게 됩니다.

감기, 복통, 변비, 고열 등 복합적인 증상으로 끙끙 앓는 사람에게 이제 해열제 하나가 처방된 것과 같다고 보셔야 합니다. 일시적인 참여가 아니라 장기적인 참여가 중요한 이유입니다.

상담과 심리 치료 과정에 참여하기로 했다면 한두 번으로 멈추는 것이 아니라, 내 자존감을 높이기 위해 다뤄야 할 것을 구체적으로 생각해 보고 장기적으로 계획을 세워야 합니다. 내 주변 환경(학교와 가정, 가족 등)이 변하지 않은 채 내 자존감을 깎고 나를 상처 주는 크고 작은 일이 매일 일어나는 일상을 살고 있다면, 더더욱 장기적으로 이런 과정에 참여하면서 나를 상하게 하는 감정과 상처를 중간중간 빼내야 할 것입니다.

심리 치료 과정
지속하기

    제가 대학원과 학회의 자격 과정을 소화하며 꼭 해야 했던 것은 '내 문제(상처) 먼저 해결하기'였습니다. 남을 치유하기 위해 먼저 내 상처를 다독이고, 심리 치료 과정에 참여하며 내가 어떻게 변해가는지 경험해야 했습니다. 마음이 건강하지 않으면 내 문제를 내담자에게 투사하고 내 생각, 내 방식의 해법을 강요하게 되기 때문이죠.

나의 심리 치료 과정

    하지만 첫 번째 심리 치료는 쉽지 않았습니다. 내가 내담자가 되면 다루게 될지 모르겠다고 생각했던 과거의 상처 장면(아버지가 술을 마시고 와서 가족을 협박하고, 나는 아버지와 싸우고 뛰쳐나가다 유리문에 머리를 다쳤던 장면)이 있었기 때문입니다. 그것을 다루기도 무서웠고, 나와 내 부모의 정보가 참여자들에게 노출되는 것도 두려워 1년 넘게 타인의 치료 과정을 지켜보기만 했습니다.

그러다 하루는 학교 관리자에게 상처받았던 일이 있어 심리 치료를 의뢰하게 됐습니다. 초빙 교사로 학교를 일찍 떠나는 내게 관리자가 상처를 주었던 사건이었죠. '가족' 주제가 아니라 '학교' 주제라는 생각에 덜 두려워하면서 내담자가 되겠다고 자원했습니다. 그런데 치료 과정에서 관리자를 바라보는 내 시선에 아버지에 대한 화가 투사되어 있었고, 내가 학교 생활을 하며 생긴 스트레스에 그 화가 연결되어 있다는 것을 알게 됐습니다. 무엇보다 내 화는 내 자녀에게 영향을 미치고 있다는 것을 깨달았습니다.

내 자녀를 위해서라도 내게 생긴 상처와 감정을 우선 다듬어야 한다고 느끼고, 외부 활동을 줄여가며 몇 년간 상담과 심리 치료 과정에 꾸준히 참여했습니다. 그 과정에서 학생들이 만든 스트레스 상황에 대처하는 법을 익히고 그에 따른 감정도 다독일 수 있게 됐고, 불건강한 학교·관리자와 싸우고 분노하기보다 그들을 편안한 눈으로 바라보고자 하는 마음도 생겼습니다. 무엇보다, 세상을 좀더 긍정적으로 바라보고 행복하게 사는 방법을 배웠습니다.

그래서 어떻게 됐을까요? 내 가정과 교실이 안정적으로 변해갔고, 크고 작은 행복이 늘어났습니다. 주기적으로 살펴본 심리 검사 결과가 좋아졌고, 스트레스가 줄어들자 안정감과 자존감은 자연스럽게 상승했습니다. 이 과정에 4년 정도 소요됐습니다. 이젠 제 변화된 모습을 보고 상담과 심리 치료 과정에 대해 좀 더 마음을 여는 사람도 생겨나고, 저 또한 그 경험을 바탕으로 현재 집단 상담을 기반으로 한 워크숍 형태의 '성장 교실'을 진행할 수 있게 됐습니다.

여러분 중에도 저처럼 심리 치료 과정과 과거의 상처를 또 만나는 것이 두려운 분이 있을 수 있겠단 생각을 해봅니다. 하지만 여러분의 자존감에 깊게 관여한 과거의 상처가 있다면 용기 내어 가까운 상담 센터나 정신건강의학과 또는 관련 워크숍의 문을 두드려보길 바랍니다.

시간이 지나야 찾아오는 이해

책을 쓰기 위해 매일 A4 2~3장씩 글을 쓰고 출력해 읽어볼 땐 모르지만, 시간이 지나 그 2~3장이 쌓여 뭉치가 됐을 땐 근사한 무게감을 느낄 수 있습니다. 심리 치료도 마찬가지입니다. 상담과 심리 치료 경험이 한 번, 두 번일 땐 잘 모를 수 있지만 이것이 쌓이다 보면 어느새 근사한 삶이 나를 찾아옵니다.

간혹 조급한 마음이 생길 수 있습니다. 여러 워크숍에 참여해 보면 빠른 변화를 만나고 싶어 하는 참여자들을 만납니다. 그들은 어떤 심리 치료 기법도, 워크숍도, 프로그램도 완벽할 수 없다는 것을 망각하고, 여러 사람에게 도움을 주는 워크숍의 장점보다는 단점만 살피다 나름의 핑계와 이유를 대며 중간에 그만두곤 합니다. 장기 프로그램의 경우, 단 한 번도 끝까지 참여하지 않고 또 다른 곳에 가서 참여하다가 관두길 반복하거나, 소문난 워크숍을 찾아다닙니다. 메인 요리가 나오기 전 에피타이저만 먹고 자리는 뜨는 것처럼요.

조급한 마음이 드는 건 사실 당연한 일입니다. 치료 과정에서 만날 깊은 상처나 과거의 경험이 두려워 도망가고 싶을 수도, 완벽주의 성향으로 조각된 나머지 좋은 것보다 흠이 더 보여 전체를 바라보는 눈에 영향이 생겨 그럴 수도 있으니까요. 이럴 땐, 마음속으로 이렇게 말해보세요.

"완벽한 과정은 없다는 것에 동의합니다. 좋은 것을 취해보겠습니다."

한편으로는 너무나 고통스럽고 힘든 나머지 긴 시간을 기다리는 것 자체가 힘들어, 한 방에 내 모든 문제를 다 해결해 주는 마법의 물약이 있었으면 하는 마음이 생길 수도 있습니다. 그러나 20년간 찌운 살을 한두 달 안에 뺄 수 없듯이, 모든 회복과 치유에는 시간이 필요하다는 것을 기억해야 합니다.

'잘하고 있어. 이번에 내게 찾아온 작은 변화는 시간이 지나면 큰 변화로 이어질 거야.'

4장 건강한 자존감을 유지하는 법

이런 마음을 지녀야 합니다. 시간이 지나야 찾아오는 이해가 있다는 것을 기억해야 합니다.

아무 워크숍에나 장기간 참여하란 뜻은 아닙니다. 먼저, 주변에서 효과를 보고 도움받았다는 곳을 추천받아 가보세요. 누군가의 발걸음을 따라가 보는 건 좋은 일입니다. 각자의 성향, 성장 과정, 경험, 상처가 다르기에 꼭 같은 곳에서 같은 결과가 생기진 않겠지만요. 모르는 곳 여러 군데에 가서 실패가 반복되면 상담, 심리 치료, 워크숍에 대한 실망감과 거부감이 생길 수 있으니까요. 또, 내가 편하게 오갈 수 있는 곳이 좋습니다. 거리가 멀고 내가 쉽게 참여할 수 없는 시간대라면 참석하고 오가는 과정이 고통스러울 수 있습니다. 편하게 대화 나누고 지지받을 수 있는 곳에서 시작해 보세요.

최근 교육청, 교원단체, 교원공제회 등에서 교사에게 5회기 정도씩 상담비를 지원하기 시작했습니다. 이곳에서 안내하는 상담 센터와 기관에서 시작하는 것도 좋습니다. 모든 과정에는 비용이 들 수밖에 없는데, 지원받으며 시작하면 마음이 조금 더 편하겠죠. 또 자기 성향에 맞는 과정을 찾아보세요. 누군가에게는 언어 상담이, 누군가에게는 집단 상담이, 또 다른 누군가에게는 심리극이 잘 맞을 수 있습니다. 자기 성향에 맞춰 계획을 세워보는 것도 좋습니다. 이때 사이비 종교 같은 워크숍은 조심하세요. '자존감'과 '힐링'이라는 이름으로 워크숍을 진행하면서, 나중에 단계별로 더 높은 금액을 제시하고 다단계처럼 운영하는 곳이 있다면 피해야 합니다.

매일 아침
문장 완성하고 다짐하기

학교는 수많은 일이 발생하는 곳입니다. 학생, 학부모, 동료 교사, 관리자 들과의 관계에서 생기는 수많은 사건이 매 순간 내 자존감을 높였다 낮추곤 합니다.

나에게 상처 주고 나를 무기력하게 만드는 사람과 일이 학교에 자리하고 있으면 고통스럽고 자존감이 깎일 수밖에 없습니다. 일터를 옮겨 내 편인 사람들이 있는 곳에 갈 수 있으면 좋으련만, 직업 특성상 교사는 일정 기간 동안 같은 장소에서 직장 생활을 할 수밖에 없습니다. 상담과 심리 치료로 마음이 조금 괜찮아졌어도 매일 날 힘들게 하는 사람과 일을 다시 마주하는 것은 힘든 일이죠. 그래서 장기적으로 불편한 감정이 차오르면 이를 빼낼 곳을 만들고, 내 마음을 편안하게 만드는 워크숍에 지속적으로 참여해야 합니다. 그 사이사이 내 마음이 불편해질 때면 개인적인 노력이 필요한 법입니다. 내가 나에게 치료사 역할을 해주어야 합니다.

⌒ 비평가 대신 격려자 들이기 ⌒

앞서 이야기했던 것처럼 워크숍에 참여하거나 상담 센터, 정신건강의학과에서 치료 과정을 밟아가는 일은 두렵고 어려울 수 있습니다. 그럴 땐 속도를 줄이고 우선 자존감 회복을 위한 노력을 개인적으로 기울일 수 있는 여건, 성공 경험을 쌓을 수 있는 프로젝트를 부여해 보세요. 기간을 정해놓고 매일 오전 자존감 회복을 위한 문장을 완성해 보고, 종일 그 문장을 중얼거리며 하루를 지내보고요. 그리고 자기 전, 그 문장으로 인해 내게 어떤 일이 생겼는지 돌아봅니다. 짧은 문장에서 긴 문장으로 차차 늘려가며, 일정 기간 동안 나에게 자존감이 올라가는 말을 반복합니다. 그리고 정해진 목표를 달성하면 나에게 선물을 주면서 행위를 강화합니다.

한 교사가 최근 자존감이 회복된 일에 대해 이런 답을 주었습니다.

"저는 예쁘지도 않고 부족한 사람이라고 생각했는데 남자친구를 만나 오래 사귀면서 자존감이 올라갔습니다. 남자친구는 '넌 있는 그대로 아름다워' '넌 무슨 일이든 할 수 있어' '넌 사랑스러워' 등

매번 저에게 긍정적인 말을 들려줬습니다. 몇 년간 그런 말을 듣다 보니 그 얘기가 사실로 믿어졌고 그래서 제 자존감이 올라갔습니다."

우리가 앞으로 할 작업은, 이 남자친구가 끊임없이 긍정적인 이야기를 들려줘 여자친구의 자존감을 올려버린 것과 같은 일입니다.

내 자존감이 낮아지게 된 이유 중 하나는 반복적으로 경험한 일과 반복적으로 들었던 말로 내 머릿속에 자리 잡게 된 작은 비평가가 끊임없이 내게 부정적인 피드백을 하기 때문입니다. 물론 그 비평가는 과거처럼 또다시 상처받을까 봐 나를 지켜주고 보호하는 것입니다. 상처받을 상황에 들어가지 않도록 나름대로 최선을 다하는 것이죠. 그 노력에 감사하면서 '이제 네 역할은 충분히 했으니 한 걸음 뒤로 물러나도 괜찮다'고 한 후 조언자 또는 격려자 같은 내게 힘을 주는 대상이 그 자리에 서도록 해야 합니다.

우선 날 깎아내리는 내 머릿속 비평가의 바로 옆에 성능 좋은 스피커 하나를 설치했다고 상상해 보세요. 그 스피커에서는 비평가보다 더 크고 또렷하게 내게 긍정적인 말, 위로의 말, 격려의 말을 내보냅니다. 넌 할 수 있다고, 넌 대단하다고 말하는 그 스피커에 귀를 기울여 보세요. 비평가는 언제나 그렇듯 그 자리에 있겠지만, 자신의 말을 여러분이 더 듣지 않는다고 생각하면 재미없다며 다른 곳으로 갈지 모릅니다. 비평가가 다른 곳으로 가는 데 시간이 걸린다는 것을 기억하면서, 스피커를 통해 내게 들려줄 말을 만들어 보는 작업을 해보겠습니다.

∼ 문장 완성 연습 ∼

출근하기 전이나 학교에 막 도착했을 때 힘 있는 몸을 만들어 포즈를 취한 뒤, 자기 자신에게 특정한 문장(문구)을 선물해 주세요.

"나는 힘 있는 사람이고, 나는 큰 사람이고, 나는 나눠주는 사람이야. 내게 어떤 일이 생기더라도 여유 있게 바라볼 거야. 사람들을 만나면 조금 더 미소 지어줄 거야."

아침마다 허리에 손을 올리고 힘 있는 몸을 만들어 세운 후 나 자신에게 이 말을 반복해 들려주며 복도를 걷고, 교실에 들어갑니다. 그러면 미리 선언을 한 덕에 마음이 준비되어 덜 긴장하게 됩니다. 속상하거나 상처받는 일이 발생하는 순간에도 이 말이 떠올라 전과 다른 여유를 갖고 일을 처리하게 됩니다.

정서는 행동과 밀접한 연관이 있습니다. 몸이 확장되고 힘이 생기는 말을 계속 들려주고 자세를 그렇게 취하면 시간이 지나 특정한 말을 했을 때 몸이 준비되거나, 특정한 몸을 만들 때 말이 떠오르는 자동 반응이 생깁니다. 즉, 지속적으로 말과 몸을 단련하면 내 감정과 몸을 바꿀 수 있습니다. 나를 힘 나게 하는 말을 매일 아침 만드는 것이 중요한 이유입니다. 이를 위해 자존감 연구의 대가인 너새니얼 브랜든Nathaniel Branden의 '문장 완성 연습'[1]을 참고해 보세요.

---

1   너새니얼 브랜든 저, 김세진 역, 《자존감의 여섯 기둥》, 교양인(2015), p.145

브랜든은 문장 완성 연습이 자기 인식, 자기 발전, 자기 치유에 가장 효과적인 기술이라며[1] 제시된 문장 뒤에 말꼬리를 덧붙이는 방식으로 문장을 완성하게 합니다. 예를 들면 아래와 같습니다.

✳ 오늘 하루 5% 더 자기 주장이 강한 사람으로 산다면[2] _____

▶ 오늘 하루 5% 더 자기 주장이 강한 사람으로 산다면, 반 학생이 수업 시간에 이상한 이야기를 하는 즉시 내 감정과 생각을 말하게 될 것이다.

자존감 관련해 브랜든이 만든 다양한 문장이 있는데요. 저는 각기 다른 상황에 처한 교사들을 위해 이를 조금씩 변형해 활용합니다.

⌒ "그는 사연 있는 사람일 뿐이야" ⌒

교과 전담 교사 R는 상처받는 게 두려워 어려운 일 맡기를 두려워했고, 자신에게 조금이라도 어려운 일이 오지 않도록 타인을 조종하는 등 정치에 힘썼습니다. 공감 능력이 낮아 타인에게 말을 함부로 하는 성향도 있었죠. 그렇다 보니 여러 교사를 힘들게 했고, 저

---

1   너새니얼 브랜든 저, 노지양 역,《자존감이 바닥일 때 보는 책》, 프시케의 숲 (2018), p.36

2   같은 책, p.214

또한 그에게 상처받은 적이 있었습니다.

그즈음 저는 한참 자존감 올리는 문장에 대한 실습을 집단과 함께 진행 중이었습니다. 저 또한 매일 아침 반복적으로 문장을 쓰고 말하며 하루를 보냈습니다. 그때 썼던 문구는 이것이었습니다.

"나는 베푸는 사람이고, 건강한 사람이다. 날 상처 줬던 사람을 만나더라도 따뜻하게 미소 지어주는 큰 사람으로 하루를 보내자."

이 문장을 반복적으로 말하며 미소를 짓고 복도를 걸어가다 모퉁이를 도는 순간 R와 딱 마주쳤습니다. 자동 반응처럼 내 얼굴에 미소가 올라와 "어머나, 안녕하세요. 오늘도 힘내세요"라며 밝게 인사하고 지나칠 수 있었습니다. 그 뒤에도 여전히 "나는 베푸는 사람이고, 건강한 사람이다. 저 사람은 사연 있는 사람이니 미워하기보다 측은지심으로 바라보자. 밝게 미소 지어주길 잘했다"라며 나 자신에게 계속 문구를 주었습니다. 그러다 보니 그가 내게 상처 될 말을 해도 내가 밝게 미소 지어준 것에 대해 손해 본 느낌이 들지 않았습니다.

복도를 지나칠 때면 항상 "나는 베푸는 사람이니 내가 먼저 미소 지어주는 거야. 저 사람은 사연 있는 사람이야. 밝게 인사하는 건 잘하는 일이야"라는 문장을 읊조리며 그에게 밝게 미소 지었습니다. 그러자 그가 멀리서 저를 볼 때마다 멈칫하더니 어느 순간부터 조심스럽게 발걸음을 돌리기 시작했습니다. 그 모습을 보자, '날 상처 주기 위해 말했지만 그 말 때문에 정작 괴로운 사람은 R 선생님이 원하는 것입니다. 잠자기 전에는 각자 어떻게 해냈으며 어떤 생각이 들었는지 나누어보고요. 다른 사람의 글을 보며 내 문장을 다듬거나 더 힘이 되는 말을 얻고 배울 수도 있습니다. 누군가 해내고 변화되는 것을 보면 '나도 할 수 있다'는 생각도 듭니다. 실제 집단 상담에서는 지난 과정이 내 삶에 어떤 영향을 미쳤는지에 관해 이야기하는 사람의 얼굴이나 분위기에 영향을 받아서 "나도 해보고 싶다" "나도 할 수 있겠다"라고 말하는 참여자들을 자주 경험했습니다.

때로는 그렇게 문장을 썼는데도 실패하고 좌절하는 날이 있겠지만, 괜찮습니다. 그런 날엔 역시 글을 쓰면서 감정이 빠져나가는 경험을 해보고, 서로 지지하고 믿음을 주는 사람들로 구성된 작은 채팅 창에서 지지받고 응원받을 수 있으니까요.

그러니, 혼자보다 몇 명이 팀을 만들어서 해보시길 권합니다. 함께 실행해 본 뒤, 오프라인에서 만나 서로 이야기 나누고 다음 목표도 정해보세요. 목표를 잘 해낸 서로에게 박수도 보내주고요. 이 모든 것이 자존감을 조금씩 높이는 선순환을 만듭니다.

기간을 정해놓고

막연하게 이 작업을 하기보다는 기간을 정해놓고 해보세요. 하나의 주제(한 문장 만들기 등)를 1주일 또는 2주일간 반복하셔야 합니다. 그래야 문구가 내게 영향을 미치고, 내 패턴(감정 처리와 행동)의 변화를 만듭니다. 기간을 정해놓으면 목표를 달성한 느낌을 만날 수 있습니다. 또 목표를 달성할 때마다 내게 작은 선물을 주면서 성공 경험을 느낄 수도 있고요. 선물을 주며 자신에게 이런 말을 해주세요.

"잘했어, 넌 이 선물을 받을 자격이 있어.""중간에 포기하지 않고 해낸 너에게 주는 선물이야."

내게 맞는 기간을 정하면 중간에 포기하려는 마음을 줄일 수 있습니다. 그만두고 싶은 마음이 들 때면 조금 더 해보자고 스스로를 독려하거나 경우에 따라 목표를 수정해 보는 것도 매우 중요한 경험입니다.

제 아들이 초등학교 1학년 때 고민을 털어놓은 적이 있습니다. 25m 풀장을 왕복하면 흰색 수모에서 노란색 수모로 단계가 올라가는데, 매번 도착점 가까운 곳에서 실패한다며 한숨을 내쉬더라고요. 전 아들에게 힘이 빠지고 가라앉으려 하는 그 순간, 팔을 열 번만 더 죽기 살기로 저어보라고 했습니다. 그리고 정말 제 아들은 다음번에 서서히 속도가 줄어들려는 순간 몇 배로 팔을 휘저었습니다. 옆에서 보기엔 파닥거림으로 보일 정도였지만, 아들은 어느새 쑤욱 앞으로 나가더니 도착점에 닿았습니다. 탈의실에서 나온 아들은 제게 노란색 수모를 흔들며 정말 뿌듯해했죠. 전 이제 아들에게 이 말을 들려줍니다.

"네가 포기하려던 순간 팔을 열 번 더 저어 도착점에 닿았던 그 순간을 떠올려보렴. 너에겐 힘이 있단다. 조금만 더 힘내보렴."

여러분도 중간에 그만두고 싶다는 생각이 들거든 팔을 열 번 더 저었던 제 아들 이야기를 떠올리며 조금만 더 힘내보세요.

한 문장
완성하기

　처음부터 많은 문장을 만들기보다는 짧은 문장 하나를 만든 후 이를 반복해서 말하는 것이 좋습니다. 자존감을 키우려면 성공 경험이 있어야 하는데 큰 목표는 아무래도 실패할 가능성이 크죠. 따라서 완수할 가능성이 큰 작은 목표에서 시작해 보세요. 그리고 조금씩 목표를 키워나가면 됩니다.

　한 문장을 일주일 정도 반복해 말해보면서 '할 수 있다'는 마음이 조금씩 내 삶에 자리하도록 해야 합니다. 이를 위해 '내 자존감의 회복'이란 막연한 목표보다는 5% 또는 3% 등 구체적이고 낮은 수치를 목표에 담는 것이 좋습니다. 평소보다 그저 조금만 더 애쓰면 되도록요.

내 자존감을 5% 더 회복하기 위해

많은 교사가 책을 읽거나 연수를 하며 자존감 회복 연습을 이해하고 생각하기만 했지, 실제로 행동에 옮기지는 않는 모습을 자주 보았습니다. 하지만 행동하지 않으면 어떤 성취도 있을 수 없습니다. 그러니, 당장 문장을 쓰고 말하고 행동해 보자고요. '오늘 당장 친구 S를 만나겠다' '오늘 당장 상담 센터에 전화를 걸어보겠다' '오늘 당장 남편과 대화를 나눠보겠다' 등 오늘 당장 할 수 있는 작은 목표를 세워보세요. 그리고 잠자리에 들기 전 이 문장이 어떤 변화를 만들었는지 간단히 적어보는 것이 좋습니다. 이는 성공과 성취를 내게 구체적으로 알려주는 귀한 작업입니다.

자, 아래 문구를 채워보세요. 이 문구는 앞서 소개한 너새니얼 브랜든의 영향을 받아 만들었습니다.

내 자존감을 5% 더 회복하기 위해 오늘 당장

_____.

	내 자존감을 5% 더 회복하기 위해 오늘 당장
1일째 (월 일)	잠자기 전 돌아보기:

었구나' 하는 생각이 들었습니다. 이후 이렇게 말하며 저를 토닥이게 됐습니다.

'저 선생님의 말이 모든 선생님의 말을 대표하지 않아. 싸우지 않길 잘했고, 따뜻하게 미소 지어주길 잘했어. 그는 사연 있는 사람일 뿐이야.'

반 아이들을 처음 만나거나 학교를 옮겨 처음 인사할 때에도 잠깐 두 손을 허리에 올리고 "난 좋은 사람이고, 힘 있는 사람이고, 따뜻한 사람이야. 내가 좋은 사람인 것처럼 조금 뒤 만날 저 아이들, 동료 선생님도 좋은 사람일 거야"라는 문구를 반복해서 읊조립니다. 그러고 나면 두근거리는 심장이 좀 가라앉고 처음 만나는 사람들 앞에서도 미소 지을 수 있습니다. 이렇듯 나 자신에게 문장을 읊어주는 일이 자연스러워져서, 이제는 갑작스러운 사건이나 긴장되는 일 앞에서도 좀 더 편해졌습니다. 여러분도 좋은 문구들이 내 어깨에 손을 올리고 나를 응원하고 있다고 생각하며, 필요할 때마다 문장을 앞으로 꺼내어 보세요.

⌒ 혼자보단 같이 ⌒

이 작업은 혼자 해나가기보다 여럿이 함께할 때 효과적입니다. 단체 채팅창을 만들어 매일 함께 문장을 써보고, 서로 확인하고 응

2일째 (월 일)	내 자존감을 5% 더 회복하기 위해 오늘 당장 잠자기 전 돌아보기:
3일째 (월 일)	내 자존감을 5% 더 회복하기 위해 오늘 당장 잠자기 전 돌아보기:
4일째 (월 일)	내 자존감을 5% 더 회복하기 위해 오늘 당장 잠자기 전 돌아보기:
5일째 (월 일)	내 자존감을 5% 더 회복하기 위해 오늘 당장 잠자기 전 돌아보기:
6일째 (월 일)	내 자존감을 5% 더 회복하기 위해 오늘 당장 잠자기 전 돌아보기:
7일째 (월 일)	내 자존감을 5% 더 회복하기 위해 오늘 당장 잠자기 전 돌아보기:

> 7일간 이 작업을 훌륭히 해낸 나에게 작은 선물을 해주세요.
> 그리고 내게 잘해냈다는 칭찬 또는 위로와 격려의 말을 써주세요.
>
> 내게 주고 싶은 선물:
> 내게 해주고 싶은 말:

> 내게 작은 선물을 해준 뒤, 어떤 마음이 드는지 간단한 글을 써보세요.

저와 같은 집단의 교사들이 썼던 문장들을 일부 소개하려고 합니다. 여러분이 문장을 만들어가는 데 도움이 되길 바라며, 실제 이 작업을 통해 변화를 만나고 작은 성공을 쌓아가는 사람이 있었다는 것을 기억하셨으면 합니다.[1]

사례1

✳ 내 자존감을 5% 더 회복하기 위해 오늘 당장 <u>아침에 병원 가서 진료받고, 바로 교감 선생님께 전화를 걸어 병가를 낼 것이다.</u>

▶ 잠자기 전 돌아보기

병가 내겠다고 말씀드리고 수요일까지 요양하기로 했다. 비록 과정이 순탄치는 않았지만 다짐한 덕분에 해낼 수 있었다. 동료 교

---

1   이 문장들은 작성자의 동의를 받아 약간의 수정을 거쳐 실었습니다.

사, 학생, 학부모 들이 많이 걱정해 주어서 한편으로는 쑥스럽고 부끄럽지만 그래도 좋다. 그때마다 '교통사고를 당한 지금 일하면 나도 힘들고 아이들도 힘들다. 모두를 위해 충분히 쉬어야 해. 그동안 난 열심히 했으니 더욱 그럴 가치가 있어'란 말을 반복하겠다. 나를 존중하기, 아껴주기!

사례2

✳ 내 자존감을 5% 더 회복하기 위해 오늘 당장 <u>댄스 학원에 가겠다.</u>

▶ **잠자기 전 돌아보기**

첫 수업을 듣고 왔다. 재미있다. 몸을 움직이다 보니 내가 살아 있고 열정이 있다는 게 느껴진다. 그동안 잊고 있었는데 반갑다. 학교를 떠올리면 마음이 복잡했는데 잡생각도 안 나고 너무 좋다.

사례3

✳ 내 자존감을 5% 더 회복하기 위해 오늘 당장 <u>미뤘던 책상 청소와 옷장 정리를 하겠다.</u>

▶ **잠자기 전 돌아보기**

너무 오랫동안 방치해 둔 책상과 옷장을 보면 무기력감이 올라오고 어떨 때는 화도 났다. 그런데 책상 청소와 옷장 정리를 하고 깨끗해진 방을 보니 기분도 좋고 자존감도 올라간다. 지금 이 순간, 정말 기쁘다.

4장 건강한 자존감을 유지하는 법

사례4

✶ 내 자존감을 5% 더 회복하기 위해 오늘 당장 자기 전 폰 대신 책 보기, 운동하고 샤워한 뒤 거울 보며 "멋져, 잘하고 있어"라고 말해주기, 쉬는 시간 틈틈이 거울 보고 나에게 "괜찮아, 잘하고 있어"라고 말해주기, 방과 후 세탁소 다녀오고 옷장 정리하기.

▶ 잠자기 전 돌아보기

학교에서 위기(?)의 순간이 올 때마다 "괜찮아, 잘하고 있어"라고 반복해 말하는 나를 발견했다. 또 아침에 저 문장을 말한 덕에 세탁소에서 3개월 만에 옷을 찾을 수 있었다. 문장 완성하기, 고맙다. 이제 폰을 내려놓고 책을 보겠다. 작은 목표들을 세우고 성공하는 느낌, 오랜만이다.

사례5

✶ 내 자존감을 5% 더 회복하기 위해 오늘 당장 내 어깨를 수시로 체크하며 쭉 펴겠다. 그리고 거울 볼 때마다 내게 사랑스럽다고 말해주겠다.

▶ 잠자기 전 돌아보기

어깨가 자주 움츠러든다는 것을 자각하고, 수시로 어깨를 체크하면서 바로 펴는 연습을 집중적으로 해봤다. 자세가 조금 바뀌는 것뿐인데도 금세 자신감이 생기는 것을 깨달았는데, 그 느낌이 참 신기하고 좋았다. 그리고 화장실에 갈 때마다 거울을 보고 "사랑해!"라고 내게 이야기해 줬다. 바로 얼굴 표정이 바뀌는 걸 볼 수 있어 더 좋았다. 스스로에게 더 자주 사랑 고백을 해야겠다는 생각이 들었다.

◦ 내 자존감 5% 회복을 위해 해줄 말 ◦

여러 사례에서 알 수 있듯이, 나 자신에게 어떤 말을 들려줄지 정해보는 것도 중요합니다. 이는 갑자기 곤란하거나 불편한 일이 생겼을 때 나를 다독이고 마음을 다잡아 다시 고개를 들도록 해주기 때문입니다.

자, 아래 문장을 완성해 보세요. 하나를 써도 좋고, 여러 개를 써도 좋습니다. 그리고 나에게 이 말을 자주 들려주세요.

내 자존감을 5% 더 회복하기 위해 _____ 라는 말을 조금 더 해주겠다.

1일째 (월 일)	내 자존감을 5% 더 회복하기 위해 (　　　　　　　　　　　　　　　　　　　)라는 말을 조금 더 해주겠다. 잠자기 전 돌아보기:

　　　　　　　　　　4장 건강한 자존감을 유지하는 법

2일째 (월 일)	내 자존감을 5% 더 회복하기 위해 ( )라는 말을 조금 더 해주겠다. 잠자기 전 돌아보기:
3일째 (월 일)	내 자존감을 5% 더 회복하기 위해 ( )라는 말을 조금 더 해주겠다. 잠자기 전 돌아보기:
4일째 (월 일)	내 자존감을 5% 더 회복하기 위해 ( )라는 말을 조금 더 해주겠다. 잠자기 전 돌아보기:
5일째 (월 일)	내 자존감을 5% 더 회복하기 위해 ( )라는 말을 조금 더 해주겠다. 잠자기 전 돌아보기:
6일째 (월 일)	내 자존감을 5% 더 회복하기 위해 ( )라는 말을 조금 더 해주겠다. 잠자기 전 돌아보기:
7일째 (월 일)	내 자존감을 5% 더 회복하기 위해 ( )라는 말을 조금 더 해주겠다. 잠자기 전 돌아보기:

7일간 이 작업을 훌륭히 해낸 나에게 작은 선물을 해주세요.
그리고 내게 잘해냈다는 칭찬 또는 위로와 격려의 말을 써주세요.

내게 주고 싶은 선물:
내게 해주고 싶은 말:

내게 작은 선물을 해준 뒤, 어떤 마음이 드는지 간단한 글을 써보세요.

이번에도 저와 같은 집단의 교사들이 썼던 문장들을 소개합니다. 살펴보시고, 꼭 나만의 문장을 만들어보세요.

사례1

＊ 내 자존감을 5% 더 회복하기 위해 "넌 대단한 사람이고 베푸는 사람이고 너그러운 사람이니 지금보다 편안한 마음으로 하루를 보내 봐"라는 말을 조금 더 해주겠다.

▶ 잠자기 전 돌아보기

먼 길을 운전해야 하는 상황인데, 오늘은 월요일이어서 특히 끼어들기가 많은 꽉 막힌 도로를 운전해 가야 했다. 앞 차가 갑자기 끼어드는 등 이상한 교통 상황이 생길 때마다 "난 베푸는 사람이고, 양보하는 사람"이라고 말하자, 그것만으로 여유 있게 운전할 수 있었다. 평소보다 편한 마음으로 학교에 도착했다. 아침부터 마음이 평온하니 뿌듯하다.

사례2

✦ 자존감을 5% 더 회복하기 위해 <u>쉬는 시간마다 거울을 보며 "에라 모르겠다, 괜찮아. 난 할 수 있어"</u>라는 말을 조금 더 해주겠다.

▶ 잠자기 전 돌아보기

아침에 교실에 들어서며 피곤함과 짜증이 올라올 뻔한 순간, 다른 선생님들의 문장을 보자 그것만으로 도움이 됐다. "나는 힘 있는 사람, 따뜻한 힘을 주는 사람, 베푸는 사람"이란 한 선생님의 글이, 오늘 내가 스스로에게 약속한 말과 함께 계속 떠올라 '오늘의 자존감'을 지킬 수 있었다. 감사합니다♡

사례3

✦ 내 자존감을 5% 더 회복하기 위해 <u>"그럴 수도 있지, 너그러운 눈으로 바라보자"</u>라는 말을 조금 더 해주겠다.

▶ 잠자기 전 돌아보기

오늘을 너그러운 사람으로 지내기로 다짐하니, 내 안의 날선 느낌이 줄어들고 정말로 사람들을 너그럽게 바라볼 수 있었다. 또 교실에서는 '나는 힘 있는 사람이고 큰 사람이야'라는 말을 떠올리며 아이들과 감정 싸움을 하기보다 아이들을 어른으로서 대접한 것 같아 뿌듯했다.

사례4

✴ 내 자존감을 5% 더 회복하기 위해 "너는 힘 있는 사람이야"라는 말을 조금 더 해주겠다.

▶ **잠자기 전 돌아보기**

여러 일을 하다 보니 어느덧 폰을 붙잡고 놓지 않는 나를 보게 되어, 오늘은 폰과 거리를 두고 생활하기로 했다. 머리가 맑아지는 느낌이었고, 현재에 온전히 머무를 수 있었다. 내게 힘 있는 사람이라고 이야기해 줄 때도 힘이 더 났다. 이 느낌이 좋아 내일 조금 더 시도해 보겠다. ^^

사례5

✴ 내 자존감을 5% 더 회복하기 위해 "오늘도 편안한 하루를 보낼 거야"라는 말을 조금 더 해주겠다.

▶ **잠자기 전 돌아보기**

어제까지 느꼈던 수업에 대한 부담감은 온데간데 없고 편안한 마음으로 수업했다. 아이들도 편안한지 여유 있는 모습이었다. 아이들을 혼내지 않고 다독여줄 수 있었고, 조금 더 나은 교사가 된 것 같았다. 마음이 편안하다.

두세 문장으로
늘려가기

    한 문장이 익숙해졌다면, 이제 조금씩 문장을 늘려갈 차례입니다. 어려울 것 없습니다. 나에게 어떤 말을 들려주면 좋을지, 어떤 것을 조금 더 해볼지에 초점을 두면 됩니다. 말과 행동을 함께 다루다 보면, 작은 변화를 더 만들어갈 수 있다는 것만 기억하세요.

⌒ 두 문장 완성 연습 ⌒

    앞서 했던 문장에 더해, 매일 문장을 만들어가 보세요.

내 자존감을 5% 더 회복하기 위해 _____ 라는
말을 조금 더 해주겠다.

그리고 내 자존감을 5% 더 회복하기 위해 _____을
조금 더 해보겠다.

1일째 (월 일)	내 자존감을 5% 더 회복하기 위해 (_____)라는 말을 조금 더 해주겠다. 그리고 내 자존감을 5% 더 회복하기 위해 (_____)을 조금 더 해보겠다. 잠자기 전 돌아보기:
2일째 (월 일)	내 자존감을 5% 더 회복하기 위해 (_____)라는 말을 조금 더 해주겠다. 그리고 내 자존감을 5% 더 회복하기 위해 (_____)을 조금 더 해보겠다. 잠자기 전 돌아보기:
3일째 (월 일)	내 자존감을 5% 더 회복하기 위해 (_____)라는 말을 조금 더 해주겠다. 그리고 내 자존감을 5% 더 회복하기 위해 (_____)을 조금 더 해보겠다. 잠자기 전 돌아보기:

4일째 (월 일)	내 자존감을 5% 더 회복하기 위해 ( )라는 말을 조금 더 해주겠다. 그리고 내 자존감을 5% 더 회복하기 위해 ( )을 조금 더 해보겠다. 잠자기 전 돌아보기:
5일째 (월 일)	내 자존감을 5% 더 회복하기 위해 ( )라는 말을 조금 더 해주겠다. 그리고 내 자존감을 5% 더 회복하기 위해 ( )을 조금 더 해보겠다. 잠자기 전 돌아보기:
6일째 (월 일)	내 자존감을 5% 더 회복하기 위해 ( )라는 말을 조금 더 해주겠다. 그리고 내 자존감을 5% 더 회복하기 위해 ( )을 조금 더 해보겠다. 잠자기 전 돌아보기:
7일째 (월 일)	내 자존감을 5% 더 회복하기 위해 ( )라는 말을 조금 더 해주겠다. 그리고 내 자존감을 5% 더 회복하기 위해 ( )을 조금 더 해보겠다. 잠자기 전 돌아보기:

두세 문장으로 늘려가기

7일간 이 작업을 훌륭히 해낸 나에게 작은 선물을 해주세요.
그리고 내게 잘해냈다는 칭찬 또는 위로와 격려의 말을 써주세요.

내게 주고 싶은 선물:
내게 해주고 싶은 말:

내게 작은 선물을 해준 뒤, 어떤 마음이 드는지 간단한 글을 써보세요.

이번에도 다른 교사들의 사례를 살펴보겠습니다. 이 문장들을 읽는 것만으로 일상에 좋은 영향을 받을 수 있을 것입니다.

사례1

✶ 내 자존감을 5% 더 회복하기 위해 거울을 볼 때마다 "나는 힘 있는 사람, 이 힘을 따뜻하게 베풀 수 있는 사람이다"라는 말을 조금 더 해주겠다.

✶ 그리고 내 자존감을 5% 더 회복하기 위해 미뤘던 일 30분만 도전해 보기를 조금 더 해보겠다.

▶ 잠자기 전 돌아보기

"나는 힘 있는 사람이며 이 힘을 긍정적으로 베푸는 사람"이란 마인드로 교실에 들어간다. "아이들을 어른으로 대한다"라는 말이 거울을 보지 않아도 자꾸 머릿속에 떠올랐다. 내 작은 변화에 따른 아이들의 큰 변화가 눈에 들어왔고, 내 자존감이 성장하고 있음을 깨달았다. 교사는 참 영향력 있는 사람이라는 것, 내 마음을 매순간 다잡는 것이 중요하다는 것을 느꼈다.

사례2

* 내 자존감을 5% 더 회복하기 위해 "너는 멋진 하루를 보낼 수 있어. 오늘도 에너지를 나눠주자"라는 말을 조금 더 해주겠다.
* 그리고 내 자존감을 5% 더 회복하기 위해 더 밝게 미소 지으며 아침 인사하기, 상쾌하게 걷기, 수업 준비하기를 조금 더 해보겠다.

▶ 잠자기 전 돌아보기

어제 비가 와서 오늘 반 아이들과 할 체험이 걱정됐다. 다행히, 비가 온 덕분에 더 시원한 산행을 할 수 있었다. 내 상쾌한 발걸음에 아이들도 신났는지 즐거운 시간을 보냈다. 퇴근 후에는 존경하는 부장님과 맥주를 한잔하며 여러 이야기를 했는데 정말 행복했다. 물론 수업 준비도 조금 해두었다. 이 프로젝트를 하고 나서는 정말 신기하게도 아침에 나에게 해주던 말들을 해내고 있는 나 자신을 발견한다. 오늘도 나에게 엄지 척 해준다.

사례3

* 내 자존감을 5% 더 회복하기 위해 "넌 사랑받고 사랑할 수 있는 사람이야"라는 말을 조금 더 해주겠다.
* 그리고 내 자존감을 5% 더 회복하기 위해 죄책감 느끼지 않고 푹 쉬기를 조금 더 해보겠다.

▶ **잠자기 전 돌아보기**

사랑하는 사람을 볼 때마다 "넌 사랑받는 사람이고 넌 사랑할 수 있는 사람이다"라고 스스로에게 말했더니 사랑을 확인하고 싶은 마음이 줄어들었다. 그리고 사랑을 더 베풀 수도 있었다. 푹 쉬고 재미있게 놀고 누웠더니 죄책감이 사알짝 올라올 뻔했지만 내가 했던 말을 떠올리며 극복할 수 있었다. 내일도 쉬겠다. 그럴 자격 있으니까. 다들 파이팅!!!

사례4

⁎ 내 자존감을 5% 더 회복하기 위해 "사랑해. 넌 괜찮은 사람, 힘 있는 사람 이야"라는 말을 조금 더 해주겠다.

⁎ 그리고 내 자존감을 5% 더 회복하기 위해 오전에 수학 지도서 분석하고 1-2차시 설계 완료하기, 내일 학교에서 할 편안하고 즐거운 활동 준비하기, 스트레칭하기를 조금 더 해보겠다.

▶ **잠자기 전 돌아보기**

지도서를 보고 수업 아이디어를 짜고, 방금 스트레칭도 간단히 했다. 그리고 거울을 볼 때마다 사랑한다고, 난 괜찮은 사람이고 힘 있는 사람이라고 이야기해 줬다. 출근할 생각을 하면 불쑥 불쑥 떨리고 불안감이 들 때가 많았는데, 이제는 아니다. 난 힘 있는 사람이고 사랑받는 사람이니까 내일도 설레는 하루가 될 거라고 믿는다. 자존감 5% 업업!! 파이팅!!

사례5

✳ 내 자존감을 5% 더 회복하기 위해 "난 그 자체로 가치 있고 소중해"라는 말을 조금 더 해주겠다.

✳ 그리고 내 자존감을 5% 더 회복하기 위해 자존감 관련 책 한 챕터 이상 읽기를 조금 더 해보겠다.

▶ **잠자기 전 돌아보기**

거울을 보며 소리 내어 "나는 가치 있고 소중한 사람이야"라고 얘기했더니 막 찌르르르 하면서 생소하지만 좋은 느낌이 들었다. 책도 한 챕터 읽었고 낮잠도 실컷 잤다. 휴일 잘 보냈다.

사례6

✳ 내 자존감을 5% 더 회복하기 위해 "따뜻하게 지지해 주는 사람들이 있어"라는 말을 조금 더 해주겠다.

✳ 그리고 내 자존감을 5% 더 회복하기 위해 동번들과의 만남에 오롯이 집중하기(휴대폰, 딴 생각 x), 체육대회 계획 작성하기를 조금 더 해보겠다.

▶ **잠자기 전 돌아보기**

"따뜻하게 지지해 주는 사람들이 있어"라는 말을 한두 번 내뱉은 이후 굉장한 울림을 느꼈다. 마음속 외로움이 많이 사라진 것 같다. 혼자 걷거나 틈이 생길 때 습관적으로 보던 휴대폰을 덜 보게 됐고, 사람들과 내가 있는 공간에 계속 눈을 두니, 지금 여기서 나와 우리가 현재를 충실히 누리고 있다는 느낌을 받았다. 날씨

도 좋고, 오랜만에 느끼는 여유로움에 벅차게 행복했다. :)

〜 세 문장 완성 연습 〜

이제 세 문장으로 진행할 차례입니다. 두 문장이 익숙해지면 이렇게 차차 늘려가는 게 좋습니다.

내 자존감을 5% 더 회복하기 위해 _____라는 말을 조금 더 해주겠다.

그리고 내 자존감을 5% 더 회복하기 위해 _____을 조금 더 해보겠다.

또, 내 (가정/학교)에서 _____를 하겠다.

1일째 (월 일)	내 자존감을 5% 더 회복하기 위해 ( )라는 말을 조금 더 해주겠다. 그리고 내 자존감을 5% 더 회복하기 위해 ( )을 조금 더 해보겠다. 또, 내 (가정/학교)에서 ( )를 하겠다. 잠자기 전 돌아보기:

4장 건강한 자존감을 유지하는 법

2일째 (월 일)	내 자존감을 5% 더 회복하기 위해 ( )라는 말을 조금 더 해주겠다. 그리고 내 자존감을 5% 더 회복하기 위해 ( )을 조금 더 해보겠다. 또, 내 (가정/학교)에서 ( )를 하겠다. 잠자기 전 돌아보기:
3일째 (월 일)	내 자존감을 5% 더 회복하기 위해 ( )라는 말을 조금 더 해주겠다. 그리고 내 자존감을 5% 더 회복하기 위해 ( )을 조금 더 해보겠다. 또, 내 (가정/학교)에서 ( )를 하겠다. 잠자기 전 돌아보기:
4일째 (월 일)	내 자존감을 5% 더 회복하기 위해 ( )라는 말을 조금 더 해주겠다. 그리고 내 자존감을 5% 더 회복하기 위해 ( )을 조금 더 해보겠다. 또, 내 (가정/학교)에서 ( )를 하겠다. 잠자기 전 돌아보기:
5일째 (월 일)	내 자존감을 5% 더 회복하기 위해 ( )라는 말을 조금 더 해주겠다. 그리고 내 자존감을 5% 더 회복하기 위해 ( )을 조금 더 해보겠다.

5일째 (월 일)	또, 내 (가정/학교)에서 ( )를 하겠다. 잠자기 전 돌아보기:

6일째
(월 일)
	내 자존감을 5% 더 회복하기 위해 (
	              )라는 말을 조금 더 해주겠다.
	그리고 내 자존감을 5% 더 회복하기 위해 (
	              )을 조금 더 해보겠다.
	또, 내 (가정/학교)에서 ( )를 하겠다.
	잠자기 전 돌아보기:

7일째
(월 일)
	내 자존감을 5% 더 회복하기 위해 (
	              )라는 말을 조금 더 해주겠다.
	그리고 내 자존감을 5% 더 회복하기 위해 (
	              )을 조금 더 해보겠다.
	또, 내 (가정/학교)에서 ( )를 하겠다.
	잠자기 전 돌아보기:

7일간 이 작업을 훌륭히 해낸 나에게 작은 선물을 해주세요.
그리고 내게 잘해냈다는 칭찬 또는 위로와 격려의 말을 써주세요.

내게 주고 싶은 선물:

내게 해주고 싶은 말:

내게 작은 선물을 해준 뒤, 어떤 마음이 드는지 간단한 글을 써보세요.

✴ 내 자존감을 5% 더 회복하기 위해 "나 참 예쁘다~"라는 말을 조금 더 해주겠다.

✴ 그리고 내 자존감을 5% 더 회복하기 위해 여유롭게 하루 보내기를 조금 더 해보겠다.

✴ 또, 내 가정에서 내가 먹은 것은 내가 치우고 정리하기를 하겠다.

▶ 잠자기 전 돌아보기

속으로 "나 참 예쁘다~ 웃을 때도 예쁘고 뭘 해도 예쁘구나~" 하고 칭찬해 줬다. 참 흔하지만 기분 좋은 칭찬이다. 그리고 내가 먹은 것을 잘 치우고 같이 먹은 것도 내가 많이 치웠다. 뭔가 베푼 것 같아 이것만으로도 기분이 좋다. ^^

사례2

✴ 내 자존감을 5% 더 회복하기 위해 "나는 포기를 모르지!!!"라는 말을 조금 더 해주겠다.

✴ 그리고 내 자존감을 5% 더 회복하기 위해 포기하지 않고 30분이라도 도전해 보기를 조금 더 해보겠다.

✴ 또, 학교에서 학생을 어른으로 대하기를 하겠다.

▶ 잠자기 전 돌아보기

드디어 하기 싫은 일을 30분간 해냈다. 솔직히 일한 양은 적지만 30분 동안 집중해서 해낸 게 왜 이렇게 벅차고 기쁜지 모르겠다! "나는 포기를 모르지"를 마음속으로 외치면서 딱 30분 버텼는데, 짧은 시간을 목표로 두니까 해낸 것 같다. 그러면 내일은 31분 해야지~ㅋㅋ(함께하는 선생님들의 내일도 응원할게요♡)

사례3

＊ 내 자존감을 5% 더 회복하기 위해 "괜찮아. 난 행복할 가치가 있어"라는 말을 조금 더 해주겠다.

＊ 그리고 내 자존감을 5% 더 회복하기 위해 가족에게 짜증 덜 내기, 동네 한 바퀴 돌기, 지도안 간략하게 구상하기를 조금 더 해보겠다.

＊ 또, 학교에서 학생들에게 힘 있게 미소 짓는 모습 연습하기를 하겠다.

▶ 잠자기 전 돌아보기

아침에 공언을 하니 무거운 엉덩이도 영차, 하며 일으키게 됐다. 저녁에 동네를 5,000보 정도 걷고 밤 늦게 임상장학지도안 주제도 생각해 보았다. 하고 싶은 주제가 많아 정하진 못했지만 미리 구상하길 다행이다 싶다. 가족에게도 짜증 내지 않고 격려하는 말을 써보려고 노력했다. 공언 아니었으면 놓쳤을 듯.

4장 건강한 자존감을 유지하는 법

문장 더 늘리고
사람들 앞에서 선언하기

　한 개에서 시작한 문장을 두세 개로 늘려 학교와 가정에서 조금씩 성공 경험을 쌓았다면, 이제 문장의 수를 더 늘리고 사람들 앞에서 외칠 때입니다.

　의식 행위는 우리의 태도를 조금 더 진지하게, 말과 행동을 더 특별하게 만듭니다. 정성껏 문장을 쓰고 함께하는 사람들 앞에서 말해보는 것이 중요한 이유입니다. 제가 몸담은 모임에서는 '문장 쓰고 읽고 평가하기' 과정을 두 달간 소화한 후, 모임 막바지에 마무리 문구를 써서 모두의 앞에서 선언을 합니다. 이 문구들을 소개합니다. 우선 기본 문구를 확인해 보시고, 모임에 참여한 선생님이 어떻게 문구를 완성하고 선언했는지 살펴보세요.

⌒ 문장 선언 연습 ⌒

내 자존감은 _____ 라 생각했다.

내 자존감을 키우는 데 가장 큰 걸림돌은 _____
_____였다.

내 자존감 회복을 위해 참여한 이 과정은 내게_____고,
이 과정에서 가장 힘이 됐던 것은 _____였다.

지금 내 자존감은 _____ 다.

앞으로 내 자존감 회복을 위해 조금 더 _____
라는 말을, 조금 더 지속적으로 _____ 행위를 해보
겠다.

결국 내 자존감은 _____ .

이 문구를 소리 내어 읽는 동안 우리는 함께 울컥하고, 눈물 흘리
고, 좀 더 몸을 당당히 세울 수 있었습니다. 그런 특별한 시간을 만
들어준 문구들인 만큼, 여러분에게도 좋은 영향을 줄 것이라 확신
합니다. 다음의 사례들을 큰 소리로 읽어보셨으면 합니다.

사례1

✳ 내 자존감은 여러 성장 환경과 배경으로 인해 아주 낮다고 생각했다.

✳ 내 자존감을 키우는 데 가장 큰 걸림돌은 남들이 보는 눈으로 나를 보고

평가했던 나, 남들이 보는 나를 진짜 나라고 믿었던 나, 나를 온전히 사랑하지 못하고 믿지 못했던 나였다.

✱ 내 자존감 회복을 위해 참여한 이 과정은 내게 나의 감각과 감정, 생각에 집중하고 그것을 적절히 조절할 수 있도록, 휘둘리지 않고 내가 내 행동방식을 선택하고 결정할 수 있도록 해주었고, 이 과정에서 가장 힘이 됐던 것은 함께 가는 사람들이 있다는 사실, 삶의 일부를 나누었던 경험이었다.

✱ 지금 내 자존감은 100점이다.

✱ 앞으로 내 자존감 회복을 위해 조금 더 "지금의 너만으로도 충분하고 괜찮아, 잘하고 있어"라는 말을, 조금 더 지속적으로 미루지 않고 그때그때 하기, 매일 나를 위한 시간(운동하기, 일기 쓰기) 가지기를 해보겠다.

✱ 결국 내 자존감은 내가 만든다. 이젠 내가 나를 깎아내리거나 낮게 보지 않을 것이다. 나는 높고 크고 주는 사람이니까!

사례2

✱ 내 자존감은 지금 근무하고 있는 학교에서 많이 깎였다고 생각했다.

✱ 내 자존감을 키우는 데 가장 큰 걸림돌은 눈치 보는 나, 스스로를 토닥이거나 믿어주지 않고 의심하는 나였다.

✱ 내 자존감 회복을 위해 참여한 이 과정은 내게 영혼에 반복적으로 밥을 주는 행위였고, 이 과정에서 가장 힘이 됐던 것은 단단한 나를 느끼는 것, 또렷한 눈동자, 함께하는 선생님들이었다.

✱ 지금 내 자존감은 가득 찰랑거린다.

✳ 앞으로 내 자존감 회복을 위해 조금 더 "완벽하지 않아도 괜찮아, 나는 존
재 자체로 온전하며 무엇을 더 하지 않아도 그 자체로 반짝여"라는 말을,
조금 더 지속적으로 거울 속 내 눈을 또렷하게 바라보고 스스로에게 이야
기해 주는 행위를 해보겠다.

✳ 결국 내 자존감은 낮아진 적이 없다. 내가 몰랐을 뿐. 늘 가득 찰랑거린다.

사례3

✳ 내 자존감은 자존심과 같다 착각했었기에 꽤 높다고 생각했다.

✳ 내 자존감을 키우는 데 가장 큰 걸림돌은 나에 대한 의심과 있지도 않을
일에 대한 불안감이었다.

✳ 내 자존감 회복을 위해 참여한 이 과정은 내게 나를 돌아보고 나를 관찰
하고 내 욕구에 좀 더 집중하는 것이었고, 이 과정에서 가장 힘이 됐던 것
은 함께하는 사람들과 지지해 주는 가족이었다.

✳ 지금 내 자존감은 점점 높아지고 있다.

✳ 앞으로 내 자존감 회복을 위해 조금 더 실수할 때 "인간미 넘치는군"이라
는 말을, 조금 더 지속적으로 나에게 집중하기 및 문장 완성하기 행위를
해보겠다.

✳ 결국 내 자존감은 원래 상태로 회복될 것이다.

사례4

✳ 내 자존감은 매우 낮고 자라온 환경상 어쩔 수 없는 것이라고 생각했다.

✳ 내 자존감을 키우는 데 가장 큰 걸림돌은 <u>내가 나를 비하하는 버릇과 나를 인정해 주지 않는 삶의 태도</u>였다.

✳ 내 자존감 회복을 위해 참여한 이 과정은 내게 <u>작은 도전이자 단단한 내면의 기반을 만드는 행위</u>였고, 이 과정에서 가장 힘이 됐던 것은 <u>내가 나를 거의 최면 걸다시피 인정해 주고 지지해 주는 것, 완수한 경험들로 쌓이는 성취감, 이 모든 도전을 함께하는 공동체</u>였다.

✳ 지금 내 자존감은 높다… 라고 말하고 싶지만^^; 사실 잘 모르겠다. 그러나 분명 두 달 전보다는 높아졌고 스스로 문장을 외치면서 자존감이 떨어지는 걸 막는 횟수가 줄었다. 편안하다.

✳ 앞으로 내 자존감 회복을 위해 조금 더 <u>"나는 큰 힘이 있는 사람이고, 빛나는 사람이고, 사람들에게 도움을 주는 사람이다"</u>라는 말을, 조금 더 지속적으로 <u>나를 무조건 지지하고 격려하고 때로 칭찬을 아끼지 않는 자세</u>를 해보겠다.

✳ 결국 내 자존감은 <u>내 의지에 따라 높일 수 있다. 내 자존감은 높으며 앞으로 더 높아질 것이다. 나의 변화가 기대된다.</u>

사례5

✳ 내 자존감은 높다고 생각했는데 <u>남편이 날 위해 자존감 책을 읽는 모습을 보고 내가 건강하지 않다고 생각했다.</u>

✳ 내 자존감을 키우는 데 가장 큰 걸림돌은 <u>자책과 불안감</u>이었다.

✳ 내 자존감 회복을 위해 참여한 이 과정은 내게 <u>나의 의식과 무의식 속에</u>

서 힘이 되는 과정이었고, 이 과정에서 가장 힘이 됐던 것은 지지해 주는 남편, 토닥거려주는 나, 함께해 나가는 선생님들이었다.

＊ 지금 내 자존감은 여전히 혼돈 속에서 흔들리는 중이다.

＊ 앞으로 내 자존감 회복을 위해 조금 더 "실수해도 괜찮아, 조금 멀리 보자"라는 말을, 조금 더 지속적으로 쓰고 말해주고 안아주기를 해보겠다.

＊ 결국 내 자존감은 원래 상태로 회복될 것이다.

사례6

＊ 내 자존감은 나아지기 힘들 거라고 생각했다.

＊ 내 자존감을 키우는 데 가장 큰 걸림돌은 내 감정이나 생각보다 타인의 감정과 반응을 중시하는 것이었다.

＊ 내 자존감 회복을 위해 참여한 이 과정은 내게 나를 바라보는 시간이었고, 이 과정에서 가장 힘이 됐던 것은 함께 이 작업을 하는 동료들이었다.

＊ 지금 내 자존감은 기대보다 높아졌다.

＊ 앞으로 내 자존감 회복을 위해 조금 더 "넌 소중해. 네가 옳아"라는 말을, 조금 더 지속적으로 내 감정 살펴보기를 해보겠다.

＊ 결국 내 자존감은 흔들리는 순간에도 나아지고 있음을, 무너지지 않음을 믿겠다.

사례7

＊ 내 자존감은 낮다고 생각했다.

✴ 내 자존감을 키우는 데 가장 큰 걸림돌은 외모를 잘 못 꾸미는 것, 얕은 지식으로 아는 척하는 것, 아무에게도 말 못 했던 우리 집의 어두운 사연, 시골에서 올라와 잘 모르는 도시 문물이었다.

✴ 내 자존감 회복을 위해 참여한 이 과정은 내게 나는 그 자체로 소중하고 멋진 사람이란 걸 알게 해준 시간이었고, 이 과정에서 가장 힘이 됐던 것은 자신에게 끊임없이 괜찮다, 잘하고 있다고 말해준 순간들과 나의 어떤 모습도 따뜻하게 받아주는 선생님들이었다.

✴ 지금 내 자존감은 이제 내가 통제할 수 있고 떨어질 때마다 다시 끄집어 올릴 수 있는 것이다.

✴ 앞으로 내 자존감 회복을 위해 조금 더 "괜찮아! 잘하고 있어! 넌 정말 멋져! 너 하고 싶은 대로 해도 돼!"라는 말을, 조금 더 지속적으로 당당하고 자신감 있게 말하는 행위를 해보겠다.

✴ 결국 내 자존감은 이제 아무도 건드릴 수 없다! 누가 뭐래도 내 자존감은 내가 통제할 수 있다!

사례8

✴ 내 자존감은 보통이라고 생각했다.

✴ 내 자존감을 키우는 데 가장 큰 걸림돌은 완벽주의와 만약을 위해 극히 부정적으로 생각하는 버릇이었다.

✴ 내 자존감 회복을 위해 참여한 이 과정은 내게 긍정적으로 생각하는 연습이었고, 이 과정에서 가장 힘이 됐던 것은 지지해 주는 사람들과 나에 대

한 믿음이었다.

* 지금 내 자존감은 점점 높아지고 있다.

* 앞으로 내 자존감 회복을 위해 조금 더 "넌 소중한 존재이고 사랑 주고 사랑받는 존재란다"라는 말을, 조금 더 지속적으로 감사일기 쓰기, 긍정적인 말 하기, 고맙다고 말하기를 해보겠다.

* 결국 내 자존감은 나의 마음과 노력에 달렸다.

사례9

* 내 자존감은 그리 높지 않다고 생각했다.

* 내 자존감을 키우는 데 가장 큰 걸림돌은 내가 성장하며 겪은 다양한 사건·사고들과 실패로 인한 열등감이었다.

* 내 자존감 회복을 위해 참여한 이 과정은 내게 지금까지 겪은 힘든 일들이 걸림돌이 아니고 디딤돌이라는 걸 알게 해주었고, 이 과정에서 가장 힘이 됐던 것은 나를 응원해 준 분들과 그분들의 존재를 인지한 순간이었다.

* 지금 내 자존감은 많이 상승하고 있다.

* 앞으로 내 자존감 회복을 위해 조금 더 "나는 나를 사랑하고 나를 믿어! 나는 휘둘리지 않는 힘을 갖고 있어!"라는 말을, 조금 더 지속적으로 나를 객관적으로 바라보고 힘들 때마다 이 상황을 살펴보고 인지하고 기록하고 점검하고 성장하는 행위를 해보겠다.

* 결국 내 자존감은 1,000%가 되어서 나는 나를 넘치게 사랑하고 다른 사람들을 세우는 사람이 될 것이다.

사례10

⁎ 내 자존감은 <u>다른 사람보다는 낮다고</u> 생각했다.

⁎ 내 자존감을 키우는 데 가장 큰 걸림돌은 <u>주변 사람들의 시선, 늘 눈치 보</u>
<u>는 것, 완벽하지 않으면 자책하며 밤새 전전긍긍하던 나</u>였다.

⁎ 내 자존감 회복을 위해 참여한 이 과정은 내게 '<u>다른 사람이 날 어떻게 볼</u>
<u>까' 하는 불안감을 하나씩 내려놓는 연습</u>이었고, 이 과정에서 가장 힘이
됐던 것은 <u>매일 꾸준히 미션을 수행하면서 나를 알아갔던 것</u>이었다.

⁎ 지금 내 자존감은 <u>높다고 생각하고 싶다.</u>

⁎ 앞으로 내 자존감 회복을 위해 조금 더 "<u>괜찮아, 다른 사람 시선 의식하지</u>
<u>말고 당당하게 지내자</u>"라는 말을, 조금 더 지속적으로 <u>움츠리지 않고 당</u>
<u>당하게 어깨 펴고 다니는</u> 행위를 해보겠다.

⁎ 결국 내 자존감은 <u>내가 나를 사랑하는 한 더욱더 높아질 것이다.</u>

이제 나를 위한 문구를 작성해 보세요. 그리고 눈에 잘 띄는 곳에
붙여놓는 것도 좋습니다.

작성한 문구를 혼자 큰 소리로 읽어주세요. 이 작업을 함께 하는
사람들 앞에서도 읽어보세요. 사람들 앞에서 선언하는 행위는 그
자체로 자존감을 높여주고 동기 부여를 해줍니다. SNS에 적거나
내 개인 글쓰기 공간에 써놓고 자주 읽어보는 것도 좋습니다.

이 책을 끝까지 보실 분들을 위해 앞서 소개한 선언문을 살짝 수
정해 다음과 같은 선언문을 만들어 보았습니다. 혼자 선언문을 채

운 후 크게 읽어봐도 좋고, 만약 이 책을 모임 등에서 함께 읽었다면, 모여서 선언해 보셔도 좋겠습니다.

내 자존감은 _____라 생각했다.

내 자존감을 키우는 데 가장 큰 걸림돌은 _____

_____이었다.

이 책은 내 자존감 회복에 _____이며,

이 책을 읽으며 내게 가장 힘이 됐던 것은 _____이었다.

이 책을 읽은 뒤, 지금 내 자존감은 _____이다.

앞으로 내 자존감 회복을 위해 _____라는 말을 해주겠다.

그리고 _____ 행위를 해보겠다.

결국 내 자존감은 _____ 것이다.

우리는 이렇게
변화했습니다

앞선 과정을 소화하며 제가 몸담은 집단에서도 여러 교사들의 자존감이 상승하는 결과가 나타났습니다.

집단이란 특성상, 시간이 지날수록 누군가가 먼저 변화하면 이에 영향을 받아 다른 이들도 변화의 흐름을 따라가게 마련입니다. 우리도 예외는 아니었습니다. 내 자존감이 깎이고 상처받게 된 이야기를 점점 더 집단 앞에서 꺼내기 쉬워졌고, 서로의 과정에 서로가 큰 힘이 되어줄 수 있었습니다. 다른 참여자를 손잡아주고 안아주면서, 그렇게 우리는 끝내 함께 자존감이 회복되는 경험을 하게 되었습니다.

⌒ 검사 결과로 입증되다 ⌒

변화는 검사 결과로도 증명이 되었죠. 앞서 이야기했던 LCSI 성격유형검사의 '자아 개념' 척도인데요. 우리는 사전 검사를 한 뒤, 보통 아홉 달 동안 개인의 성장 과정과 학교에서 겪는 어려움을 심리극 등으로 해결하고, 이후 두 달간 자존감을 회복하는 문장 완성 연습을 병행합니다. 이렇게 짧지 않은 과정을 소화하고 나서 사후 검사를 합니다.

사전 검사와 사후 검사 결과는 대부분의 참여자에게서 의미 있는 변화를 드러냅니다. 거의 예외 없이 자존감이 크게 상승한 것으로 나오죠. 그중 한 참여자의 수치 변화를 보여드리겠습니다.

사전 검사 시의 자아 개념 척도

자아 개념 (17.6%)							
	자기 만족	32.6%	매우 낮다	**낮다**	보통	높다	매우 높다
	자기 긍정	3.8%	**매우 낮다**	낮다	보통	높다	매우 높다
	자기 효능감	46.0%	매우 낮다	낮다	**보통**	높다	매우 높다

사후 검사 시의 자아 개념 척도

자아 개념 (86.9%)							
	자기 만족	86.9%	매우 낮다	낮다	보통	높다	**매우 높다**
	자기 긍정	80.0%	매우 낮다	낮다	보통	**높다**	매우 높다
	자기 효능감	77.3%	매우 낮다	낮다	보통	**높다**	매우 높다

이렇듯 내 자존감의 변화를 눈으로 확인하는 것은 높아진 자존감에 뿌듯함을 느끼게 해주며 좀 더 당당하게 삶을 살아가는 데 도움을 줍니다. 앞으로 어떤 방식으로 내 자존감을 높일 수 있을지, 그 다음 여정에 대한 계획도 세울 수 있게 해주고요.

∩ 두려움을 내려놓고 일단 시작 ∩

　　거듭 강조했듯이, 현재의 자존감은 한 번에 만들어진 게 아니라 어떤 흐름 속에 생성된 것이며, 이 흐름에는 여러 힘이 영향을 주었습니다. 그리고 자존감이 깎이는 것은 심리극 사례에서처럼 단순히 현재의 문제 때문만으로 볼 수 없습니다. 과거의 상처가 현재의 삶과 얽혀서 그렇게 된 것일 수도, 학교 구조나 건강하지 않은 사람(학생, 학부모, 동료 교사, 관리자 등)과 일정 시간 동안 지낼 수밖에 없는 근무 여건이 영향을 미쳐서일 수도 있는 것이죠. 그러므로 공통된 처방으로 모든 교사의 자존감을 회복시킬 수는 없습니다. 다양한 사례 속 교사들이 그랬던 것처럼 '내 자존감을 회복시키기 위해 난 지금부터 무엇을 해야 할까' 고민하셔야 합니다.
　　중요한 것은, 두려움을 내려놓고 일단 시작하는 것입니다. 건강한 자존감을 갖기 위해서는 내 자존감이 어떤 일로 깎이게 됐으며, 그 일에 대처하는 내 감정과 시스템이 어디서 기인했는지까지 찾아봐야 합니다. 살다 보면 여러 사건이 생길 수밖에 없습니다. 사건을 바라보고 해석하고 반응하는 내 패턴은 그냥 만들어진 것이 아니라 나름의 이유가 있어 만들어진 거죠. 그러니, 내 자존감을 바닥나게 했던 사건에 사용된 내 감정을 살펴보고, 내 패턴을 찾아보고, 그게 생겼던 최초의 지점(그와 관련된 사건과 상처)을 새로운 관점으로 이해하고 바라보길 바랍니다.

무엇보다, 교사의 자존감은 한 사람만의 것이 아니라 함께 생활하는 학생, 학생이 자라 생활하게 될 미래와 연결된 것이란 점을 명심했으면 합니다. 교사 개인도 개인이지만 학교 차원에서 자존감이 떨어진 교사를 위로하고, 그들에게 각자 자기 자리에서 잘하고 있다는 메시지를 전하고, 회복 프로그램을 운영해야 하는 이유입니다. 교사가 세상과 사람을 바라보는 눈에 좀 더 온기를 담고 건강하지 않은 학생을 만나더라도 따뜻함으로 녹일 수 있도록, 그런 교사들로 감동 넘치는 학교가 되도록, 교육부 및 교육청, 단위 학교, 교육과 관련된 많은 이들이 다 함께 교사의 자존감을 보호해야 합니다.

사회에서 학교를 바라보는 눈도 조금 더 따뜻해지길 바랍니다. 말 한두 마디, 댓글 몇 개가 교사를 상처입히고 자존감을 깎아내린다는 것, 이로 인해 그 교사의 반 학생들에게 좋지 않은 영향이 미친다는 것을 기억하면서, 교사를 탓하기보다 격려하고 위로하는 분위기가 형성되었으면 합니다. 한 명의 교사가 파괴당하면 연결된 많은 사람이 파괴되게 마련이니까요.

물론 상식적으로 문제 될 만한 발언이나 행동을 해 물의를 일으키는 교사도 있습니다. 하지만 그보다 훨씬 많은 교사들이 교육 현장에서 최선을 다해 따뜻한 교실을 만들어 가고 있음을 기억해야 합니다. 그들이 더 열정과 사랑을 담아 교실을 끌어갈 수 있는 환경이 절실합니다.

끝으로, 다시 한번 강조하고 싶은 것이 있습니다. 내 자존감은 나만의 것이 아니며, 나와 연결된 수많은 이들에게 영향을 미치는 중요한 것입니다. 교사인 우리는 특히나 이 점을 잊어선 안 됩니다. 내가 변하면 내 주위도 변하고, 세상 또한 변합니다. 그러니, 먼저 나를 다독여주세요. 이것이 우선입니다.

우리를 한 뼘 더
성장하게 해준
기적의 시간

워크숍 과정에 참여했던 교사들의 후기 일부를 소개하려고 합니다. 이분들의 생생한 성장담을 읽다 보니, 이 이야기들이 평범한 사람 누구나 상처를 극복하고 자존감을 회복할 수 있다는 사실을 보여주는 희망의 근거라는 생각이 들었습니다. 그래서 고민 끝에 몇몇 분들의 허락을 받아 이렇게 책에 싣기로 마음먹었습니다. 용기 내어 이야기를 나눠주신 선생님들께 감사하며, 이 글들이 여러분에게 변화를 위한 첫걸음을 디딜 작은 동력이 되길 바랍니다.

이제 내 자존감은 만점

'나 자신을 사랑해 주세요.'

상투적이기까지 한 이 말이 정말 낯설던 시기가 있었다. 나에게 자존감 점수를 준다면 몇 점을 주고 싶냐는 질문에 머뭇거리며 간신히 내뱉었던 숫자 30. 이마저도 너무 높게 부른 건 아닌가 싶어 한참을 망설였다. 그 후로 자존감을 높이기 위해 참 많은 공부를 하였으나 '나 자신'을 깊이 있게 만나는 것은 계속 미루고 있었다. 부끄러워서, 쑥스러워서 혹은 한 번도 해본 적이 없어서. 성장 교실 1년의 과정은 이런 나 자신을 온전히 만나고, 느끼고, 사랑하게 된 변화의 시간이었다. 있는 그대로의 나를 만나도 더는 부끄럽지 않았으며, 오히려 내가 예뻐 보이기 시작했다. 자랑스럽고, 사랑스러웠다.

갑자기 기적이 일어난 것은 아니었다. 1년간 다른 선생님들과 함께 '성장'한 것이었다. 꾸준히 내 몸과 감정의 조각을 살폈다. 내 속에 있는 내면아이를 만나고 친해졌다. 내 삶의 패턴과 상처를 발견하고 심리극, 가족 세우기를 통해 치료했다. 자존감 회복을 위해 매일 스스로에게 긍정의 확언을 해주었다. 그동안 해보지 않아서 몰랐던 것이지, 사실 누구나 할 수 있는 과정이었다. 이제는 언제 어디서나 당당히 말할 수 있다. 내 자존감은 100점, 아니 만점이 몇 점이든 내 자존감은 그 이상이라고. 내 이야기를 읽을 분들 모두 내가 겪었던 '기적'을 경험할 수 있을 거라고. 더는 혼자가 아닌 당신의 어깨에 내가 응원의 손을 올릴 기회를 나눠주길 바라며.

처음 성장 교실에 들어섰을 때가 생각 난다. 원으로 둘러 앉아 인사를 나누는데 왜 그렇게도 눈물이 흐르던지. 지금 생각해 보면 선생님들이 주는 온기를 마음이 먼저 알아서 그렇게 눈물이 났는지도 모르겠다. 성장 교실을 만나기 전, 나는 몇 개월간 하루도 빠짐없이 교직을 그만두고 싶다는 생각을 하고 지냈다. 교사가 너무나도 되고 싶던 나였기에 그 생각만으로 하루하루가 고통이었다. 자존감은 자취를 감춘 것 같았고, 일그러지고 상처받은 나를 돌볼 힘이 없었다. 앞으로 나아가고 싶은데 어떻게 해야 할지 몰라 두려움과 절망 속에 반년을 보내다 성장 교실의 문을 두드리게 됐다.

서준호 선생님이 첫날 해주신 말이 있다. 성장 교실의 역할은 굴러가는 공의 방향을 살짝 틀어주는 거라고, 그 변화가 처음엔 작게 보이지만 그 끝은 아니라고, 공은 처음과 완전히 다른 쪽을 향할 거라고. 그 말은 성장 교실 내내 내 마음에 자리 잡았고, 정말 맞았다.

매일 내게 주는 한 문장 완성하기를 선생님들과 함께하며 내가 나를 위로하기 시작했다. 여전히 나는 여러 상황에서 크게 상처받기도 하고 힘들어하기도 한다. 그러나 분명한 것은 예전만큼 두렵지는 않다는 것이다. 함께 성장하는 법을 배웠고, 내가 예전보다 빨리 회복할 수 있다는 걸 경험으로 확신하니까. 누군가 내게 자존감이 몇 점이냐고 묻는다면, 이제 망설임 없이 "100점입니다!"라고 웃으면서 아주 분명하게 말할 것이다.

얼굴과 몸에서 드러나는 자존감의 효능

학교에서 나는 타인을 지나치게 의식하고 매우 수용적인 자세를 취하곤 했다. 겸손을 미덕으로 삼으며 원하는 것을 표현하지 않고 심지어 자기 부정도 많이 해왔다. 다른 사람들 눈에는 안정적으로 보였을지 몰라도, 나의 내면은 불안감과 낮은 자존감으로 가득했다.

1년간 '나'라는 사람을 이해하며 자존감을 끌어올리는 과정을 거쳤고, 약 3개월간 자존감 회복에 초점을 두고 '매일 한 문장 완성하기' 과정에 집중했다. 매일 아침 자존감 회복을 위한 공언을 하고, 자기 전 하루를 성찰해 보는 글을 쓰며 조금씩 자존감을 충전했다. 자존감을 5%나 회복할 수 있는 미션을 수행하며 그냥 지나칠 수 있는 일상에 의미를 부여하니 하루하루를 특별하게 보낼 수 있었다. 거울을 보며 "난 네 편이야. 하고 싶은 거 다 해! 그래도 괜찮아. 사랑해" 같은 말을 들려주면서 자신감 있고 안정감 있게 하루를 시작할 수도 있었다. 자꾸 내가 원하는 게 무엇인지 들여다보고, 부정적인 모습의 나도 받아들이며, 밖에서 고생한 내게 맛있는 음식이나 휴식 같은 선물도 주었다. 어려움이 닥칠 땐 해낼 수 있다는 믿음과 격려를 들려주는, 진정한 내 편을 만드는 시간을 경험했다. 아침마다 문장을 작성하고 하루 끝에 돌아보는 글을 쓰는 것은 쉽지 않았으나, 자존감이 회복되어 반짝반짝 빛날 나를 상상하면서 꾸준히 해냈더니, 마침내 자존감이 속에서 찰랑이는 느낌을 받을 수 있었다. 주위에서도 "예뻐졌다"라는 말을 많이 해주셨는데 아마도 얼굴과 몸에서 뿌듯함과 자신감이 보여서 그런 게 아닐까 싶다. 점점 회복되어 가는 자존감의 효능일 것이다.

매 순간을 100% 자존감으로 채우는 건 어렵다. 그러나 종종 울컥하고 부정적인 습관과 감정이 올라와도 다시 자존감을 회복할 수 있다는 자신감이 생겼다. '꼭 이뤄져야 할 사랑은 나 자신과의 사랑'이라고 한다. 나를 있는 그대로 받아주고 이해해 주어 더 건강한 내가 될 것이다.

따뜻한 공동체의 힘

성장 교실을 하기 전, 나는 항상 내 내면과 외면이 다르다 생각하고 늘 거기서 오는 우울감을 느꼈다. 그래서 모든 관계에 신뢰가 부족했고, 불안했다. 이런 관계의 허망함이 늘 나를 외롭게 했다. 성장 교실을 하면서 내 가장 큰 변화를 이끈 것은 함께한 사람들이었다. "덕분이에요" "고마워요"라는 말이 마음속에 늘 그려지는, 우리는 따뜻한 공동체였다. 그 안에서 나는 솔직해질 수 있었고, 용기 낼 수 있었고, 내 안의 우울함을 마주할 수 있었고, 괜찮다며 안아줄 수 있었다. 그리고 진심으로 사람들 속에 들어가는 것에 도전할 수 있었다. 성장 교실을 졸업하며 서준호 선생님은 또 다른 곳에서 용기 내어 마음 열고 도전해 보라고, 사람들 속으로 들어가는 것을 두려워하지 말라고 말씀해 주셨다. 이제는 내가 더 이상 뭘 감추고 있다는 생각이 들지 않는다. 나는 어디서든 솔직할 수 있다. 이런 내가 좋아졌다.

또, 나는 내가 자존감이 낮다고 생각했다. 그런데 내 어떤 모습도 따뜻하게 안아주고 토닥여주는 성장 교실 선생님들이 큰 힘이 됐다. 내가 있는 모습 모습 그대로도 괜찮고 존재 자체만으로 소중하다고 이야기해 주신 선생님들의 말이 자존감 회복에 많은 도움이 됐다. 언젠가는 만나야 했던 장면들로 심리극을 할 때, 참여자들이 온전히 나를 위해 어깨 위에 손 올려주고 먼저 와서 안아주던 느낌이 아직도 선명하다. 그것이 힘들 때마다 생각나고 위로가 된다. 자존감 회복을 위해 아침마다 스스로에게 약속했던 것들도 너무 신기했다. 말하는 대로 자세가 달라지고 표정이 달라지는 것을 느꼈다. 거울을 보고 "괜찮아. 잘하고 있어. 너는 큰 사람, 힘 있는 사람이고 너그럽고 따뜻한 사람이야"라고 이야기해 주자, 평소 같으면 힘들었을 일도 너그럽게 웃어 넘길 수 있게 됐고, 다른 사람의 시선이나 어려운 상황도 나의 감정을 흔들지 못했다. 이 과정을 한 달 넘게 하다 보니 내 자존감은 정말 말하는 대로 회복되었고, 떨어질 때마다 다시 끄집어 올리는 법도 터득하게 됐다.

선생님들 앞에서 이 모든 것을 공언했던 장면이 잊히지 않는다. 스스로가 뿌듯해 울먹이듯 목소리가 나왔는데, 모두가 나와 함께 울어주고 응원해 주고 박수쳐 주었다. 자존감을 회복하는 과정을 선생님들과 함께한다는 것, 서로 응원하고 있다는 것이 큰 힘이 됐다.

꾸준하게,
끈질기게,
포기하지 않고

　우리는 성장하며 크고 작은 상처를 만나게 됩니다. 너무 큰 상처
들은 쉽게 사라지지 않고 내면 깊숙한 곳에 자리하게 되지요. 때론
이런 상처가 뼈에 새겨지기도 합니다. 우리 몸과 마음은 비슷한 상
처를 또다시 만나지 않도록 어떻게 해서라도 나를 보호하려고 합니
다. 스트레스 상황이 생기면 다양한 양상으로 툭 튀어나와 이런저
런 시도를 합니다. 화를 내게 하기도 하고, 자꾸 바쁘게 만들기도 하
고, 꼭 해야 하는 일을 피하게 하거나 그 일에 매달리게도 하고, 교
실에서 생긴 여러 사건을 감정적으로 처리하게 하기도 하죠. 이렇
게 애쓰며 나를 보호하려는 몸과 마음의 시스템은 때론 다른 어려
움을 불러오기도 합니다. 주변 사람을 떠나가게 하거나, 다른 다툼

을 일으켜 다른 상처를 만나게 하는 것입니다. 그러면, 이런 상처들을 다시 만나지 않기 위해 내 몸과 마음은 또다시 여러 시도를 합니다. 체념하게 만들고, 좌절하게 만들고, 무기력하게 만듭니다. 움직이지 않으면 상처받을 확률이 적어지니까요.

나를 힘들게 하는 그 모든 시스템(화, 외로움, 무기력 등)은 사실, 이유가 있어 등장합니다. 3장의 심리극 사례들을 보면 마지막 부분에 날 힘들게 했던 감정과 패턴 등을 앞세우고 "너 때문에 정말 힘들었지만, 네게 고마워할 부분이 있음을 알게 됐어"라고 말하는 여러 순간이 있음을 알 수 있습니다. 그들이 사실 내 보호자였음을, 그들이 이유 없이 등장하지 않았음을, 그들 덕분에 내가 좀 더 공부를 잘하게 됐고, 교사가 됐고, 친절하고 따뜻한 사람이 됐음을 알아차리는 순간, 우리에게는 힘이 생깁니다. 내 단점이라 생각했던 부분까지 품을 수 있게 되면서 그들을 힘으로 사용하게 됩니다. 여러분도 이 책의 심리극 사례에서 힌트를 얻어 그들과 화해하고 그들이 만든 내 좋은 점을 찾게 되었으면 합니다.

또, 워크숍을 진행하다 보면 "선생님들의 힘든 사연을 볼 때마다 세상에는 고통받고 상처 입은 사람이 많은 것 같아 힘들어요"라고 말하는 참여자를 만날 수 있었습니다. 그럴 땐 "그 상처받고 좌절했던 선생님이 심리극 도중에 어떻게 얼굴과 몸이 변화되고 이해와 통찰을 얻는지를 바라봐주세요"라고 이야기합니다. 같은 심리극에 참여했어도 어떤 선생님은 힘든 장면에 초점을 두고, 어떤 선생님은 문제 해결 과정에 초점을 둡니다. 또 다른 선생님은 심리극 주인공의 변화에 초점을 두고요. 여러분은 이 책을 읽으며 자존감 회복 과정에 참여한 분들의 사례와 변화 부분을 더 꽉 잡으셨으면 하는 바람입니다. 나아가 상담이나 심리 치료 과정에 참여하는 등 자기만의 자존감 회복 과정을 시작하신다면 더 바랄 게 없겠습니다.

돌아보면, 자존감을 회복하는 것은 결국 '꾸준함'과 '끈질김'에서 비롯되는 것 같습니다. 꾸준함은 일상에서 한결같은 모습을 유지하는 것이고, 끈질김은 포기하지 않고 오래 견디는 것입니다. 자존감 회복을 위해 해보고 싶은 일이 있다면, 목표를 크게 잡지 말고 내가 할 수 있는 작은 일을 일상에서 꾸준하게 해보세요. 주변 사정이 여의치 않아도 미루지 말고 끈질기게 해야 합니다. 한 걸음씩 또 한 걸음씩 나를 한결같이 믿으며 자신만의 계획을 행동에 옮겨보시길 바랍니다.

워크숍에 오시는 선생님들은 대부분 다른 사람에겐 친절하지만, 자신에겐 불친절한 모습을 보일 때가 많았습니다. 지금껏 나를 뺀 주변 모든 사람에게 시간과 노력을 다 퍼주셨다면, 이제 충분히 했으니 괜찮다고 스스로에게 이야기해 주면서 나를 위한 과정에 온전히 집중해 보세요.

어쩌면 이 책을 읽다가 내가 경험했던 상처와 비슷한 상처를 가진 분의 이야기를 보고는 자꾸 중간에 "읽기를 그만두자"는 목소리가 마음 한구석에서 들려왔을지 모르겠습니다. 그럼에도 이렇게 책을 끝까지 읽어주셔서 고맙습니다. 그리고 잘하셨습니다. 이 책을 접한 선생님은 많지만, 이 문장을 읽는 분은 일부라고 생각합니다. 여러분은 이 어렵고 힘든 책을 읽어낸 대단한 사람입니다. 그런 여러분을 조금 더 돕고 싶습니다. 자존감은 책 한 권을 읽었다고 확바뀌는 것은 아니니까요. 이제 시작이죠.

이 책을 읽은 여러분, 이제 자존감 회복을 위해 무엇을 해보시겠습니까? 아래 간단한 글을 작성하는 것으로 이 책 읽기를 마치시면 어떨까요.

> 이 책을 읽고 나서 들었던 생각은 _____ 이다.
> 책을 읽는 것에서 멈추지 않고, 자존감 회복을 위해 지금 당장 _____
> _____ 을 해보겠다.

감사합니다.
그리고 응원합니다.

서준호 드림

고맙습니다
· · · · · · · · · · ·

누구보다 높은 제 자존감을 만들어주신 어머니.

제 삶의 첫 번째 심리 치료사인 아내, 이진하.

이 모든 작업을 해낼 수 있도록 여건을 만들어준 사람과교육연구소 정유진 대표님.

많은 도움을 주었던 성장 교실 인턴분들.

황영월, 오인선, 임소연, 박수연, 박민영, 이슬, 김수훈, 노동현 선생님.

저와 성장 교실을 함께했던 소중한 분들.

양은석, sun, 권성현, 길준선, 김권임, 김동민, 김세용, 김학임, 노유림, 박창용, 김서연, 신지현, 여유주, 오인선, 이정현, 최은주, 추교진, 한현주, 최보민, 곽현경, 권민지, 기윤옥, 김다솜, 김우순, 김인애, 김현진, 문예지, 변주영, 송석희, 송윤희, 윤희주, 이영숙, 이진옥, 장은재, 정연수, 진소희, 최다솜, 최선주, 최윤영, 허동현, 김승희, 김진, 김진아, 김하은, 김한진, 김현아, 김효정, 박병주, 서지은, 송미숙, 송지수, 우미성, 이광선, 이정은, 이지영, 정은진, 조지훈, 허효정, 강예린, 권예진, 권오덕, 김소현, 나성훈, 류민혜, 문광섭, 서민정, 안균호, 오정은, 유제원, 윤예은, 이정하, 장미소, 장수지, 정희진, 조용근, 좌민희, 최민석, 하예지, 홍소영 선생님.

그리고 자존감 회복 여행을 함께 떠났던 분들.

최선미, 여지영, 하가영, 서지혜, 김영경, 추지은, 백신형, 박지숙, 홍지오, 김다은, 김미현, 송정섭, 류아라, 안나, 김영숙, 김상우, 이마음, 김지은, 하유미, 권혁연, 이경량, 이정은, 김나영, 김보람, 김영아 선생님.

설문으로 도움 주신 분들.

문무겸전, 이동규, 이지은, 젤링, 김선영, 수디, 김은경, 지흠, 보통심, 네모네모, 조지훈, 유지선, 유니쌤, 윤희주, 율리아, 패스, 뿌리, 공지영, 김기진, 쭈니쩌니, 이진희(가명), 나우웬, 정혜현, 오!, 하예지, 김일도, 김영실, 최선영, 임물결, 흙진주, 이소정, 작은꽃, 류하니, 박현주, 문재원, 이가람, ㅈㅈㅇ, 맘공, 그린이, 그라시아, 박경미, 백수현, 김민성, JEH, 프레드릭, 꼬모쌤, 장대원맘, 몽몽티, 최정인, 김아솔, 메타몽, 김재희, 이윤정, 김아미, 박현주, 심지영, 에스더오, 성현정, 유진, 초록이, 하가영, 나아가다, 강민정, 강윤아, 배선명, 현경이, 고요, 김모모, 소중한 매일, 박영서, J교사, 정교사, 문석빈, 정찬희, 전이, 핑크지니, 김재령(가명), 음성군아이유, 김희정, 안연주, 신소원, 정원미, 심윤정, 천경호, 고은호, 곽병희, 이용규, 피터팬, 이해담, 김한나, 뀨뀨, 황상숙, 용기소녀, 한지선, 지금이순간, 토깽이, 둘리여친, 허은진, 민주, 이강옥, 송명희 그리고 이름을 밝혀주지 않은 여러 선생님.

힐링캠프 등 워크숍에 참석해서 삶의 일부를 나눠주고 우리 모두에게 이해와 통찰을 선물해 주셨던 선생님들. 마지막으로, 교사의 자존감이 중요함을 누구보다 먼저 알아봐주시고, 이 책을 써보길 제안해 주시고, 책이 완성될 때까지 수많은 작업을 함께해 주셨던 알에이치코리아의 관계자분들.

모두 고맙습니다.

참고 문헌

● 너새니얼 브랜든 지음, 김세진 옮김, 《자존감의 여섯 기둥》, 교양인(2015).

◎ 너새니얼 브랜든 지음, 노지양 옮김, 《자존감이 바닥일 때 보는 책》, 프시케의숲(2018).

● 윤홍균 지음, 《자존감 수업》, 심플라이프(2016).

◎ 김태형 지음, 《가짜 자존감 권하는 사회》, 갈매나무(2018).

● 임승환·박제일 지음, 《LCSI의 이해와 활용》, 럼스연구소(2015).

◎ 선안남 지음, 《행복을 부르는 자존감의 힘》, 소울메이트(2011).

● 정지은·김민태 지음, 《아이의 자존감》, 지식채널(2011)

참고 문헌   327

교사를 지키고, 학생을 바꾸는

교사의 자존감

1판 1쇄 발행 2021년 1월 12일
1판 4쇄 발행 2021년 12월 15일

지은이 서준호

발행인 양원석
책임편집 김효선
디자인 신자용, 김미선
영업마케팅 조아라, 신예은, 이지원

펴낸 곳 ㈜알에이치코리아
주소 서울시 금천구 가산디지털2로 53, 20층 (가산동, 한라시그마밸리)
편집문의 02-6443-8863   **도서문의** 02-6443-8800
홈페이지 http://rhk.co.kr
등록 2004년 1월 15일 제2-3726호

ⓒ 서준호 2021, Printed in Seoul, Korea

ISBN 978-89-255-8930-5 (03370)